EVA SPIESS

No Divã com Eva Spiess

1ª Edição
Editora Anjo
2021

Copyright © 2021
NO DIVÃ COM EVA SPIESS
Projeto Editorial Completo / Editora Anjo
Editor: Norberto A Anjo
Coordenador Editorial: Andresa Stipp
Dupla Revisão: George Savy
Capa: Editora Anjo
Diagramação: Editora Anjo
Fotografia: Rogerio Vinicius & Renata Caparelli @rotaderetrato
IMPRESSÃO - Grupo Editorial - EDITORA ANJO - GRÁFICA ANJO
WWW.EDITORAANJO.COM.BR

NO DIVÃ COM EVA SPIESS
1ª edição - São Paulo
EDITORA ANJO
288 PGS - orelhas / Tipo papel:
Categoria: Luxo
Gênero: Literatura Brasileira – CDD - B869

ISBN 978-65-88718-18-6 No Divã com Eva Spiess

EVA SPIESS

No Divã com Eva Spiess

Sobre Eva Spiess

Eu nunca tive medo de aceitar as adversidades da vida, sempre pensei e achei fascinante a possibilidade do futuro ser algo predestinado para cada um de nós quando viemos ao mundo, e olhando para trás percebo que o medo nunca me venceu. E depois de lutas incansáveis e muitas lágrimas recebo hoje o meu troféu, foram realmente presentes que, confesso, fui merecedora pelas minhas lutas e sacrifícios.

Ofereço este livro às pessoas mais importantes da minha vida, minha mãe Caetana (in memoriam) e minhas filhas Jéssica e Geovana e passo para elas as palavras da mãe que carreguei por toda a minha trajetória de vida.

"Nunca deixem ninguém dizer que vocês não vão conseguir; só vocês sabem da força que carregam dentro de si, e Deus sempre vai estar com vocês".

Sumário

Prólogo

Com apenas nove anos lembro-me que meus sonhos e pesadelos começaram, eu tinha muito medo e às vezes corria para a cama da minha mãe e só me acalmava quando ficava enrolando os meus dedos em seus cabelos longos e cacheados, eu pedia toda noite a Deus para não sonhar, mas os sonhos eram constantes e minha mãe me levava a benzedeiras e igrejas para tentar resolver o meu problema.

Aos quatorze anos conheci Eddy e começamos a namorar, a partir daquele dia comecei a ter novamente um pesadelo frequente, eu sonhava que estava em um castelo e aguardava na torre deste castelo pronta para o meu casamento, com vestido de noiva branco, rodado, com três saias com babados e os ombros também com muitos babados estilo 1855, tinha uma coroa de flores, mas o mais interessante é que no sonho sabia que era eu aquela mulher, tinha uns trinta anos e não quatorze. Eu estava na torre vestida de noiva e aguardava ansiosa meu grande amor, mas olhando pela janela da torre via a chegada do meu amor com sua linda charrete e seus dois cavalos brancos também com coroa de flores, muitas pessoas já me esperavam embaixo e eu olhava de cima toda feliz, pois era meu grande dia e, de repente, senti uma mão forte nas minhas costas. Sem conseguir me defender, apenas gritei e me vi ali estatelada no chão, morta, meu espírito rodava meu corpo chorando, desesperado, e eu podia ver meu amor gritando "meu Deus, por que você *tirou ela* de mim?"

Acordei gritando e minha mãe logo me deu um chá dizendo:

– Calma, você está viva, foi apenas um sonho!

Naquela manhã minha mãe me levou para a Zilia, ela não aguentava mais meus pesadelos. Zilia começou a fazer banhos e orações para me acalmar e eu fiquei uns dois meses sem ter os horríveis sonhos, mas aquele dia era meu aniversário, estava com uma dor de cabeça forte e resolvi dormir mais cedo. Sonhei que estava em um casarão antigo e abandonado, eu procurava uma pequena mala com documentos e joias. De repente achei um baú muito velho, com teias de aranha, o casarão tinha muitos quadros antigos e móveis de antiguidade. Eu tinha certeza de que o que estava procurando estava ali naquele baú. Ao abrir esse baú tinha joias, barras de ouro... tentei pegar, mas naquele momento surgiu um homem todo vestido de preto, como um padre, com uma cara bem velha, parecendo uma alma penada, e disse:

– Você me encontrou, agora vou ter que te matar novamente.

Comecei a correr e aquele homem me seguia com uma espada por todo o casarão. Acordei e vi que estava suada, como se tivesse corrido muito.

No dia seguinte, Eddy chegou com uma aliança e me pediu em casamento. Feliz, aceitei, comemoramos e fui dormir na sua casa. Naquela noite o espírito me seguiu a noite inteira, sempre com aquele traje preto, rosto envelhecido e muito branco, eu senti quando ele puxou meu cobertor e olhando-me com uma cara de mau disse:

– Você não vai se casar com ele, eu não vou permitir...

E complementando em gritos disse:

– Nem que eu tenha que te matar novamente.

Eu perguntava o tempo todo:

– Quem é você? Por que sempre me persegue?

Ele respondeu:

– Você não quis casar comigo, agora vou te perseguir até você voltar para mim.

Acordei gritando e Eddy, já sabendo dos meus pesadelos, apenas me acalmou.

Já havia marcado meu casamento com Eddy e aquele dia fui ao bingo com uma amiga. Ao voltar para casa às três horas da manhã estava chovendo e a estrada muito escura. De repente tive a sensação de que dormi ao volante e sonhei rapidamente que vi aquele homem na minha frente dizendo:

– Você não vai ficar com ele, eu não vou deixar.

Naquele momento eu acordei em cima do acostamento da rodovia Raposo Tavares e o carro quase tombando, a polícia já estava lá e me levou ao hospital. Contei tudo para a minha mãe e ela me levou novamente em Zilia. Desta vez ela disse:

– Eu vou tirar o tarô, acho que já sei o que está acontecendo... Filha, esse homem fez parte da sua vida passada, ele não tem paz e por você ser muito sensível você sonha sempre com ele. Mas não se preocupe, ele não vai fazer nada, é apenas um espírito que precisa te encontrar novamente para ter paz, em breve sua vida vai sofrer muitas mudanças e infelizmente não posso fazer nada, pois faz parte do seu destino.

Meu casamento com Eddy chegou e não tive mais aqueles horríveis pesadelos. Achei que Zilia tinha resolvido o meu problema com sua oração. Anos se passaram e minha vida estava perfeita com meu marido, minha filha Jéssica, minhas empresas de roupas e um pequeno salão caminhando muito bem, com minha nova casa, meu novo carro. Um belo dia cheguei em casa e encontrei Eddy bêbado. Ele estava mudado, sempre bebendo muito, chegava tarde em casa e eu já nem tinha vontade de conversar com ele, só pensava em me separar, pois algo estava muito estranho. Naquele dia fui dormir e ele ainda não tinha chegado, aí sonhei novamente, desta vez sonhei que estava em um navio muito grande e fugia com as crianças, mas não via o que me perseguia, era apenas um vulto escuro, eu fugia com duas crianças desesperadamente e de repente me vi em um quarto escuro; e as luzes se acenderam e eu via uma mulher e um homem como se fossem dois fantasmas que vieram para cima de mim e das crianças. Eu acordei gritando e vi que Jéssica dormia tranquilamente e Eddy ainda não havia chegado. A partir daquele dia comecei novamente a sonhar com frequência, como se aqueles pesadelos estivessem voltando depois de tanto tempo, sonhei que estava em uma casa que ao redor tinha muita neve, eu dormia com um homem alto, magro, branco e naquele momento vi as cortinas flutuarem como se as janelas estivessem abertas.

Vi que primeiro apareceu um homem com roupa de padre que estava morto dentro de um caixão e logo depois mais um homem igual ao que estava deitado ao meu lado, só que esse tinha barbas enormes como se fosse um homem das cavernas, esse, sorridente, olhando em meus olhos disse:

– Presta atenção, aquele espírito ali dentro do caixão não existe mais, ele está morto, ele tirou você de mim uma vez, mas agora não vai acontecer mais, ele não passa de um espírito que não tem paz por ter feito muito mal no passado, mas agora vamos ser felizes em breve.

Eu perguntei quem era ele, mas ele desapareceu e eu acordei.

Dessa vez não senti medo, só senti uma paz enorme dentro de mim.

Minha vida estava ficando insuportável, cada vez com mais problemas, minhas lojas tiveram um grande desfalque e precisei fechar, a outra faliu, a chegada de mais um bebê, agora era Jéssica ou Geovana para cuidar e a cada dia ficava pior a situação financeira, cada vez mais dívida, mais pesadelos, eu não aguentava mais e às vezes vinha uma vontade de dar um fim em tudo, mas pensava em minhas filhas, a Geovana que ainda era um bebê e a Jéssica com 6 anos.

Aquele sonho foi o último antes da decisão da partida para Suíça, sonhei que estava em uma pequena cidade e a cidade estava alagando, eu colocava a Jéssica e a Geovana em cima de uma tábua gigante e podia ver as casas se afundando, com as árvores sendo cobertas pelas águas, eu me ajoelhava e pedia a Deus para não me deixar morrer com minhas filhas, eu conseguia ver que não havia mais nada, a água já havia coberto tudo, Jéssica e Geovana choravam e, desesperada, apenas pedia a Deus para ter piedade de nós. E naquele momento surgiu no horizonte uma enorme caravela branca, portadora de uma luz roxa que a iluminava.

Ela foi se aproximando de nós quando avistei uma mulher com um semblante divino, que me estendia a mão dizendo:

– Vim buscar você, está na hora de você ir!

Acordei feliz e o semblante daquela mulher não saía da minha mente; fiquei pensando quem seria aquela mulher.

E buscando em meu subconsciente lembrei-me da Talia, que havia conhecido no salão e me convidado para ir para a Suíça.

Viagem à Suíça

Sonolenta...

Depois de onze horas de voo de São Paulo a Zürich, escuto uma voz suave que informa:

– Aqui fala Capitão Spiess, em quarenta minutos pousaremos em Zürich, o tempo atual é de onze horas e vinte minutos, tempo bom com poucas nuvens e temperatura de 19 graus.

Em seguida uma comissária de bordo informa:

– Sejam bem-vindos a Zürich! Por favor, permanecer em seus assentos com os cintos afivelados até chegarmos ao estacionamento final, espero que tenham tido um ótimo voo com nossa companhia aérea, esperamos vocês em breve.

Meu coração batia descompassadamente, minha cabeça estava confusa entre o medo e a ansiedade, ao mesmo tempo passavam mil coisas pela minha cabeça, eu nunca tinha saído do Brasil, e mesmo no Brasil nunca fiz grandes viagens, apenas duas vezes ao Rio de Janeiro e uma vez a Porto Seguro, Bahia, mas nunca imaginei viajar para outro país, nem em sonho, principalmente a Suíça, o país das montanhas. Agora eu estava ali, em um país distante, longe da minha família e das minhas filhas. O medo tomou conta de mim e olhando pela pequena janela do avião já podia ver aquelas montanhas com neve.

Era uma paisagem que só via nos filmes, parecia que estava sonhando e que nada naquele momento era real, meus olhos atentos a todo o momento, eu ouvia pessoas falando vários idiomas, mas não entendia nada, às vezes uma palavra ou outra em português ou espanhol, os avisos de segurança informaram que o avião já estava em solo suíço, senti minhas pernas trêmulas, e o medo aumentou mais ainda, respirei fundo ao sentir as rodas do avião tocarem o chão. Avisaram da liberação dos cintos e imediatamente peguei minha bagagem de mão e saí rapidamente. Logo ao sair do avião, três policiais controlavam todos os passaportes, entreguei o meu passaporte juntamente com o endereço da Talia como ela havia me orientado a fazer, os policiais fizeram um gesto com as mãos avisando que poderia prosseguir. Em seguida tinha uma longa escada que dava acesso a um pequeno trem, que leva a central de passaporte de controle de entrada, entreguei o meu passaporte novamente e me perguntaram em inglês por quanto tempo ficaria na Suíça. Fiz um gesto com os dedos que ficaria dois meses, rapidamente o policial bateu um carimbo e me indicou a saída, subi novamente uma longa escada rolante e cheguei à esteira de bagagem, logo achei minha mala, passei pela alfândega e já estava na saída no local que havia combinado com a Talia.

Chegada à Suíça

Na saída do aeroporto...

Neste momento achei que iria desmaiar. Pernas trêmulas, coração disparado, mãos suadas, olhava para todos os lados e não via a Talia que havia prometido que estaria me esperando na saída. Dei várias voltas e nada de encontrar a Talia. Eu estava com seu endereço, mas o que fazer para ligar ou ir até lá, sem dinheiro, apenas com cartão de crédito que eu nem sabia como usar. O pânico tomou conta de mim.

Meu Deus! O que fazer agora? Não compreendia nem falava alemão e tampouco inglês, a cada minuto de espera parecia uma hora. Já desesperada e sem saber o que fazer nem o que pensar comecei a achar que estava ouvindo vozes, vi que havia um homem vindo em minha direção e falou algo, porém não entendi, achei que ele falava o meu nome e logo me afastei rapidamente com medo, e novamente ele se aproximou e falou algo que não entendi. Naquele momento de pânico saí correndo para o outro lado e sentei-me em um banco. Ficando cada vez mais nervosa, comecei a pensar mil e uma coisas; uma sensação que estava sendo perseguida, e pensando: "Por que Talia fez isso comigo? Ela parecia ser tão séria, e agora, o que faço se ela não aparecer? Onde vou dormir? Só tenho comigo trezentos euros e o cartão de crédito não serve para nada". Várias perguntas sem respostas. Em lágrimas que fiquei, meu estômago começou a doer e na minha cabeça só passavam coisas ruins.

Totalmente paralisada, ouvi novamente uma voz:

– Hallo, Hallo bist Eva?

Vi que era o mesmo homem e me desesperei, logo pensei: "meu Deus! Quem será aquele homem e por que sabia meu nome".

Fiquei apavorada, e lembrei-me de um amigo africano do Brasil que me dizia que muitas brasileiras eram enganadas com proposta de trabalhar trazidas para a Europa, e quando chegavam eram obrigadas a se prostituir, os passaportes delas ficavam presos até pagarem toda despesa do voo. Eu sabia que era exagero deste meu amigo, sabia que muitas delas já vêm sabendo que vão se prostituir e falavam isso como desculpa.

E o moço continuava tentando se comunicar comigo e eu sem entender nada. Ele era um homem branco com estatura média, olhos azuis, cabelos grisalhos e muito bem vestido. De repente ele, com cara de furioso, pegou o telefone celular e jogou na minha mão gritando:

– Talia! Talia! Talia!

Naquele momento parei! Peguei o telefone celular e ouvi a voz da minha amiga Talia. Fiquei tão feliz, respirei fundo e tentei pedir desculpa ao moço, agradeci a Deus em silêncio.

Ela me esclareceu que aquele homem é seu namorado, e que ela teve que trabalhar pela manhã e por esse motivo pediu para ele me pegar no aeroporto e levar-me até a casa dela. Então me acalmei e acompanhei o moço ao estacionamento, em silêncio, até a casa da Talia, ela morava a apenas quinze minutos do aeroporto de Zürich.

Chegada à casa da Talia

Chegando lá a Talia já me esperava com muita alegria, juntamente com duas amigas que dividiam o apartamento com ela, a Poliana e a Rejane. Talia nos apresentou. Poliana é morena de cabelos lisos e pretos, magra e muito bonita, porém com um ar de muito séria, já a Rejane tem cabelos ondulados castanho-claros, olhos castanhos, não é magra, porém simpática, mas ao mesmo tempo tem um ar misterioso, as duas brasileiras, uma de Brasília e a outra de São Paulo.

Depois de nos apresentarmos fomos almoçar. Durante o almoço a Poliana me contou que trabalha em um bar à noite como garçonete, não tem filhos e já morava há três anos na Suíça. A Rejane me contou que trabalha em uma empresa de limpeza, a qual presta serviços para bares, restaurantes e casas particulares. A comida estava maravilhosa e aos poucos comecei a me sentir em casa. Depois Talia me mostrou o quarto que eu ficaria hospedada por dois meses. O quarto com uma cama de casal, um guarda-roupa, uma mesa pequena com cadeiras de escritório, quadros decorativos, espelhos grandes, também uma janela grande com cortinas amarelas, tudo com muito bom gosto, ao abrir as cortinas poderia observar a rua com pessoas que andavam apressadamente de um lado para o outro, dava para ver também bares e restaurantes ao redor.

Talia estava com três trabalhos, pela manhã ela era chefe da limpeza de um restaurante, à tarde garçonete em um bar e à noite por três vezes na semana dava aulas particulares de alemão para iniciantes na *Bahnhofstrasse*. Após o descanso de duas horas de almoço saímos para um passeio na famosa cidade de Zürich, já que a Talia estava com tempo livre.

Antes de sair de casa Talia olhou-me nos olhos e disse:

– Minha amiga, se prepare, depois de hoje nunca mais sua vida será a mesma, mesmo que você queira, não conseguirá. Aqui verá coisas e vivenciará situações que transformarão sua vida ou mesmo a sua maneira de ser, pensar e agir. Costuma-se dizer que a Suíça muda as pessoas, eu digo sempre que a Suíça apenas mostra o verdadeiro caráter real de cada um de nós. Às vezes mudam para melhor com mais conhecimento e estudos, mas infelizmente a maioria muda para pior, e se tornam ambiciosos, egoístas e mau-caráter, se envolvendo com as piores pessoas daqui, muitos se tornam alcoólatras e drogados, por isso, olhando nos seus olhos te desejo o melhor, só depende unicamente de você, aqui na Suíça gira muito dinheiro, é um país muito rico e por esse motivo transforma as pessoas, fazendo esquecer os verdadeiros amigos, muitas pessoas chegam aqui e se deslumbram com a riqueza e são capazes de fazer qualquer coisa por dinheiro, mas lembre-se sempre dos seus princípios, não deixe nada e ninguém tirar sua essência e mudar o seu caráter.

Conhecendo Zürich

O primeiro lugar que eu conheci depois do aeroporto de Zürich foi o lago de Zürich, um lugar lindo, tudo muito limpo, nem parecia uma cidade grande, as pessoas tomando sol, lendo livros, fazendo esporte, crianças brincando, fazendo piquenique na grama, jogando bola com uma harmonia maravilhosa, um ambiente muito tranquilo, embora com muita gente não se via lixo no chão, não se ouvia barulho de músicas, apenas pessoas conversando prazerosamente, tudo muito organizado, eu olhava todos os detalhes e ouvia atenciosamente a Talia explicando cada passo daquele paraíso. A água do lago é muito azul e muito fria, embora a temperatura ambiente seja 22°, as crianças nadavam normalmente, já estavam acostumadas com a baixa temperatura do lago. Paramos para tomar um sorvete de caramelo com cobertura que estava maravilhoso e saboreamos com enorme prazer, conversamos e rimos muito ali por algumas horas. Próxima parada foi na Bahnhofstrasse, uma rua famosa por suas construções antigas e elegantes, bares, lojas, restaurantes maravilhosos de alto luxo e conhecida como uma das ruas mais caras do mundo.

Ali circulavam pessoas elegantes de um lado para o outro como se fosse uma passarela de moda no meio da rua, parecia um desfile de moda que eu vi na TV em Paris. No meio da rua tinha uma linha de trem que tornava a rua ainda mais elegante, eu fiquei encantada com tanta beleza e organização daquela cidade e comecei a pensar na minha pequena cidade de Cotia-SP, era uma diferença muito grande.

Talia falava muito bem o alemão, eu ficava observando e pensando: "como uma pessoa consegue aprender um idioma daquele"? Era muito diferente do português por ser um idioma muito forte, quando eu os ouvia conversando, não conseguia identificar se era uma conversa, uma discussão ou uma brincadeira, o sotaque do idioma soava muito áspero para mim.

Talia se dispôs a ensinar-me o alemão de graça, mas eu não acreditava que aprenderia.

O dia passou rápido e a noite chegou. Tentei dormir, mas um grande vazio me invadia ao pensar que estava a 9.053km de distância de minhas filhas, Jéssica de sete anos e a Geovana de um ano e pensava: como estariam elas? Será que estavam sentindo minha falta, como eu delas? Estariam sendo bem tratadas? Meu Deus! Como tive coragem de deixá-las?

A Jéssica havia chorado muito na minha partida, a Geovana apenas chorou porque viu a Jéssica chorar, ainda era muito pequena para entender o que estava acontecendo. As lágrimas começaram a descer pelo meu rosto. Sem controle e soluçando baixinho, senti o peito apertado, quase me sufocando. Tentando conter as lágrimas que desciam pela minha face, pensei que não aguentaria essa saudade por dois meses, seria demais para uma mãe, meu Deus! O que eu faria?

Eu precisava conseguir, era a única chance de colocar as dívidas em ordem no Brasil e dar uma vida digna para as minhas filhas. Nesse momento me lembrei do principal motivo que me levou até ali, depois da separação tudo ficou mais difícil, as dívidas aumentaram e muitos problemas surgiram, minha cabeça foi longe, juros absurdos no Brasil, cruzeiro real, cruzado, crise econômica, casa hipotecada ao banco, com dívidas, correndo o risco de perder o único teto das minhas filhas, prestação de carro atrasada, falência do meu estabelecimento, cheques sendo devolvidos, cartões de crédito bloqueados, nome sujo no SPC, convênio das crianças atrasado, tive que vender tudo, não sobrou absolutamente nada. Tive que refinanciar os carros e hipotecar a casa para pagar os empréstimos, sem dinheiro para pagar a escola, precisei tirar a Jéssica da escola particular e botar na escola pública, as dívidas chegaram a mais de cinquenta mil. Com a hipoteca e com a falta dos pagamentos das parcelas, poderia perder a casa a qualquer momento, o pequeno salão que me sobrou não vendia mais nada, pois não tinha dinheiro para investir em cabelos e em produtos, foi aí que me lembrei da Talia, uma cliente do salão que morava na Suíça e que sempre que estava no Brasil fazia o cabelo comigo. Ela sempre me convidou para ir para a Suíça trabalhar com cabelo, dizia que conhecia muitas meninas brasileiras que ela dava aulas particulares de alemão que precisavam do meu trabalho como trancista. Aí pensei, e se eu vendesse o carro, comprasse cabelos, passagem aérea para trabalhar na Suíça... e imediatamente liguei para ela. Arriscar todo o resto que eu tinha e assim o fiz. Ao lembrar tudo o que havia passado nos últimos anos e meses, minha cabeça voltou. E nesse momento eu me levantei da cama, sequei as lágrimas do meu rosto, olhei-me firme no espelho do quarto, sorri e disse baixinho para mim mesma:

– Filhas, eu amo vocês, sinto muito, perdoem-me, eu as amo... Eu vou conseguir... Eu vou vencer... Por vocês, as amo muito para pensar em fracasso! Eu prometo para vocês duas que vou dar tudo de mim para vocês terem uma vida digna, vocês terão orgulho de mim.

Passeio pela Langstrasse

No dia seguinte...

Acordei muito cedo, o apartamento estava todo em silêncio, olhei pela janela observando por alguns minutos as pessoas que andavam ali, de diferentes nacionalidades: brancos, negros, asiáticos. Fui até a cozinha, tinha sede. Abri várias portas do armário para encontrar a geladeira, que eram portas iguais em toda a cozinha.

Resolvi fazer um café, mas não achava o fogão, era uma placa preta e a pia com balcão também tinha a mesma cor, parecia ser tudo igual. Apertei alguns botões e logo percebi que a placa de vidro era o fogão, quase queimei minha mão, foi a primeira vez que vi um fogão deste tipo. Talia acordou ao escutar os barulhos na cozinha e foi logo dizendo:

– Sinta-se em casa! Você não é visita, hoje trabalho até às doze horas e quando voltar vou te apresentar umas brasileiras e dominicanas que querem ver cabelos, e fazer também, eu combinei com elas de levar você hoje à tarde no bar onde elas trabalham.

Talia saiu e logo meu peito apertou, o medo de não conseguir era muito, sabia trabalhar muito bem com cabelos no Brasil, mas não sabia como seria aqui, e se não gostassem do meu trabalho? E se não conseguisse, a situação iria piorar muito mais, tinha investido os últimos centavos nesta viagem, agora tinha que dar certo. Havia trazido na mala cinco quilos de cabelos brasileiros da melhor qualidade, aproveitei aquela manhã para lavar os cabelos e deixar tudo pronto para tarde, só pensava que precisava trabalhar e vender aqueles cabelos o mais rápido possível, tinha que enviar dinheiro para as contas mais urgentes, o plano de saúde das crianças e a hipoteca da casa, as despesas, o salário da babá das crianças.

Talia chegou e eu já estava pronta para sair, ela com o sorriso de sempre, mesmo cansada do dia de trabalho, foi logo falando:

– Hoje vamos conhecer um lado diferente da Suíça, várias ruas cheias de bares, restaurantes, cabarés e lojas de todos os tipos e de todas as nacionalidades, lá você vai encontrar muitas meninas fazendo programas ou mesmo oferecendo drogas no meio da rua.

Eu olhei com cara de assustada e perguntei:

– Mas não é perigoso ir até lá?

Talia:

– Lá é o melhor lugar para você achar clientes para seu trabalho, elas ganham muito dinheiro, tem que estar bonitas e atraentes, com cabelos arrumados e roupas provocativas, para atrair mais clientes, pois a concorrência é muito grande. Você não precisa ter medo, aqui é uma profissão normal e reconhecida, aqui elas têm que se registrar e pagar imposto pelo trabalho que fazem, isso no caso da profissão legal, mas tem também as que trabalham ilegal na prostituição ou mesmo vendendo drogas, que estão sempre correndo da polícia que circula nas ruas de Zürich, conheço muitas meninas que estão aqui ilegal, e que vão fazer cursos de alemão comigo para conseguir se comunicar um pouco com os clientes delas ou mesmo para conseguir trabalho em bares e restaurantes, os donos dos restaurantes e bares aqui são de várias nacionalidades.

Depois da Talia me explicar tudo paramos em um estacionamento e seguimos para a rua Langstrasse, uma rua famosa pelas vitrines com mulheres seminuas, faziam de tudo para atrair mais clientes. Eu não parava de olhar, era muito interessante, já tinha visto reportagens sobre isso, mas nunca imaginei estar ali olhando aquelas vitrines com meninas jovens e bonitas, outras velhas e feias. Talia parou em algumas vitrines e explicou às meninas sobre o meu trabalho, que eu tinha lindos cabelos vindos do Brasil, pois o cabelo brasileiro era o mais requisitado pelas meninas de Zürich. Ela entregou a todas um cartão com um número de telefone e com meu nome fictício que ela havia organizado para mim, pois eu estava ilegal e se a polícia pegasse esse cartão não bateria com o meu passaporte e eu poderia falar que foi alguém que me deu. Era normal todas as meninas que estavam ilegais fazerem assim para não ocorrer problema com controle. Depois paramos em vários bares, brasileiros, africanos, dominicanos, turcos, italianos, etc., e Talia em todos conversava com pessoas, eu pude observar que todos a ouviam com respeito por saber que era professora. Às vezes falava alemão ou espanhol, em cada bar explicava tudo novamente, mostrava os cabelos e entregava os cartões com telefone, várias falavam que gostaram, mas não vendi nada.

Fiquei desanimada e triste. Talia, percebendo o meu desânimo, tentou me animar dizendo:

– Não fique triste! Elas vão ligar, são assim mesmo é só esperar, a semente já plantamos.

E sorriu.

Andamos o dia todo e distribuímos muitos cartões com meu novo número e nome, Doris.

Já anoitecendo, Talia me convidou para um drink, no bar de uma conhecida dela e lá fomos.

Minha primeira cliente na Suíça

Nélia era uma mulher alegre e extrovertida, tinha olhos puxados como oriental e pele bronzeada, mas era brasileira de Manaus. O bar estava lotado, com homens e mulheres, todos bebendo e conversando naturalmente. Nélia, feliz ao rever Talia que foi a sua professora de alemão foi logo nos oferecendo um drink, Talia me apresentou explicando tudo sobre meu trabalho e disse:

– Ela acabou de chegar do Brasil, andamos a tarde inteira e não vendemos nada, ela está desanimada!

Nélia logo se interessou, pediu para ver os cabelos, e gostou de um que parecia muito com o dela, e era muito longo, quando perguntou o preço fiquei muda, havia gostado do cabelo mais caro e eu não sabia os preços na Suíça. Talia, percebendo minha insegurança, se adiantou:

– Nossa! Escolheu o mais bonito, mas também é o mais caro, 1.700 Fr., só porque você é a primeira cliente dela, com o cabelo, trabalho e finalização.

Nélia nem questionou o preço, disse somente:

– Pago agora, mas só se puder fazer amanhã às 8:00 da manhã, pois tenho livre até às 18:00h.

Imediatamente respondi:

– Claro que posso!

E feliz da vida respirei fundo e suspirei aliviada com 1.700 Fr na carteira, que daria em torno de 7 mil reais. Agradeci em silêncio a Deus e a Talia pela minha primeira cliente, aquele dinheiro iria me ajudar muito nas minhas contas urgentes no Brasil. Aceitamos as bebidas que nos ofereceu com todo prazer para relaxar e comemorar a primeira venda. No dia seguinte às 7:00 da manhã já estava pronta, não queria chegar atrasada, eu dependia de Talia para me levar até o apartamento da Nélia. Às 7:45 chegamos ao endereço combinado, era um prédio antigo e a porta de baixo estava aberta, que dava acesso a uma escada envelhecida de madeira que fazia um barulho enorme ao andar, toquei a campainha e logo ela abriu a porta com um sorriso que me deixou mais confortável. Nélia tinha cabelos curtos e grossos igual aos cabelos que havia escolhido para a colocação das extensões. Muito atenciosa, me ofereceu um café e em seguida começamos o trabalho. Era quase uma hora da tarde quando resolvemos parar para comer um sanduíche com suco de laranja, engoli rapidamente, eu queria terminar logo às 18:00h, ela teria que trabalhar e eu não queria que ela se atrasasse por minha culpa. Foram nove horas de muito trabalho, e às 16:15 eu finalizei a colocação dos cabelos dela. Ela se levantou, olhou-se no espelho e seus olhos brilharam, ela adorou seu novo visual de cabelos longos, sorriu feliz e disse:

– Parabéns Eva! Melhor do que eu imaginei, ficou muito bom, você realmente trabalha muito bem.

Ela ficou tão feliz que me deu mais 50Fr de gorjeta, depois pegou o telefone e ligou para mais duas amigas que moravam no mesmo prédio, uma delas veio imediatamente e se interessou em fazer também, a outra estava ocupada e ficou de ver o trabalho que fiz na Nélia, e se gostasse ligaria depois para marcar. Eu agradeci à Nélia e fui embora feliz porque aquele dinheiro iria me aliviar muito, e também por ter agradado à cliente. Fiquei embaixo esperando a Talia passar para me pegar, pois não sabia voltar para o apartamento dela ainda. Ela chegou e fui logo contando como foi meu primeiro dia de trabalho. Ela sorriu, dizendo:

– Tenha calma, vai dar tudo certo, você vai ganhar muito dinheiro, acredite no seu potencial.

Primeira semana na Suíça

Já tinha uma semana que havia chegado à Suíça e já conseguia andar sozinha de trem, ônibus, era tudo muito prático, os trens e ônibus nunca se atrasavam. Eu ficava observando as pessoas conversando no ponto de ônibus em vários idiomas. Quando ouvia alguém falar em português ou espanhol eu logo tentava contato fazendo uma pergunta, só para depois entregar meu cartão para conseguir mais clientes, às vezes dava certo, as brasileiras e dominicanas eram sempre muito comunicativas e se interessavam em conversar. Às vezes algumas eram arrogantes, mal respondiam e viravam as costas para não continuar a conversa, mas eu não ligava, tentava sempre me comunicar. Pedi à Talia para ir à Telefônica comigo para me ajudar a ligar para o Brasil, precisava falar com minhas filhas, a saudade já estava demais. Chegando lá ela me explicou que precisava comprar um cartão e depois entrar em uma pequena cabine para fazer a ligação. E assim fiz. Ao completar a ligação Jéssica atendeu já gritando:

– Gê! É a mamãe!

Sua vozinha feliz eu pude ouvir:

– Mamãe, Mamãe, Mamãe...

Sem nem imaginar a distância em que eu estava, me emocionei. Não pude conter as lágrimas que caíam sobre minha face, o coração apertou, tive vontade de entrar no fio telefônico e sair no Brasil, conversamos apenas vinte minutos, pois era muito caro, enquanto falava com a Jéssica eu podia ouvir a Geovana falando mamãe, mamãe, mamãe... Minhas bebês tão meigas e ambas tão inocentes... a Jéssica perguntou:

– Mamãe! Quando volta? Amanhã?

Fiquei muda, me despedi dizendo:

– Não filha! Mas cuida da sua irmã, as amo muito, te ligo na próxima semana, eu prometo!

E ela feliz concordou dizendo:

– Ok mamãe, te amo!

Mas quando saí da Telefônica me senti mais forte para continuar a luta, sabia que elas estavam bem e logo estaríamos juntas.

Os dias passaram muito depressa e eu só queria trabalhar para esquecer a saudade das minhas pequenas, nunca imaginei que doía tanto como faca enfiada no peito, isso só quem ficou longe dos filhos pequenos consegue entender essa dor. Chegou sábado e Talia, Rejane e Poliana combinaram de me levar em um bar para dançar, pois precisava me distrair um pouco. Pensei em dizer não e ficar quietinha em casa, mas aí pensei que me faria bem beber um pouco para esquecer.

Era um bar em Zürich com música brasileira ao vivo, cheguei a me sentir no Brasil, a maioria das mulheres que estavam ali falava português, a cantora era brasileira e baiana, por isso tinha tantas mulheres brasileiras, algumas acompanhadas e outras sozinhas, os homens que ali estavam eram de diversas nacionalidades e ao se comunicarem era uma mistura total de idiomas... e eu observando curiosamente algumas mulheres com roupas provocativas, outras totalmente normais, com jeans ou vestidos clássicos e elegantes. Talia me explicou que aquele bar era conhecido como ponto de prostituição, mas que era também frequentado por brasileiros que moravam na Suíça e iam para o bar comer, beber, dançar e ouvir música brasileira. Havia muitas mulheres acompanhadas pelos maridos ou namorados e os homens que frequentavam aquele bar sabiam quais mulheres estavam para fazer programas ou não, pois os donos dos bares os informavam para que as clientes que lá estavam para se divertir não fossem incomodadas.

Curtimos a noite toda, dançamos, bebemos, foi muito agradável e pela primeira vez eu esqueci por algumas horas os problemas. Observando aquele lugar misterioso com mulheres de todo tipo, naquela noite eu conheci muitas e distribuí meus cartões, elas ficaram de me ligar. Ao sairmos do bar às duas horas da manhã, vi que na saída havia dois carros de polícia e oito policiais controlavam as pessoas que saíam do bar. Comecei a tremer de medo, sempre ouvi falar que eles deportavam pessoas ilegais. Talia pegou na mão meu passaporte brasileiro dizendo algo que eu não entendi, apenas férias. Eles controlavam os passaportes e entregaram de volta a Talia. Respirei aliviada e ela disse:

– Você não é ilegal! Aqui só tem um mês e pode ficar até três meses sem problemas, só não podem te pegar trabalhando, mas férias você pode sempre.

Um mês se passou...

Aniversário da Rejane

Havia se passado um mês, eu já tinha conseguido juntar um bom dinheiro e estava muito feliz, só mais um mês e voltaria para casa, era domingo e a Rejane estava fazendo aniversário. O dia amanheceu lindo, com sol, e resolveram fazer um churrasco no lago de Zürich para comemorar. Eu estava cansada, mas não queria ficar em casa e resolvi ir também. Talia foi com seu namorado ao posto de gasolina e compraram linguiça, carne, cerveja, vinho branco e depois fomos todos para o encontro. Rejane ligou para outras três brasileiras que conhecia do seu trabalho e se propôs a ir também, o namorado da Talia, Henri, havia convidado outras pessoas que conhecia e formou-se um grupo grande.

O churrasco no lago estava muito agradável, diferente dos churrascos do Brasil, mas nos divertimos muito, tomamos banho de sol e passamos o dia todo nesse lugar maravilhoso, demos muitas gargalhadas. No final do dia o Henri nos convidou para tomar um drink em um bar novo que havia inaugurado aquela semana, eu resolvi aceitar para agradecer já que ele foi me pegar no aeroporto e era a primeira vez que me convidava para tomar uma bebida. Talia ficou feliz por eu concordar em ir, ela gostava muito da companhia dele, era sempre muito prestativo, dava para ver que ele a amava muito. Chegamos ao bar e nos sentamos a uma mesa grande com muitas pessoas, umas já embriagadas, outras em uma conversa social. Havia jovens que riam muito, falavam alto, tinha um só ambiente com músicas latinas. Eis que se aproximou de mim um senhor de mais ou menos 65 anos e começou a falar algo em alemão. Talia respondeu:

– Ela não fala alemão, só português!

E ele respondeu, sorrindo maliciosamente:

– Eu também falo um pouco espanhol!

Me perguntou se podia sentar ao meu lado, eu respondi que sim! E depois me perguntou se podia pagar uma bebida para mim, e eu aceitei.

Estava com Talia e Henri e não queria ficar de vela para os dois, ele se apresentou como Robert, e eu falei:

– Prazer, Eva!

Não era fácil entender, mas aos poucos consegui me comunicar com aquele senhor, às vezes pedia socorro para Talia que me ajudava a entendê-lo, ele era divertido e agradável, trajava um chapéu que lembrou muito meu pai, rimos muito e nos divertimos quando ele me contou sobre suas férias no Rio de Janeiro.

Cliente Mariana

Mariana me ligou bem cedo, e foi logo perguntando:

– Você pode fazer meus cabelos hoje?

Respondi que sim, pois não tinha nada marcado. Ela passou seu endereço dizendo que me pegaria na estação de Zug, me informou que tinha pressa, pois iria viajar no dia seguinte com seu marido e que havia feito com outras pessoas e não gostou, havia tirado e gostaria de colocar novamente. Antes de sair pedi a Talia para comprar o bilhete do ônibus e trem para mim, pois não conseguia ler ou falar alemão. Chegando à estação de trem vi a placa indicando Zug e entrei. Rapidamente o trem saiu, sentei-me em uma poltrona na janela e fiquei observando a paisagem por onde o trem passava e pude ver pelas janelas casas grandes de madeira que era o lugar onde as vacas dormiam, e também várias vacas no pasto com tetas cheias de leite. Logo pensei, por isso que a Suíça tem os melhores queijos! Observei o campo todo florido, com flores amarelas que pareciam um tapete.

Já havia passado 35 minutos e não chegava aquela parada com nome Zug. Comecei a ficar preocupada, será que já havia passado? E se eu me perder? Ali era longe, eu não sabia onde estava, percebi que atrás da minha poltrona tinha uma mulher falando espanhol. Levantei-me e tentei me comunicar com essa mulher, ela era muito arrogante e em poucas palavras me disse:

– Niña, você pegou o trem no sentido contrário, desça e pegue para o outro lado na próxima parada, quando descer pergunte para alguém.

Tentei explicar que não falava em alemão, tampouco inglês, mas ela sem nenhuma vontade me mostrou a porta do trem que tinha acabado de parar. Ao sair do trem estava confusa, já era tarde e a cliente avisou que tinha pressa para terminar os cabelos. Ao descer do trem vi um senhor alto, negro, e muito bem trajado, me aproximei, mostrei o bilhete e falei:

– Bitte! Bitte!

O moço pegou meu bilhete e mostrou a plataforma que iria o trem, ele demorou 20 minutos para chegar e quando parou fiquei aliviada. Entrei e tinha uma moça controlando os bilhetes, entreguei o meu e tentei perguntar em espanhol se estava correto, ela me respondeu:

– Sim, está correto, pode falar em português, sou de Portugal.

Nossa, que alegria ouvir meu idioma, ela me explicou atenciosamente.

Quando o trem parou na "minha" estação, desci rapidamente e logo vi a moça que trajava uma blusa azul turquesa, como havia me informado, pois eu não a conhecia, então ela me forneceu detalhes e onde estaria. Embora com quase uma hora de atraso, ela não estava brava e entendeu quando eu expliquei o porquê do atraso. Sorridente, ela disse:

– Quando chegamos aqui, é normal isso acontecer.

Acompanhei-a até o carro e fomos a sua casa. Mariana morava em uma belíssima casa em frente ao lago. Olhando aquela casa fiquei deslumbrada, nunca tinha entrado em uma casa daquela, com tanto luxo, um jardim repleto de rosas de todas as cores, grama perfeita e bem cortada, ela havia recebido meu telefone da Nélia do bar de Zürich, que mostrara seus cabelos e estava muito satisfeita, as duas eram amigas de muitos anos antes de chegarem à Suíça.

Mariana escolheu um cabelo médio, falou que o marido não gostava de cabelos longos, dizia que não era elegante e ficava vulgar, pois ele gostava de mulheres discretas e elegantes. Comecei a colocar as extensões de cabelos e uma hora depois ela pediu para dar uma pausa e cinco minutos para fumar, percebi que ela estava inquieta e precisava desabafar algo que a incomodava. Ao se sentar e acomodar começou a contar:

– Hoje é aniversário da minha filha...

Mariana me contou que nasceu em Goiânia, Goiás, e lá viveu até seus 28 anos, teve uma filha, mas nunca havia se casado. Um dia em um bar noturno aonde ia sempre com Nélia, conheceu Rodolf, um suíço que logo ficou muito apaixonado e a convidou a vir para a Europa.

Mariana:

– Eu fiquei fascinada por Rodolf e mais ainda com o convite de sair daquela miséria que vivia em Goiânia, eu vivia em uma casa muito simples com minha família, passava muitas dificuldades e até fome, por isso eu ia às vezes naquele bar fazer programa ou procurar um homem com condições para me tirar daquela vida miserável, ele queria realmente que eu fosse embora com ele, então em poucos encontros eu aceitei o convite, preparei meus documentos, conversei com a minha mãe que me apoiava em tudo e sabia que era para o nosso bem. Ao chegar à Suíça ele mostrou tudo para mim, eu estava radiante, e com a vida de luxo que Rodolf vivia era fácil se adaptar, ele tinha uma casa belíssima que recebeu de herança dos pais que sempre foram muito ricos e de família tradicional na Suíça, não me faltava nada, ele me dava tudo, joias caras, roupas, bolsas belíssimas de marca e perfumes caríssimos; ia tudo bem até um dia que ele chegou em casa, me encontrou chorando e me perguntou: "O que houve? Por que choras? Está passando mal, quer ir ao médico?"

Eu apenas disse: "Não... Eu tenho tudo aqui, mas tenho muita saudade da minha filha tão pequena, com apenas 6 anos, sem mãe, eu queria muito ela aqui perto de mim".

Rodolf ficou muito nervoso e fora de si, e falou comigo gritando: "Se você quer ficar com sua filha, volte para onde saiu, volte para a pobreza com aquela gentinha medíocre e sem cultura, gente da roça, porque eu não quero saber de crianças, eu odeio crianças, entendeu! Se eu quisesse uma criança eu teria tido um do meu sangue e não criar filhos de pessoas sem cultura e ignorantes".

Eu fiquei passada com a reação dele e comecei a chorar muito, fui para o quarto de hóspede e chorei a noite toda pensando como poderia ter caído na lábia daquele monstro, quem era aquele homem que de repente se transformou em um monstro em minutos. Dormimos em quartos separados e no dia seguinte não tocou mais no assunto.

Então naquela manhã entendi que eu tinha que escolher entre ele e minha filha que eu amava muito, e, sem dúvida, minha filha, mas precisava ter calma, tinha que ter um plano, desde que eu cheguei à Suíça mandava todo o dinheiro que eu ganhava dele para uma conta no Brasil e minha mãe controlava e tirava apenas o necessário, eu queria comprar uma casinha melhor para a minha mãe morar com minha filha, pensando assim eu decidi, muito fria e calculista, que iria casar com aquele verme, organizar minha vida e depois que tivesse dinheiro o suficiente eu me separaria dele e voltaria para o Brasil; e assim o fiz.

Então chegou o grande dia do nosso casamento, uma cerimônia simples, mas com muito bom gosto, e foi tudo perfeito; alguns amigos, um irmão mais velho dele e parentes próximos, a minha família nem foi informada, ele não queria ninguém do Brasil e dizia que minha família só iria nos envergonhar. Na lua de mel fomos para o Rio de Janeiro e depois para Goiânia, eu queria visitar a minha filha, e meu coração feliz, pois em poucas horas iria vê-la. E ele, como sempre, muito frio quando eu tocava no assunto de família. Para ele a família era apenas eu e ele. Já no Rio de Janeiro percebi que Rodolf era agressivo e arrogante, principalmente quando ele exagerava no álcool ou usava cocaína, eu estava aprendendo a lidar com ele, *deixava ele* quieto quando percebia.

Em Goiânia, ao chegarmos à humilde casa, fui logo apresentando minha filha e minha mãe, que nos aguardava com muito carinho. Tinha ainda esperanças de quando ele visse minha filha linda e meiga mudasse de ideia e quem sabe proporia levá-la para estudar na Suíça e ficar pertinho de mim, mas ao contrário, ele a olhou com desprezo e mal falou com a menina, ele falava o português perfeito, mas não tinha interesse em ter contato com ela, era como se ela não existisse para ele. Depois de algumas horas minha filha, inocentemente, se aproxima dele e pergunta: "Por que eu não posso ir com a minha mãe para a Suíça? Por que não posso morar com vocês? Lá tem neve e chocolate!"

Ele explodiu como um vulcão em erupção e gritou com ela que, assustada, não entendeu nada e imediatamente se afastou dele. Gritando, ele disse: "Se eu quisesse uma criança na minha vida, teria tido meu próprio filho e não cuidar de filho de outro homem, vagabundo e sem caráter que não assume nem o próprio filho".

Ele se levantou e saiu batendo a porta da humilde casa, minha mãe, assustada, não falou mais nada, mas ficou triste com a situação. Chamei minha filha, entreguei os presentes que havia trazido e não falaram mais sobre o assunto. Naquele dia Rodolf não voltou para a casa de minha mãe, ficou sozinho no hotel e no dia seguinte mandou um táxi me pegar sem ao menos me avisar. Pensei em não ir e ficar ali com minha família, mas minha mãe conversou muito comigo e achou melhor eu obedecer e voltar para o hotel para não ter mais problemas. A vida da minha filha tinha melhorado muito com a ajuda do dinheiro dele, minha mãe prometeu cuidar da minha pequena Maria no Brasil e que eu poderia ir tranquila com meu marido, minha mãe achava que ele mudaria de ideia e que eu precisaria ter calma. Resolvi obedecer a minha mãe, afinal mãe sempre sabe o que é melhor. Abracei minha filha carinhosamente e saí, a Maria chorava sem parar e eu também, com o coração partido, nem olhei para trás para ela não ver as minhas lágrimas rolando no meu rosto, entrei no táxi e segui para o hotel onde o Rodolf estava hospedado, ele me recebeu como se nada tivesse acontecido, eu também não toquei mais no assunto. No aeroporto de São

Paulo ele entrou em uma joalheria e comprou uma joia dizendo: "Gostaria que me perdoasse, mas não gosto de crianças, não tenho culpa". E colocando a joia em meu pescoço me beijou com carinho e contou-me que perdeu sua primeira esposa por ser estéril e nunca mais conseguiu gostar de crianças. Percebi como seria viver com aquele homem, com certeza não seria um mar de rosas que imaginei.

Continuei fazendo o cabelo da Mariana e não falei nada, só ouvia a longa história da sua vida que ela contava.

Mariana:

– Rodolf bebia todos os dias à noite, ao chegar do escritório e quando algo não saía como ele esperava, ele usava coisas mais fortes como a cocaína e quase sempre explodia, ele era muito agressivo e com o tempo comecei a me acostumar com aquela vida de mentira a qual todas as pessoas pensavam que eu era rica e feliz sem saber o preço que pago.

Mariana terminou de contar a história de vida dela dizendo:

– Eva, eu trocaria tudo para ter minha filha ao meu lado, mas por ela vou aguentar as agressões e as noites acordadas, as humilhações dele e até ir para cama sem a mínima vontade apenas para satisfazê-lo, pois eu não sinto mais nada por ele há muito tempo, mas o amor de mãe supera tudo.

Primeiro trabalho com limpeza

Rejane bateu à porta do meu quarto perguntando:

– Eva, tem uma mulher querendo uma pessoa para limpar umas janelas, você quer? Ela paga muito bem, você quer ir comigo?

Eu logo me interessei, precisava de dinheiro urgente e topava qualquer trabalho. Saímos de casa no dia seguinte e fomos direto ao local limpar as janelas de vidro, eu nunca tinha feito esse trabalho no Brasil, tinha sempre uma senhora que fazia isso, mas me esforcei muito para aprender o mais rápido possível porque na Suíça todo o trabalho é bem pago. Dona Joaquina era portuguesa e já tinha muitos anos nessa firma especializada em limpeza de casas, apartamentos, e escritórios, a limpeza acontecia quando o apartamento fosse entregue ao próximo morador ou comprador do imóvel, por isso era muito bem controlado por ela mesma pessoalmente. No final do dia ela me pagou 200Fr. e 300Fr. para Rejane que era profissional e especialista em vidros. No dia seguinte Rejane me avisou que dona Joaquina gostou muito de mim e me ofereceu trabalho fixo toda segunda enquanto eu estivesse na Suíça. Eu fiquei muito feliz, embora fosse um trabalho muito pesado, mas eu gostei muito de aprender e o dinheiro sempre era muito bem-vindo, por isso aceitei imediatamente a proposta de dona Joaquina, agradeci à Rejane pela indicação que me deu, e ela me deu um abraço dizendo:

– Aqui quando chegamos precisamos de ajuda, mas depois podemos também ajudar se possível outras brasileiras.

Levantei disposta a sair e vender o restante dos meus cabelos, ainda tinha quase dois quilos e precisava ganhar mais dinheiro, o franco estava quase R$ 4,00 por 1 Fr. se conseguisse fazer mais umas oito clientes eu teria o dinheiro suficiente para pagar a hipoteca da casa, seria um sonho, poderia voltar a começar tudo novamente, eu sempre tive comércio e sabia que ia conseguir superar essas dificuldades, era só questão de tempo.

Vendas de cabelos com Robert

Talia chegou do trabalho e entrou no meu quarto morrendo de rir, logo perguntei:

– O que houve, amiga?

Talia:

– Nem te conto!

– Fala logo mulher, o que houve?

– Sabe aquele senhor que estava no restaurante dos turcos aquele dia conosco?

– Quem? Senhor Robert?

– Sim, ele me encontrou no mercado da cidade e perguntou por você, acho que ele gostou de você, pena que é velhinho. Falou que tem três clientes dominicanas e ele quer te levar para apresentá-las, disse que elas moram a 25 minutos daqui de carro e se propôs a te levar amanhã lá caso você queira.

– Nossa! Que bom Talia, eu vou sim.

No dia seguinte acordei feliz, sabia que iria vender todos os cabelos e pagar minhas dívidas, estava confiante que Deus colocou aquele anjo no meu caminho, tudo daria certo. Robert chegou ao apartamento de Talia no horário marcado, eu já o esperava e saímos rapidamente para visitar as clientes. Chegamos lá e vi que era um salão de cabeleireiro e no fundo se vendia produtos e comidas típicas de Santo Domingo. Tina era a dona e foi logo pegando os cabelos para ver e perguntando:

– Niña, esses pelos são mesmo do Brasil?

Respondi que sim, são todos brasileiros. O Robert falou em alemão, logo ela separou 300 gramas de cabelos, depois separou mais de 200 para sua irmã, depois separou os seus e ela chamou outras mulheres que trabalhavam ali, dizendo:

– Meninas, essa niña tem cabelos belíssimos do Brasil.

Logo se interessaram e começaram também a escolher, vendi quase todos os cabelos aquele dia e também marcaram para colocar, eu colocaria no salão da Tina e pagaria 30% para ela de comissão, achei perfeito. Robert ficou muito feliz e tentava conversar comigo em espanhol. Naquela semana Robert me levou e me buscou sem cobrar nada, sempre educado, falava que só queria me ajudar, que faria tudo que fosse possível, pois não tinha nada a fazer e ninguém para dar satisfação, me ajudando ele se sentia útil e feliz, não entendi o porquê dele sempre disposto para mim sem exigir nada, apenas no final do dia passávamos em um pequeno bar africano para tomar uma cerveja e às vezes comíamos um peixe assado na folha da banana e pronto, me levava para casa todo feliz da vida.

Aquele dia foi milagroso, vendi todo o cabelo e ganhei muito mais do que eu pensei, fiquei feliz e pensei no que fazer para retribuir o grande favor de Robert, então falei com todo carinho:

– Robert, muito obrigada, como posso retribuir tanta atenção e tanto tempo que se dispôs a me ajudar?

Robert:

– Gostaria que me deixasse comprar uns presentes para você levar para suas filhas, eu sempre quis ter netos, mas minha filha de 34 anos e meu filho de 31 nunca pensaram em ter filhos, dizem não ter tempo para crianças, eu posso presentear suas filhas como se fossem minhas netas?

– Não posso aceitar, você já ajudou muito em me levar para todos os lugares sem cobrar nada e me apresentou boas clientes, já é suficiente o que você fez.

Robert abaixou a cabeça, triste e disse:

– Vocês brasileiros não sabem o que é solidão, os brasileiros são muito acolhedores.

Sorri prazerosamente e respondi:

– Se faz tanta questão eu aceito, muito obrigada e saiba que minhas filhas ficarão muito felizes.

Faltando três dias para voltar ao Brasil, Robert me levou para uma grande loja de brinquedos e roupas infantis e falou:

– Compre o que você quiser, eu vou pagar tudo, não precisa economizar, é meu presente para as minhas netas postiças.

Terminamos as compras de roupas e brinquedos e estava tão feliz que exagerei nas compras e pedi para ajudar a pagar. Ele não aceitou e disse:

– Para mim não é muito, não se preocupe, eu tenho o suficiente.

Dei um abraço forte de agradecimento e um beijo no rosto, ele ficou vermelho de vergonha e riu muito. Talia fez um jantar de despedida para mim e convidou pessoas que conheci, principalmente o Henri, o Robert, que se tornou um grande amigo, quase um pai para mim, as meninas que trabalhavam na limpeza comigo, todas vieram se despedir e trouxeram lembrancinhas para levar para as minhas filhas.

Meu Deus, que alegria, só mais uma noite e encontraria minhas filhas, só em pensar meu coração palpitava de alegria. Esses dois meses aprendi muito com a cultura da Suíça e com pessoas que conheci.

Embarque para o Brasil

Poucos minutos antes de embarcar Talia me entregou um envelope e disse:

– Está lacrado, Robert pediu que te entregasse no aeroporto.

Abri o envelope e me assustei, tinha cinco notas de mil francos e um bilhete que dizia:

"Sei que precisa mais do que eu e ver você lutando aqui para conseguir levar mais dinheiro me cortou o coração, pois nós aqui na Suíça temos muito, mas às vezes não damos o valor e nem desfrutamos do dinheiro com a família! Um grande abraço. Robert".

Era um bilhete escrito em espanhol, mas entendi bem, que pena não dar tempo de agradecê-lo mais uma vez, que ser humano maravilhoso. Obrigada meu Deus por colocar pessoas tão boas na minha vida, como o Robert e Talia, nunca poderei esquecer o que fizeram por mim aqui na Suíça, pensei em enviar uma carta, mas tinha que entrar para o embarque e não daria tempo.

Entreguei meu passaporte no controle e pensei: "obrigada Suíça e a todos que me apoiaram aqui, talvez nunca mais volte, mas sentirei saudades das pessoas que conheci e lugares que passei, ainda que não tivesse muito tempo de conhecer os lugares famosos da Suíça, o pouco que conheci me encantou". O policial do controle carimbou e me entregou o passaporte dizendo:

– Bom voou!

Eu assenti com a cabeça dizendo:

– Danke!

Entrei no avião e me acomodei ao lado de uma jovem de mais ou menos vinte anos que parecia brasileira. Sentei e ela disse:

– Hallo!

Olhando pela janela do avião vi quando ele decolou e a cidade foi ficando pequena e as grandes montanhas se destacando, eu não parava de olhar, fascinada, e logo desapareceram nas nuvens que cobriram totalmente os Alpes Suíços. Peguei uma revista em português e tentei ler, mas minha cabeça só pensava na chegada ao Brasil. Serviram um jantar e uma bebida e mesmo sem apetite comi um pouco e logo fui dormir, queria que a noite passasse rápido e ao acordar já estar em solo brasileiro. Ao acordar já estavam servindo café da manhã, eu não tinha fome, estava muito ansiosa e o comandante informou:

– A descida em 40 minutos!

Meu coração batia forte e agradeci a Deus pelo voo tranquilo, olhando pela janela pude observar a descida do avião, pouso perfeito, retirei a bagagem rapidamente e saí, olhei para um lado e para o outro e vi Jéssica com olhos brilhantes de alegria gritando:

– Mamãe!

Geovana, no colo do pai, desceu e veio correndo me abraçar, Jéssica me abraçava, me beijava e dizia:

– Que bom que você voltou! Que bom que você voltou!

Eddy me cumprimentou com olhos tristes e me perguntou como foi o voo, eu respondi e agradeci por ter vindo me buscar. Logo seguimos para casa. No caminho Jéssica não parava de fazer perguntas e de contar as novidades da escola e da babá, queria que eu contasse logo o que trouxe para ela, se comprei as Barbies, as roupas, ela não se aguentava de curiosidade para ver o que eu havia trazido para elas.

Cheguei em casa, Nena, a babá das crianças, já tinha preparado a mesa de café da manhã, pois ainda era muito cedo. Tomamos café e fomos abrir os presentes. Olhando nos olhos das minhas filhas me senti tão feliz, elas eram tudo que tinha na vida. Embora separados, eu e Eddy morávamos na mesma casa, ele ainda não tinha aceitado bem a separação e às vezes tínhamos problemas com isso, mas considerando que ele era um pai muito presente tentávamos conviver juntos embaixo do mesmo teto, mesmo porque, não tínhamos dinheiro para mais um imóvel, às vezes ele tentava conversar para voltar, mas sabia que não era possível, já havíamos tentado, eu não me arrependo porque veio a Geovana, mas com cinco meses de nascimento da Geovana eu pedi a separação de corpos, pois sabia que era o fim.

Minha chegada foi em um domingo, então a primeira coisa depois do café com minhas filhas foi visitar a minha mãe e irmãos e saborear o maravilhoso almoço de domingo, toda a família já estava lá quando cheguei, a minha mãe ficou muito feliz ao me ver e que voltei bem, se orgulhava de mim e contava para os vizinhos e amigos que eu conheci outro país, minha mãe nunca saiu do país, era uma mulher simples que sofreu muito para criar nove filhos. Também separada do meu pai, a vida não era fácil, ela tinha que trabalhar de segunda a sábado, saía muito cedo, às 5:00 da manhã e só voltava às 18:00 horas, então para ela ter uma filha que saiu do país era um orgulho, pois ela que nos educou e ensinou a sermos fortes, seu maior medo era que eu não voltasse para o Brasil.

Meus irmãos estavam todos curiosos para saber como foi a temporada na Europa, como é lá, as comidas, as pessoas, o clima, se eu conseguia me comunicar, me encheram de perguntas, eu não parava de mostrar fotos, todos muito interessados em saber mais. O dia passou divertido e eu estava muito contente de estar com minha família no Brasil. Nossa família sempre foi simples, mas muito unida, todos ficaram preocupados quando souberam da minha decisão em viajar para a Europa, principalmente porque ninguém conhecia a Talia e com os noticiários frequentes que passam na TV sobre tráficos de pessoas ficavam ainda mais apreensivos, mas agora todos me vendo ali sã e salva eles se orgulhavam da minha coragem de sair do país sem falar qualquer outro idioma a não ser o português.

O trabalho na financeira

Na segunda me levantei muito cedo, levei Jéssica à escola e voltei para casa, entrei no quarto e tranquei a porta. Geovana ainda dormia e aproveitei para pensar, eu precisava estar com a cabeça tranquila para ver as contas, as coisas mais urgentes a pagar, abri a gaveta de contas e comecei a calcular, eu devia muito mais do que imaginava, os juros altíssimos, as dívidas que tinha aumentaram mais de 30% e descobri que o dinheiro não era suficiente para pagar tudo, mas pelo menos uma boa parte. Pensei em vender a casa e comprar um apartamento menor, mas já tinha perdido tudo, só me restou essa casa e eu gostava muito, não queria me desfazer. Então resolvi pagar a hipoteca dela completa e fazer um novo empréstimo com um valor bem menor, com um novo empréstimo consegui pagar quase tudo e pelo menos em um mês tinha tempo de decidir o que fazer da vida.

Na semana seguinte fui até uma loja em Osasco e comprei um quilo de cabelo, precisava começar a ganhar dinheiro, peguei o telefone e comecei a ligar para todas as minhas clientes, consegui trabalhar um pouco, mas não dava para pagar todas as dívidas mensais, liguei para um amigo que tinha uma financeira e pedi um emprego para trabalhar com financiamento de vendas de caminhões, eu sempre fui muito boa em vendas. Ele me contratou, então duas vezes por semana eu ia para o pátio grande de vendas de caminhões e oferecia empréstimos financeiros para compras de caminhões de grande e pequeno porte, os caminhoneiros gostavam muito de mim e comecei a fazer vários financiamentos que ajudaram bastante na renda mensal. O dono da financeira costumava brincar dizendo que os caminhoneiros só faziam o financiamento para me ver andando de saia justa e salto alto de um lado para o outro no meio deles, mas era apenas uma brincadeira, ele sabia que eu era uma ótima vendedora.

Com o trabalho da financeira e com os cabelos comecei a ver que estava conseguindo equilibrar as contas, o problema é que precisava comprar um carro, havia vendido o meu para pagar o voo e comprar material para levar à Suíça, eu e Eddy estávamos usando o mesmo carro, mas era complicado, pois também trabalhava longe e precisava do carro, porém no momento era quase impossível, Eddy deixava sempre as contas para eu resolver, ele ajudava no que podia, mas ele ganhava muito pouco, trabalhava em uma concessionária de carros como pintor e mesmo fazendo horas extras para ajudar não era o suficiente.

Já fazia dois meses que estava de volta e todo mês Talia ligava da Suíça para saber como eu estava no Brasil, sempre preocupada se eu não estava precisando de algo, às vezes eu achava que Robert que pedia para ela perguntar, eu falava que não, que estava tudo bem.

O tempo foi passando e cada vez aparecia mais contas para pagar, e o trabalho com cabelos diminuiu muito porque não sobrava dinheiro para comprar cabelos e o trabalho de colocação se ganha muito pouco. A financeira exigiu que tivesse carro para fazer visitas nas cidades vizinhas. Edvaldo, meu chefe, me ofereceu financiamento, mas o medo de fazer mais dívidas e não conseguir pagar me desanimou.

Dívidas e mais dívidas

Era um feriado e toda a família resolveu ir para o litoral com as crianças, decidi ir também com Jéssica e Geovana, desde que voltei não tinha ido à praia. O passeio à praia foi muito divertido, mesmo com pouco dinheiro para férias, às vezes precisa fazer um esforço para descansar a cabeça e curtir a família.

Na semana seguinte recebi uma cobrança de um fornecedor das minhas lojas, a atual dona não pagou e foi para protesto, e como estava em meu nome tive que pagar. Minha cabeça girou...

Eddy chegou em casa agitado e disse que o carro havia quebrado e para guinchar ficou um valor de R$ 800,00 e para o conserto R$ 2.300,00. Naquele momento nem quis questionar a carta de protesto que recebi, ele estava muito nervoso e não iria adiantar contar, comecei a passar mal, meu estômago doeu, minha pressão subiu, sentei-me no sofá e pensei, é quase impossível pagar as prestações do empréstimo, principalmente agora com o conserto do carro e o protesto. Eu não havia conseguido pagar nem a primeira prestação que já estava vencida, estava guardando o dinheiro, mas agora com o conserto do carro, o que fazer?

Peguei uma garrafa de vinho e subi para a laje onde tinha uma pequena churrasqueira e uma mesa com cadeiras, sentei-me lá sozinha e durante horas o desespero e tristeza tomaram conta de mim, me senti só. Sem ninguém para dividir o problema, percebi que a carga era muito grande para mim e o medo das minhas filhas passarem por necessidade voltou. Eddy até queria ajudar, mas não sabia como e começava a beber para esquecer os problemas, ele não era como eu. Quando tinha um problema se entregava à bebida todos os dias. Eu já tinha bebido meia garrafa de vinho e resolvi parar. Desci, entrei para o meu quarto e tranquei a porta, neste momento desabei a chorar, me questionar, será que nunca terei paz? Oh Deus, por que tudo isso acontece comigo? Fechei os olhos, lembrei-me da Zilia, ela era uma mulher bondosa que jogava cartas de tarô, ela era muito conhecida, pois sempre ajudava a todos, ela havia me ajudado muito quando eu era mais jovem e sempre que eu tinha um problema corria para pedir conselhos e jogar tarô. Zilia é uma senhora de estatura pequena, de 1,46m, magra, com cabelos crespos que sempre os mantinha presos, bem vestida com roupas sociais e salto alto, sempre que a procurava estava disposta a ajudar independentemente da hora, embora quem a conhecesse sabia que ela não gostava de acordar cedo, mas quando alguém chegava com problemas não importava a hora, ela ia atender. Muitas pessoas a procuravam para jogar tarô, cartas, búzios para saber o futuro, já havia jogado tarô e sempre acontecia o que ela via nas cartas, às vezes eu ficava pensando se seria verdade ou coincidência da vida, como poderia acertar o futuro das pessoas?

O atendimento mais marcante com a Zilia foi o dia que a procurei para jogar cartas. Eu queria me separar do Eddy e logo na primeira carta ela disse que se eu separasse dele agora, teria que voltar, porque a nossa história ainda não tinha terminado. Eu não obedeci a Zilia, saí de lá com a ideia que iria embora e pronto, cheguei em casa nervosa, discuti com Eddy e falei que ia embora. No dia seguinte ao sair para o trabalho ele nos trancou em casa. Aguardei um pouco, falei com a Jéssica que tinha perdido a chave e com um micro-ondas e um colchão pulamos a janela do quarto, coloquei tudo no carro que estava na garagem e fugimos, eu não aguentava mais aquela vida, fui morar numa kitnet pequena, com armários improvisados de caixa de banana, um micro-ondas e um colchão no chão, lá moramos por 6 meses. O Eddy, vendo a situação em que a gente morava, pediu que voltasse para casa, para tentar mais uma vez, e resolvi aceitar, mesmo sem entender o porquê e sem achar que conseguiríamos viver juntos novamente. Depois de um ano que voltamos a morar juntos, era sempre briga, e percebi que foi um erro ter voltado, não tinha mais o mesmo amor, e o respeito estava prestes a acabar.

Fui novamente procurar a Zilia para conversar e ao mesmo tempo fazê-la entender que ela estava errada, pois voltei para o Eddy e mais uma vez não deu certo. Chegando lá ela me disse:

– Como você está bonita menina, ser mãe é uma dádiva de Deus mesmo!

Imediatamente respondi:

– O que você está falando Zilia, está louca? Não entendi o que quer dizer com isso! Você achou que acertou quando disse que eu não deveria separar do Eddy. Você tinha razão, eu realmente voltei, mas foi um erro para os dois, só desgaste, brigas e sofrimento.

Zilia:

– Eu sei minha filha, mas agora tem que esperar, a semente já foi plantada, pois esse pequeno ser que está dentro de você precisa chegar.

– Você está louca mesmo, eu não estou grávida e não quero mais ficar na mesma casa com o Eddy, está fazendo mal para nós dois, você não vê que é apenas sofrimento, não nos amamos mais, me ajude a resolver essa situação, por favor!

Zilia:

– Olha, ela é uma menina linda, tem olhos castanho-claros, tem pele mais clara que a sua e tem suas pintinhas, que coisa mais linda sua filhinha, ela é uma miniatura de Evinha, ela vai nascer com muita saúde e trará muita alegria, felicidade e equilíbrio, terá um sorriso encantador, mas um gênio muito forte, nasceu para sorrir, eu consigo vê-la na minha frente quando fecho os olhos, que criança encantadora.

Ela gargalhou como uma bruxa. Eu com muita raiva falei:

– O Eddy tem razão de falar que você é uma bruxa e louca e está me enlouquecendo também.

Saí de lá totalmente revoltada e disposta a nunca mais colocar o meu pé na casa da Zilia.

Entrei no carro nervosa, desesperada e chorando. Então comecei a lembrar de coisas que ela havia me dito quando perdi minhas lojas. A primeira que lembrei foi quando ela abriu o tarô e começou a falar:

– A perda de tudo foi necessária, se você não perder tudo não poderá seguir o destino que te espera agora, então não pergunte o porquê e sim para que, agora é hora de mudança na sua vida, seu destino tem pressa, acredite em mim minha filha, você vai chorar muito nessa vida ainda.

Ela fechou o tarô dizendo que não tinha mais nada a falar. Eu saí da casa da Zilia mais triste do que quando cheguei, pensei que seria melhor eu não ir mais lá, só sofrimento antecipado, lembrei também que Zilia me disse que iria vencer, iria viajar muito por várias partes do mundo, iria encontrar um homem que me faria muito feliz, como poderia acreditar naquela mulher, eu sou muito idiota mesmo, não tinha dinheiro nem para colocar gasolina, impossível viajar o mundo. Tudo bobagem, por que acreditar nela...

Minha cabeça estava a mil, lembrei que um dia ela foi chamada pela minha vizinha Marciana que, assustada com a discussão minha e do meu esposo Eddy, a chamou para apaziguar a briga, e ela chegou imediatamente para conversar conosco, começou a acalmar Eddy, ele estava muito revoltado. Ela disse:

– Eddy, não adianta brigar e gritar com ela, ela vai embora de qualquer jeito.

Eddy ao ouvi-la disse aos gritos:

– Saia da minha casa sua velha bruxa, você não sabe de nada...

Ela sorriu debochadamente e disse:

– Não sou eu quem faço o destino das pessoas e sim Deus.

Mas mesmo ouvindo o que Zilia falou ele ignorou tudo e pediu para ela sair, ela veio em minha direção, me pegou pelas mãos e disse:

– Vamos até a casa da Marciana, eu preciso conversar com você.

Eu apenas obedeci e segui. Marciana é uma vizinha totalmente esotérica, mas uma amiga fiel que sempre dividia os problemas comigo. Sentei-me e Marciana me serviu chá de flores para acalmar. A casa dela era sempre decorada com muitas velas perfumadas, que davam uma harmonia à casa pequena e bem organizada.

Zilia disse que ia tirar tarô para mim e era para escrever tudo que ela iria falar, Marciana trouxe um caderno e uma caneta e se propôs a escrever tudo para mim, e Zilia começou:

– Olha minha filha, te avisei que você havia perdido tudo porque era a hora de seguir seu novo destino, lembra?

Eu assenti com a cabeça afirmando, e ela continuou:

– Te avisei que tinha que esperar, pois iria ter mais uma filha, agora chegou a hora, em breve você vai conhecer uma pessoa que vai te convidar para uma viagem à Europa, ela é uma mulher muito sábia e você vai aprender muito com ela, serão muito amigas e uma amizade verdadeira, será como uma irmã. Você fará vários voos nacionais e internacionais por todo o mundo e vai morar fora do Brasil com suas filhas, vai casar-se mais duas vezes, mas não será no Brasil, seus dois maridos serão estrangeiros e vai morar muitos anos com o outro.

E eu pensando; três relacionamentos... nem pensar, a primeira experiência já está bom demais, eu não quero mais saber de casamento, Zilia.

Zilia:

– Você vai trabalhar com muitas coisas, desde a limpeza até ser a dona do seu próprio negócio na Europa entendeu, será muito reconhecida na área da beleza.

Lembrando-me da voz dela falando eu tive uma crise de risos... Neste momento meu pensamento foi longe.

Visita a Zilia

Pensando em tudo que Zilia falou fui obrigada a admitir que três coisas ela havia acertado, minha filha linda Geovana, uma viagem para Europa e Talia que era uma amiga que eu conheci fazendo cabelos no salão de Leia e na Granja Viana, eu decidi visitá-la e levar uma lembrancinha que havia trazido da Suíça para ela.

No dia seguinte acordei muito cedo, tomei café com as crianças, saí, fui para Cotia, a estrada tinha muito trânsito pela manhã e foi preciso 1:15 para chegar à casa da Zilia. Cheguei cedo, por volta de 10:20 da manhã, para quem a conhece sabia que ela ficava brava, pois só acordava depois do meio-dia. Toquei a campainha da casa e ninguém atendeu, insisti novamente e nada, fiquei triste, entrei no carro e resolvi ir embora. Quando liguei o carro ouvi uma voz:

– Aonde vai menina? Já me acordou, agora entre.

E com o sorriso brincalhão de sempre me recebeu com um enorme abraço dizendo:

– Voltou minha filha!

É como ela me chamava...

Zilia:

– Entre, vamos tomar um café da manhã.

Tomamos um café agradavelmente e contei um pouco sobre a experiência de ir para a Europa e a situação da minha vida, como estava depois que voltei.

Zilia:

– E agora? O que pensa em fazer da vida, você já sabe?

– Olha Zilia, quero achar uma forma de montar um espaço para vender e trabalhar com cabelo novamente, mas não sei ainda. Como o dinheiro acabou e as dívidas não param de chegar, está difícil, resolvi muitas coisas, mas ainda tem muito que resolver, eu estava com muitas dívidas.

Zilia se levantou, pegou um cigarro e mais um café e perguntou:

– Quer mais um café?

– Não, obrigada! Só vim te visitar rapidinho, mas tenho que ir embora agora.

Zilia acendeu o cigarro e disse:

– Olha filha, você não vai montar nada aqui, pois isso não está mais nos planos de Deus, vai para casa, descansa um pouco e quando estiver melhor apareça aqui para conversar comigo.

Levantei-me, dei-lhe um abraço e fui embora, dessa vez sem questionar o porquê ela disse que meus planos não estavam mais nos planos de Deus. Chegando em casa fomos logo almoçar, Jéssica e Geovana já estavam esperando. Depois do almoço fui tirar uma soneca e sonhei...

Sonhei que estava na Suíça e um homem me pediu em casamento, eu aceitava e acordei dizendo sim, eu aceito! Acordei assustada e vi que era um sonho, graças a Deus, casamento está fora dos meus planos, quero trabalhar e cuidar das minhas filhas.

Duas semanas se passaram da visita que havia feito a casa de Zilia...

Visita a Ercília

O telefone tocou e já atendi preocupada achando que era cobrança.

– Oi minha amiga!

Era a Talia:

– Como estão as coisas?

Expliquei um pouco a situação, pois a tinha como uma grande amiga que podia contar, e eu não queria mentir mais, ela me falou que várias clientes que haviam feito cabelo comigo queriam saber quando eu voltaria para a Suíça. Talia achava que eu deveria voltar mais uma vez e levar mais cabelos e ficar três meses pelo menos que era permitido como turista. Eu falei que não daria, minhas filhas eram muito pequenas para ficar tanto tempo sem mim, não conseguiria aguentar três meses longe delas. Desliguei o telefone pensando; e se eu ficasse dois meses novamente, talvez seria o suficiente para organizar melhor a vida... depois imaginei não! É uma loucura sair do país novamente.

A cada dia as coisas pioravam, as dívidas aumentavam. Um dia eu sentei-me com o Eddy e disse:

– Acho que vou ter que ir novamente para a Suíça, não estou encontrando outra saída.

No primeiro momento Eddy achou um absurdo ir e deixar as crianças, depois percebi que ele entendeu que a situação estava ficando complicada para nós dois e não teria outro jeito de resolver, mesmo não estando juntos tínhamos cumplicidade de entendimento pelas filhas. E depois de dois dias, no café da manhã, Eddy disse:

– Olha, eu não acho certo, mas se você acha que não há outra solução de pagar as contas, faça o que achar melhor, eu cuidarei das meninas com a babá o tempo que você precisar ficar fora.

Fui dormir pensando, mas não tinha decidido ainda o que fazer ou o que seria melhor para todos.

No dia seguinte liguei para a Ercília, uma amiga que eu tinha como uma irmã, ela sempre me dava bons conselhos, ficou muito feliz ao ouvir minha voz e disse:

– Que surpresa boa, já voltou para o Brasil?

Respondi que sim e ela me convidou para um jantar em sua casa com as crianças.

À noite fomos jantar na Ercília e conversamos sobre tudo, ela havia acompanhado tudo que tinha se passado comigo, a falência, a separação, as brigas e tudo mais, e sabendo de todas as dificuldades que passei, ela me aconselhou:

– Se eu fosse você eu não perdia essa oportunidade, eu iria para Suíça novamente, pois lá seria muito mais fácil de ganhar dinheiro, no momento o Brasil está em crise e está cada vez mais difícil com problemas do governo e da economia.

Enquanto Jéssica e Geovana se divertiam no quarto do Kaio, que elas chamavam de "o quarto do Kaiolândia" por ter uma diversidade de brinquedos, eu ouvia a Ercília com muito respeito, sabia que só queria o meu bem, era uma mulher séria e intelectual e extremamente inteligente, com muitas experiências de vida, ela é perita criminal há muitos anos, uma profissional muito respeitada, casada com Paulo, também perito criminal e professor, estavam sempre dispostos a me ajudar, uma família especial que eu tinha orgulho de ter como amigos. Despedimo-nos, agradeci pelo jantar e fomos embora.

À noite eu não consegui dormir pensando o que fazer da minha vida:

– Meu Deus, me ajuda a decidir.

Volta para Suíça

Às 07:00 da manhã acordei com Jéssica chamando:

– Mãe, acorda! Você tem que me levar na escola.

Dei um pulo da cama, assustada. Tomamos café rapidamente e saímos, às 14:00 tinha cliente em casa, ia atender a Mariza, uma mulher muito alegre e falante e adorou seu novo visual dos cabelos, mas era apenas a colocação, que pagaria apenas R$ 300,00 e na Suíça era 500 Fr., cerca de R$ 2.000. Pensei e decidi, vou para a Suíça novamente. Liguei para minha amiga e ela concordou na hora e disse:

– Vem sim, será um prazer.

Comprei o voo parcelado, desta vez no cartão de um amigo, não tinha mais dinheiro disponível e só tinha um carro que Eddy usava, não poderia vender. Peguei um pequeno empréstimo com meu amigo da financeira e comprei dez quilos de cabelos. Cheguei em casa e disse à Jéssica:

– Jéssica, mamãe vai viajar de novo, só volto daqui a dois meses.

Ela correu para o quarto chorando, fui até lá conversar com ela e tentei explicar, mas ela só tinha 7 anos e não era possível entender, cortou meu coração quando ela me disse:

– Você não me ama mais mamãe, por isso vai embora de novo.

– Filha, é porque te amo muito que tenho que ir, você me entende.

Ela, soluçando, respondeu:

– Mas você vai voltar logo e trazer presente? Eu quero três Barbies.

– Vou trabalhar muito e vou trazer três Barbies para você e também três para Geovana.

Com o coração apertado em ver a inocência delas, sem comunicar ninguém, apenas Eddy e a babá das meninas, viajei novamente. Quando a família soube, eu já estava na Suíça, desta vez cheguei mais tranquila. Talia me pegou no aeroporto e fomos a casa dela. No dia seguinte comecei a ligar e sair para todos os lugares que tinha conhecido anteriormente. No segundo dia eu já tinha cliente marcado para cabelos e já tinha faxina em um restaurante duas vezes por semana. Falava com minhas filhas a cada dois dias pelo telefone, aí ficava mais tranquila para trabalhar, sabia que elas estavam bem com o pai delas. Eddy trabalhava durante o dia e à noite ele dava atenção para as meninas, isso as ajudava a não sentir tanto a minha falta.

Encontro com Robert

Logo nos primeiros dias encontrei Robert, agradeci pelos presentes e pelo dinheiro que havia pedido para a Talia me entregar no aeroporto, marcamos no dia seguinte para ele me apresentar mais clientes dominicanas, não entendia por que um suíço conhecia tantas dominicanas e africanas, mas não fazia perguntas, não era problema meu, o importante é que ele estava me ajudando a arrumar clientes para comprar e colocar os cabelos. Comecei a perceber que ele fazia questão de me levar e buscar para toda a parte, às vezes não me sentia muito confortável e ele dizia que era sempre um prazer, pois não tinha nada para fazer, era aposentado e sentia-se muito só, gostava da minha companhia, então para mim era quase como um motorista particular.

Os dias foram passando, desta vez mais rápido e tudo correndo muito bem, eu mandando dinheiro para pagar as contas e estava tudo perfeito. No sábado Talia avisou que teria pagode em Zürich, eu logo disse:

– Eu quero ir!

Marcamos e fomos, foi um dia super divertido como nunca tinha tido na Suíça, parecia que estava em um pagode em São Paulo. Fui ao banheiro e tinha uma moça morena e muito magra, logo que me viu entrar perguntou:

– Você é brasileira?

– Sim, sou!

Ela disse:

– Que legal, meu nome é Dora, e o seu?

– Eva!

Dora logo brincou:

– É a mulher do Adão?

Respondi gargalhando:

– Não, mas sou a irmã!

Conversamos cinco minutos, ela me deu seu telefone e disse que gostaria muito que nos encontrássemos mais vezes. Eu agradeci, entreguei o meu cartão também e ficamos de nos telefonar. Ao sairmos do pagode fomos para um pequeno bar na Militärstrasse que tinha música brasileira ao vivo, por isso tinha muitas brasileiras e eu me diverti muito, dancei bastante e conheci o Silas e Thomas que logo ofereceu um drink para todas nós e aceitamos. Eles eram muito agradáveis, Thomas só falava francês e Silas falava francês e um pouco português por ter sido casado com uma brasileira e tinha um filho com ela. Bebemos e conversamos muito; Silas, muito educado, mas ao mesmo tempo muito tímido, tentava sempre me fazer rir para descontrair, no final da noite me passou seu telefone e disse:

– Eu gostei muito de você, não quer jantar comigo um dia?

Entregou-me o seu cartão com número de telefone dizendo:

– Ficarei muito feliz se você aceitar.

O encontro com Harry

Eu só pensava em trabalhar, embora precisasse tomar muito cuidado, pois não tinha permissão suíça, mesmo estando legal não era permitido trabalhar se não houvesse permissão. Logo me interessei em saber como funciona isso de permissão. Talia então me explicou: é só arrumar um marido e se casar!

– Casar!!! Não! isso não está nos meus planos.

Ela respondeu:

– Ah, então esquece, não tem outra forma de legalização.

Já tinha se passado um mês, eu trabalhando muito e conhecendo sempre muitas pessoas novas, de diferentes nacionalidades.

Sexta-feira, aniversário da Poliana, resolvemos nos encontrar para comemorar em um bar que tinha sempre músicas brasileiras ao vivo, eu trabalhei até às 18:00 e depois fui direto encontrá-las no bar que era ao lado da casa da minha cliente daquele dia. Cheguei às 18:30h e todos já estavam bebendo e conversando prazerosamente. Entrei, abracei a aniversariante, cumprimentei todos que estavam à mesa e pedi um chope. A garçonete me trouxe o chope, abri a bolsa para pagar e ela disse apontando:

– Aquele moço de camisa azul te ofereceu e já pagou.

Olhei para trás e vi o moço de camisa azul, assenti com a cabeça agradecendo. Talia logo riu e disse:

– Opa! Acabou de chegar e já tem pretendentes!

Olhei o moço, de mais ou menos 45 anos, magro, alto uns 1,85, loiro de olhos azuis e muito bronzeado, olhando de longe parecia ser um homem atraente e muito interessante. Eu sorri feliz com o galanteio do moço loiro. Passaram uns 10 minutos e ele se levantou e foi até nossa mesa, se apresentou:

– Meu nome é Erhard, mas pode me chamar de Harry, e o seu?

– Eva!

Harry logo perguntou se poderia sentar conosco e Poliana, a aniversariante, concordou:

– Claro que pode, hoje é meu aniversário, vamos comemorar!

Ele gentilmente a cumprimentou e pagou uma rodada de drink para todos os convidados de Poliana, começamos a conversar e o papo dele era muito bom. Talia logo perguntou:

– Por que você é tão bronzeado e fala tão bem o português?

Harry explicou que foi casado com uma brasileira de São Paulo por muitos anos e gostava muito das praias do Brasil. Eu logo falei:

– Que legal! Eu também sou de São Paulo.

Harry deu uma gargalhada e disse:

– Eu não gosto de São Paulo, gosto de Fortaleza, tem lindas praias, vou pelo menos três vezes por ano.

Talia riu e disse:

– Por isso tem esse bronzeado todo.

E ele debochadamente disse:

– Não, a cor é natural.

Logo percebi o interesse dele por mim, eu também fiquei fascinada por ele, pelo seu jeito descontraído de ser, ele falava como brasileiro, fazendo sempre brincadeiras que o tornavam mais jovem do que ele era. Já estava muito tarde e as meninas resolveram ir embora. Harry logo falou:

– Eva, fica mais um pouco comigo? Depois te deixo em sua casa.

Talia olhou para mim balançando a cabeça, afirmando que não teria nenhum problema eu ficar com ele mais um pouco, as pessoas ali o conheciam muito bem, era um cliente frequente do restaurante. Talia saiu com as meninas e ele se aproximou ainda mais de mim, ficamos juntos mais umas três horas conversando, bebendo e comendo petiscos. Harry queria saber tudo sobre mim, sobre minha vida, sobre a minha vinda à Suíça, sobre minhas filhas e por que estava ali. Conversamos sobre tudo e ele me falou sobre a sua firma, sua ex-mulher brasileira e as frequentes viagens para Fortaleza, ele era muito falante e descontraído. Logo percebemos que o bar se preparava para fechar, já era quase 05:00h da manhã, resolvemos ir embora. Ao sair do bar vi que o sol já começava a querer surgir, e começamos a rir, pois não percebemos o tempo o passar.

Entrei no carro dele, era um Corvette antigo, conversível, vermelho, o típico carro de playboy. Ele pegou meu endereço e disse:

– Já que está amanhecendo vamos passar em um lugar especial.

Começou a dirigir sempre subindo, como se fosse chegar em um morro. Logo chegamos em um lindo castelo perto de uma cidade chamada Dielsdorf. Fiquei fascinada, amava foto de castelo, mas nunca tinha ido a um, então fiquei olhando deslumbrada tudo ao redor, não podíamos entrar, pois ainda estava fechado, mas podíamos andar ao redor, fomos ao poço de moedas no qual jogamos moedas e fizemos um pedido típico do local, o jardim florido de rosas de todas as cores. Era um momento mágico para mim, e ali nos beijamos e combinamos nossos próximos encontros, andamos de mãos dadas e tiramos várias fotos. Ele me deixou em casa como combinado, eu entrei sem fazer barulho, era sábado e Talia dormia até mais tarde. Ao acordar ela foi logo perguntando:

– Como foi a noite? Contei em detalhes tudo que eu e o Harry conversamos e ela logo disse:

– Opa! Vai sair casamento aí, você pode se casar e vir morar aqui na Suíça com suas filhas.

Pensei feliz na possibilidade de ter minhas filhas ao meu lado e sorri.

O primeiro jantar com o Harry

Na segunda-feira o Harry ligou logo cedo perguntando se queria jantar com ele, aceitei e ele ficou de vir me buscar à noite. Estava ansiosa e muito nervosa, desde a separação com Eddy não tive mais nenhum relacionamento e agora era uma situação nova para mim. Comecei a pensar, como seria namorar um europeu, com outra cultura. Sorri e deixei para ver o que aconteceria naquela noite.

Harry chegou para me pegar em um horário marcado, nem um minuto a menos nem a mais, fomos direto ao seu apartamento que era muito bem arrumado e decorado com muito bom gosto. Logo ele acendeu as velas que decoravam a mesa em um aparador que deu um clima especial ao apartamento, acendeu a lareira e abriu um vinho tinto que saboreamos com canapés que ele já havia deixado pronto. Sentada em frente à lareira, me vi em um clima romântico que nunca tinha vivido, só visto em filmes. Harry havia preparado tudo com muito carinho e delicadeza, ficamos em frente à lareira mais de uma hora saboreando os canapés e o vinho tinto, depois fomos para a sala de jantar a qual já estava posta com muita elegância. Ele puxou a cadeira para que eu me sentasse, como um verdadeiro cavalheiro serviu mais um pouco de vinho tinto, foi até a cozinha e voltou com dois pratos nas mãos, todos decorados, que já tinha organizado tudo anteriormente, era um filé mignon enrolado numa massa tipo rocambole, com purê de batata. Estava tudo perfeito, meu coração palpitava, percebi que estava ficando envolvida por aquele homem que acabara de conhecer e o medo me fez sentir um calafrio.

Harry se interessou em saber sobre meu trabalho e ficou de me apresentar umas brasileiras que ele conhecia. Ele sabia que elas tinham extensões de cabelos, fiquei muito feliz, já tinha várias novas clientes, mas precisava trabalhar muito mais.

No decorrer da semana ele me ligou várias vezes para saber como eu estava. Convidou-me para jantar, me levou para conhecer cidades próximas. Fomos a Bern conhecer uma brasileira para fazer o cabelo, essa brasileira conhecia muitas outras brasileiras que trabalhavam no bar em Bern. Ele frequentava vários bares brasileiros, dizia que gostava muito das músicas que tocavam e que podia conversar sempre em português. Harry ligou e me convidou para ir ao jantar e dormir na casa dele porque queria conversar comigo, as coisas estavam andando rápido demais e isso começou a me dar certo medo, fiquei preocupada, será que ele era mesmo separado? E se ele tivesse outras namoradas?

Mesmo com medo decidi aceitar o convite e ver o que ele gostaria de falar. Ao chegar em sua casa ele me entregou uma caixa, dentro tinha um coração com pedra azul linda, era um colar em ouro com esmeralda e foi logo dizendo:

– Estou apaixonado por você, quer vir morar comigo?

Tomei um susto e fiquei sem palavras, respirei fundo e não respondi nada por alguns segundos, aí ele disse:

– Eu sei que você também está apaixonada por mim, eu consigo sentir isso ao te beijar.

Respirei fundo novamente e disse:

– Não posso morar com você.

E ele respondeu:

– Por que não?

– Porque tenho duas filhas e tenho que voltar em breve para o Brasil.

Harry logo disse:

– Estou casado com Marian, uma brasileira, mas posso fazer o divórcio e quando você voltar poderemos nos casar, o que você acha?

Naquele momento lembrei-me de Mariana, minha primeira cliente e sua filha Maria, e disse:

– Eu também tenho que fazer o divórcio no Brasil, só estamos separados, mas não nos divorciamos ainda. Mas se eu aceitar me casar com você, posso trazer minhas filhas para morar aqui?

Ele parou e disse sorrindo:

– Claro! Elas serão como minhas filhas, e terão o direito de viver aqui e estudar.

Meu coração aliviou, ele não era como o marido de Mariana que não queria a filha dela por perto, pude perceber que Harry tinha o coração bom e fiquei de dar a resposta no próximo encontro, estava tudo muito novo para mim.

Harry:

– Ah! Outra coisa, você disse que aprendeu a limpar vidros e fazer faxinas aqui e que trabalha duas vezes na semana, certo?

– Sim! Essas duas faxinas me ajudam muito, pois são fixas toda semana.

Harry:

– Ok! Vou pegar 40 apartamentos novos para botar pisos esse mês, se você quiser, pensei em falar com o dono do prédio que é meu amigo para dar as faxinas a você, é um bom dinheiro, pois é a faxina para a entrega de apartamentos novos, quer que eu fale com ele?

– Sim! Claro que quero.

Harry:

– Amanhã mesmo falarei com o dono do prédio e ligarei para você.

No dia seguinte Harry ligou cedo confirmando as faxinas, eram 40 apartamentos e ele paga 1.800 Fr por apartamento, mas o trabalho começa em uma semana.

Harry:

– Vou com você comprar todo o material que precisa e quando receber você me devolve o valor, só precisa arrumar umas três pessoas para ajudar, pois o prazo é de duas semanas para entregar prontos.

Cheguei em casa eufórica, queria contar tudo para Talia, e entrei gritando:

– Talia! Talia! Você não vai acreditar, o Harry me pediu em casamento e ainda arrumou um trabalho que vou ganhar muito dinheiro, são 40 apartamentos para limpar e vou ser a chefe da limpeza, irei trabalhar para mim e preciso de três ajudantes, amiga estou muito feliz, mas não estou acreditando...

Talia sorriu feliz:

– Nossa amiga, que bom, mas calma, vamos esperar se ele vai cumprir tudo que está prometendo mesmo ou é só papo furado.

Eu fiz uma promoção no jornalzinho brasileiro que circulava na Suíça para obter mais clientes, o jornal era em português e várias brasileiras liam, logo começaram a ligar novas clientes, eu queria trabalhar bastante essa semana antes de começar a limpeza dos apartamentos.

A cliente de Baden

Um dia estava com Harry tomando um café no bar e ligou uma cliente que falava só alemão e bem pouco italiano e espanhol. Passei o telefone para Harry que conversou um longo tempo e organizou a cliente para o dia seguinte. Nesse dia peguei o cabelo que precisava e fui dormir na casa do Harry, pois era perto da casa da cliente que havia marcado. Pela manhã ele recebeu uma ligação do dono do prédio que iríamos fazer o trabalho, o proprietário precisava discutir alguns detalhes e ele precisaria estar bem cedo no local. Ele me avisou que não poderia me levar até a casa da cliente e me explicou que poderíamos ir juntos e eu o deixaria no prédio e seguiria sozinha de carro para a minha cliente, quando eu terminasse poderia passar para pegá-lo na obra que ficava perto. Eu dirigia muito bem e tinha comigo a minha carteira internacional de motorista, então aceitei, não queria mostrar que era uma mulher dependente de homens e era só 5 minutos a mais do local que precisaria ir, ele colocou na navegação o endereço, parei na obra, ele desceu e eu segui até o local indicado.

Esse dia estava nublado e muito feio, havia chovido e o dia estava escuro e triste. Cheguei ao local, era uma casa antiga e com um jardim grande, muito bonito, mas via-se que há muito tempo não passara por cuidados, toquei a campainha e logo abriu a porta uma senhora de mais ou menos 50 anos, branca e muito mal vestida, os cabelos pareciam que há um ano não viam pente e muito menos água. Ela me cumprimentou com olhos tristes, me apontou a sala de jantar, e me perguntou:

– Você quer um café?

Respondi:

– Não, gracias.

Ela pediu para eu me organizar na mesa de jantar com meu material para começar o trabalho, depois ela foi até a outra parte que era uma enorme cozinha e pude observar que tinha muita louça suja e cheirava mal, observei também vários gatos que comiam os restos de comida na pia e no fogão, tinha outro gato branco em cima da mesa da cozinha e dormia tranquilamente, na outra sala pude observar que tinha mais um gato no sofá, preto e muito peludo e que me olhava como se fosse um guarda-costas. Eu observando tudo comecei a imaginar como uma pessoa viveria ali, nunca estive em uma casa com tanta sujeira e bagunça, normalmente os suíços que conheci eram muito organizados, às vezes até demais. Quando eu a olhava dava certo medo, parecia uma bruxa que morava na mata ou alguém com problemas psiquiátricos, os cabelos muito embaraçados, parecia realmente uma louca, então eu desembaracei e pedi que os lavasse e secasse para mim. Comecei a colocar os cabelos escolhidos por ela, era um cabelo loiro muito bonito, com ondas naturais. Ela não queria falar muito, ela falava pouco espanhol e italiano e eu não entendia nada em alemão. Às 12:00h resolvemos fazer uma pausa para comer algo. Quando ela me ofereceu um sanduíche e um suco, eu tive nojo e não aceitei, havia trazido uma maçã e uma garrafa de água, agradeci e pedi para ir ao banheiro. Ao entrar no banheiro eu tomei um susto, pois o espelho do banheiro tinha sido quebrado e parecia que houvera uma briga ali, tinha areia nos cantos do banheiro e o cheiro estava muito forte, eu quase vomitei. Voltei do banheiro ainda mais assustada, eu só queria terminar logo aquele cabelo e ir embora daquela casa e comecei a pensar: meu Deus, será que é maluca mesmo? E se me matasse ali, não tinha casas vizinhas para ouvir meus gritos, Harry não tinha o endereço, o endereço estava no meu telefone, ele apenas introduziu na navegação. O que seria das minhas filhas? Na minha cabeça nasceu um pânico e comecei a fazer o mais rápido que podia, eu não queria estar naquele lugar quando anoitecesse, usei todas as minhas energias. Ao terminar ela olhou no espelho da prateleira e sorriu como uma criança quando recebe um doce, e disse:

– Que lindo! Está belo, vamos subir, vou pegar o dinheiro.

Então olhando aquela escada antiga que levava ao segundo piso, pensei... e se eu subir e ela me matar? Parecia um filme de terror em minha mente. Obedeci e a acompanhei ao segundo andar, podia observar os quartos antigos e luxuosos com móveis coloniais, mas com muitas roupas em cima das camas, no chão, guarda-roupa com portas abertas e muita bagunça. Entrando em um dos quartos que ela direcionou observei que os espelhos haviam sido quebrados e que os cacos ainda estavam no chão. Em cima da cama havia mais dois gatos, que quando entramos eles logo saíram correndo, ela abriu um armário grande e antigo e me ordenou:

– Feche a porta!

Minhas pernas ficaram trêmulas e eu pensando, será que ia tirar uma arma daquele armário? Atrás das roupas ela abriu outra pequena porta, tinha um cofre, ela colocou o código e abriu, eu pude observar que lá dentro tinha muitas joias e muito dinheiro, vários pacotes de notas de 1000Fr e eu só havia recebido uma nota de 1000Fr uma vez, ela retirou duas notas de 1000 Fr e me entregou. Eu imediatamente disse:

– Desculpa, eu não tenho troco.

Ela sorriu novamente e disse:

– Pode ficar com o troco.

Agradeci assustada, pois era muito dinheiro, desci rapidamente as escadas sem olhar para trás de medo, agradeci novamente e saí. No estacionamento do jardim quase bati o carro, só queria ir embora daquela casa mal assombrada, já na estrada pensei, 400Fr de caixinha, com certeza essas notas são falsas, com certeza eu recebi um golpe, o mais importante é que saí com vida daquele lugar horrível. Saí daquele lugar e fui direto buscar Harry. Contei tudo que aconteceu, ele achou estranho o ocorrido e disse:

– Vamos voltar lá agora, quero saber qual é a casa e se as notas forem falsas chamarei a polícia, eu falo que ela pagou para mim, pois por lei você não pode trabalhar por ser turista.

Passamos no Correio e pedimos para trocar as notas por notas de 100 e 200Fr e foram trocadas sem problema nenhum, não eram falsas. Agradeci a Deus e pedi perdão por ter julgado aquela senhora só pela sua aparência, mesmo assim Harry queria saber quem era aquela senhora bondosa que deu 400Fr de gorjeta. Dois dias depois passamos novamente e percebemos que naquela casa há muito tempo não morava ninguém, quem seria aquela mulher? Nunca descobrimos, e sempre que passávamos por aquela estrada olhávamos a casa daquele mesmo jeito, abandonada.

As faxinas

Nesta semana apareceram muitas novas clientes, estava com muita sorte e o Harry me apresentou mais outras amigas brasileiras que trabalhavam em um cabaré que às vezes ele ia vê-las fazerem shows. Em menos de um mês já tinha feito mais dinheiro que da primeira vez que estivera na Suíça. Eu estava radiante, mas precisava correr, só tinha um mês e meio para trabalhar, e o tempo estava passando muito rápido. Comecei a correr contra o tempo para conseguir fazer tudo.

Harry comprou todo o material da faxina como havia prometido, eu consegui as quatro pessoas para me ajudar na faxina, eu sabia limpar muito bem, tinha aprendido com a senhora portuguesa, mas esse tipo de faxina era especial, me sentia insegura, mas Harry me ajudava em tudo e as três senhoras e o rapaz que entendia muito de vidros, haviam trabalhado muito neste tipo de faxina. O trabalho era muito pesado, as janelas de vidro tinham muito resto de concreto e gesso, os banheiros e cozinha tinham muitos armários, os pisos não eram muito difíceis de limpar, pois eram de madeira. Já os balcões tinham grades e as escadas externas estavam muito sujas, e com temperatura de zero grau congelava a água e tornava a limpeza mais difícil. Já estávamos na metade dos apartamentos, eu fui descer as escadas e acabei torcendo o pé, doía muito, Harry se preocupou comigo e queria me levar ao médico, mas eu não tinha plano de saúde, e fiquei com medo de ir e ficar caro, eu não podia gastar dinheiro, resolvi comprar uma faixa e colocar, eu não tinha tempo para dor, como dizia minha mãe, descendente de índio, "índio não tem dor".

Precisava terminar tudo, o tempo não para, todos os dias era uma luta, mas eu estava feliz de conseguir aquele trabalho extra, e olha que eu nem falava alemão e já estava com aquele grupo todo para trabalhar, me sentia capaz, e não podia desapontar o Harry que confiou e se responsabilizou em pedir aquela empreita para mim, eu sabia que iria conseguir, mas só faltava uma semana para entregar e teria que trabalhar até mais tarde para terminar, ele só parava de trabalhar quando eu também parava, e como ficávamos até tarde acabava indo quase todos os dias dormir no apartamento dele, pois era mais perto da obra. Embora muito cansados, ao chegar em casa ele sempre cozinhava para nós e tomávamos um vinho para relaxar. Como estávamos sempre juntos, eu estava gostando daquela vida corrida, mas com muita harmonia.

Faltavam dois dias para entregar os apartamentos, Harry ficou esses dois dias todos me ajudando, no último dia foi me ajudar a controlar os apartamentos, pois ele sabia onde os proprietários olhavam para saber se estava bem limpo ou não, eles eram muito exigentes. Enfim, chegou o dia, 40 apartamentos prontos, o proprietário chegou cedo para controlar tudo e em dois apartamentos tivemos que fazer uma pequena revisão, mas no final ele disse:

– Harry, muito bem! Traduza para a sua namorada que por ser a primeira limpeza grande ela está de parabéns, não está deixando nada a desejar para as grandes empresas de limpeza.

Harry disse:

– Muito obrigado!

E em três dias o dinheiro já estava na conta juntamente com o do Harry pelos pisos feitos, ele me traduziu tudo e eu fiquei muito feliz por ter dado tudo certo, me senti orgulhosa de mim e da minha equipe e marcamos que quando o dinheiro chegasse ligaria para fazer os pagamentos e fazer um churrasco no apartamento de Harry, ele havia oferecido a todos que me ajudaram a conseguir com muito esforço e dedicação.

Passaram-se os três dias e Harry me entregou o dinheiro da faxina. Eu logo paguei todos que trabalharam comigo e ainda sobrou uma boa grana para mim, eu nunca tinha recebido tanto dinheiro de uma só vez. Harry me beijou, feliz e disse:

– Eu te falei que daria tudo certo, você conseguiu! E eu posso te conseguir muito mais, só depende de você querer ficar comigo.

À noite marcamos para jantar, ele queria comemorar. Essa noite foi mais que especial, conversamos sobre tudo, discutimos assuntos do Brasil e ele se interessou em saber se eu já tinha todo o dinheiro para pagar minhas dívidas, me ofereceu mais ajuda se eu precisasse. No final da noite, disse-me:

– Já está resolvendo seus problemas aos poucos, só falta decidir se vem morar aqui comigo para começar a organizar tudo, quero que traga suas filhas para a Suíça e quero me casar com você.

Eu não dei resposta nem sim e nem não, eu tinha que pensar mais. Conversei com a Talia que tinha muita experiência na Europa e ela me disse que seria uma oportunidade para eu regularizar a minha vida aqui na Suíça e trazer minhas filhas para estudar, já que no Brasil estava cada vez mais difícil pela criminalidade. Eu ouvi Talia atentamente, mas estava muito confusa e não sabia o que fazer da minha vida.

Visita à casa da Dora

No dia seguinte, o dia estava bonito e ensolarado, liguei para Dora e fui até a casa dela para visitá-la, já havíamos nos encontrado, mas nunca tinha ido até a sua casa. Chamei a Poliana que sabia andar bem de trem e fomos. Dora nos esperava na estação e, feliz pela nossa visita, já paramos no primeiro bar para um drink e depois seguimos até o seu apartamento. Chegando lá nos apresentou o seu esposo Félix, era uma senhor de mais ou menos 58 a 60 anos, notava-se que ele era sério e conservador e ao me cumprimentar foi logo falando:

– É você que faz cabelos?

Eu disse que sim, e ele continuou:

– Ahh! Se encontrasse você na rua, iria dizer que você faz outras coisas.

Eu respondi:

– Como assim?

– Eu sei que chegou agora aqui, e que no Brasil é normal se vestir assim, mas aqui uma mulher com esse tipo de decote que está usando vai pensar que é outra coisa, então se quiser ser respeitada aqui precisa mudar seu estilo de se vestir, pois essa roupa é muito provocativa e não fica bem para uma mulher que diz ser séria.

Sorri desconfortavelmente, mas fiquei chocada, pois ninguém havia falado assim comigo, o que tinha de errado com a minha roupa? Estava com uma calça branca, top de lycra preto, e um salto alto de bico fino preto, tudo bem que o top estava com um pouco de decote, mas isso era porque sempre tive seios grandes e não tinha muito que fazer, tudo o que eu vestia chamava a atenção e mesmo sem decotes observava que os homens olhavam muito; normal, pois as europeias são magras e não tem seios fartos.

Mas mesmo assim agradeci pelas informações e fomos para a sala almoçar, a Dora pediu desculpas pelo comentário desagradável do marido, mas eu não fiquei chateada, eu estava em outro país e gostaria de saber opiniões das pessoas, principalmente de um senhor muito sério. A partir daquele dia sempre prestei atenção nas roupas e decotes que eu usava.

Romy a dominicana

Robert marcou com uma cliente, e ficou de passar em casa para me pegar. A cliente era a Romy, uma dominicana, já havia feito os cabelos comigo uma vez. Fomos até o seu apartamento próximo de Bahnhof, e ao chegar lá ela me pediu para tirar os cabelos que havia colocado há três meses. Resolvemos que tiraria e ela iria fazer um alisamento capilar com sua amiga dominicana e no dia seguinte colocaríamos seus cabelos novamente.

Acertamos tudo e ela me pagou 50% do valor para reservar os cabelos. Combinamos no próximo dia às 11:00h da manhã.

Às 10:40h do dia seguinte eu já estava em frente ao seu apartamento, Robert falou:

– Faltam 20 minutos, vamos tomar um café aqui na frente e esperar.

E eu aceitei. Robert observou que tinha dois policiais na frente do apartamento da Romy e disse:

– Vamos sair daqui agora, tem algo de errado aqui e você não tem documento para trabalhar, vamos ficar aqui dentro do café, estão chegando mais carros de polícia, eles estão cercando o prédio e podem querer te controlar, você está com cabelos na bolsa, é perigoso.

Ficamos ali observando, pedimos um lanche, suco e olhando pela janela do restaurante vimos Romy saindo do prédio algemada e sendo conduzida por quatro policiais para um carro de polícia. Comecei a tremer e perguntei a Robert o que ela fez, se ela estava ilegal? Robert riu e disse:

– Não! Ela tem documento suíço, mas com certeza descobriram que ela estava mexendo com coisas pesadas que você não precisa saber, vamos embora daqui.

Eu, preocupada porque ela já tinha me pagado 50%%, disse:

– Mas ela já me pagou.

Robert respondeu:

– Se um dia ela voltar eu te aviso e você devolve...

Voltei para casa chocada e não tinha mais coragem de sair à rua, achava que aconteceria o mesmo comigo mesmo sabendo que o problema de Romy era droga. Lembrei que havia me contado que tinha um bebê que havia deixado com a mãe em Santo Domingo para trabalhar. O que seria dessa criança sem a mãe, que agora está presa aqui na Suíça? E nesse momento me pus no lugar dela.

Naquele mesmo dia ligou Silas, me convidou para jantar em Zürich. Aceitei para distrair e parar de pensar em Romy, ele me pegou em casa e fomos jantar. Eu estava tão triste que tive que contar para Silas o que aconteceu pela manhã. Ele falou:

– Romy é o nome dela?

Eu respondi sim. Ele continuou:

– Eu a conheci, ela passa drogas aqui nos bares, todos a conhecem.

Depois do jantar ele perguntou:

– Quer conhecer a cidade Délemont? Poderíamos passar o fim de semana para você conhecer meu filho e minha mãe.

Concordei, pois não tinha nada a fazer, o Harry estava viajando a trabalho no Tessino, uma cidade a três horas de Zürich onde o idioma é italiano.

Para Délemont era mais ou menos duas horas e meia de carro, a paisagem linda da estrada era simplesmente fantástica. O tempo passou rapidamente e logo chegamos. Délemont é uma pequena cidade, mas com muitos campos. Ele mora em uma casa muito grande, onde no primeiro andar mora a sua mãe e no segundo andar ele mora com o seu filho Danilo. Apresentou-me seu filho de 6 anos e sua mãe, que me recebeu com muito carinho. Danilo, de seis anos, logo perguntou:

– Papai, é sua namorada? É bonita!

Silas riu, e respondeu:

– Não Danilo! É uma amiga, mas bem que gostaria que fosse!

Foram dois dias bem agradáveis, ele me levou para conhecer tudo na cidade, castelos, montanhas, o centro da cidade, os restaurantes, me levou para conhecer sua firma de caminhões e suas motos. Estava muito feliz com minha visita.

Já era noite e Danilo foi dormir, ficamos conversando na sacada da casa, quando ele falou:

– Olha Eva, desde que te vi pela primeira vez eu não paro de pensar em você, gostaria muito de namorar com você, eu sei que você não sente o mesmo por mim e só me vê como amigo, mas quero te fazer uma proposta;

você casa comigo e vem morar aqui em Délemont com suas filhas, eu sei que cuidarei bem de você e de suas filhas e quem sabe o amor vem com o tempo, você se casando não vai passar por problemas aqui.

Respirei fundo, não esperava nunca uma declaração dessa. Gostava de Silas, mas era como um grande amigo, nunca passou pela minha cabeça tê-lo como meu marido. E ele completou:

– Não precisa dormir comigo se não quiser, mas só em ter você como companhia já é o bastante para mim, já me sentiria feliz, meu filho gostou muito de você.

E eu respondi:

– E eu também gostei muito dele.

E ele continua:

– Vou cuidar tão bem de você que vai chegar o dia que você vai me amar, te garanto isso.

Eu não queria magoá-lo, então disse que pensaria no assunto.

No dia seguinte ele pegou uma aliança de brilhantes que era de sua mãe e disse:

– Minha mãe falou que você pode ficar com ela, é sua!

– Não Silas, eu não posso aceitar, se decidir me casar com você eu pego.

E ele insistiu:

– Não Eva, ela adorou você e disse que é presente dela para você.

Sem saída, resolvi aceitar.

Encontro com a ex do Harry

Voltei para casa totalmente confusa, dois homens apaixonados por mim, querendo casar e eu sem saber o que fazer da vida. Eu gostava mesmo do Harry, mas o Silas era tão simples, tão humilde, tão doce que eu comecei a sentir um carinho especial por ele, mas até então casar seria difícil. Fiquei olhando aquela aliança por horas, pensei que seria melhor conversar com Harry e contar tudo. Marquei com ele para conversarmos melhor, Harry me encontrou feliz, pensando que eu já havia decidido me casar com ele e fui logo falando:

– Não te conheço muito bem, não sei quem é a sua família e mais; por que se separou da sua esposa? Gostaria de saber mais sobre você para decidir o que fazer.

Harry logo respondeu:

– Amanhã mesmo vou marcar com minha mãe para almoçarmos juntos, vou marcar com Marian para conversar sobre o divórcio, aí você vai ficar mais tranquila e confiará mais em mim.

E assim foi, o almoço com sua mãe foi um pouco frio e percebi que ela achou que eu era só mais uma de tantas que Harry havia levado para ela conhecer.

Ruth era uma mulher de muita classe, elegante, em trajes azul-claro que mostravam o bom-gosto e o estilo próprio, totalmente oposto do senhor Petter, o seu padrasto era um homem simples, de poucas palavras, que me recebeu muito bem. Uma semana depois fui encontrar a Marian, a ex do Harry para conversamos sobre o divórcio. Ao chegar lá me recebeu muito bem, me ofereceu um suco e foi logo dizendo:

– Essa é mais uma que vai cair em sua lábia, Harry?

Ele deu uma gargalhada e disse:

– Não começa, vim aqui apenas para resolver sobre o nosso divórcio.

Marian:

– Ah! Quer o divórcio agora? Eu vou te dar o divórcio sim, não quero mais ficar casada com um cafajeste como você, mas primeiro quero falar tudo para ela não dizer que não avisei que você não presta.

Harry apenas olhava sem falar nada e Marian continuava falando:

– Olha Eva, esse homem romântico, carinhoso, bonzinho, gentil e cheio de amor para dar que você conhece não existe, é só fachada, ele usa esses truques com toda mulher que ele conhece, mas no final não passa de um safado, enrolado e cheio de rabo de saia, agora já falei tudo, se quiser casar mesmo assim fique à vontade, logo assinarei esse divórcio.

Eu não falei nada, apenas ouvi. Ao sair da casa da Marian logo pensei: típica de mulher que o marido não quer mais e aí fica falando mal. Harry, todo sem graça, logo disse:

– Você não acredita nessas coisas que ela disse, não é?

E eu respondi:

– Claro que não, ex sempre fala mal, ex é sempre ex.

Eles marcaram de assinar o divórcio na semana seguinte e eu fiquei aliviada de ver que realmente era verdade que Marian era ex mesmo.

Decidi que ligaria para Silas e devolveria a aliança de brilhantes de sua mãe.

No dia seguinte ele foi até Zürich, eu devolvi o anel e disse que não podia aceitar casar com ele se eu não o amava, apenas para permanecer na Suíça. E tinha também conhecido outra pessoa e estava me relacionando com ela e talvez desse certo me casar. Silas ficou muito triste, até chorou, eu tentei convencê-lo que só queria o bem dele e não queria magoá-lo nunca, mas eu não o amava, eu apenas tinha um carinho enorme por ele. Silas foi embora muito triste, mas eu me senti melhor depois de devolver aquele anel tão valioso, e eu não queria criar problemas. Assim terminei com a ilusão de casamento com Silas, ele me prometeu que seríamos amigos.

Na última semana fiquei com pouco trabalho e resolvi viajar um pouco com Harry, fomos para o Tessino passar dois dias, eu queria relaxar um pouco, depois de tanto trabalho eu merecia. Tessino era uma cidade com muitas montanhas e lagos, castelos e plantações de uvas para vinhos e a temperatura era sempre mais quente que em Zürich, lá as pessoas falavam italiano, eu fiquei fascinada com tanta beleza e também conseguia me comunicar, pois o italiano para mim é familiar. Cada dia ficávamos mais juntos, às vezes achava que o Harry não era tão livre como ele falava, ele sempre ficava nos cantos mexendo no celular, como se tivesse algo a esconder. Eu fingia não perceber, mas estava sempre atenta discretamente, pois não queria sufocá-lo com ciúmes desnecessários.

Ao voltar para casa eu conversei com Talia e disse o que eu decidi fazer, ela concordou e disse que eu estava certa em decidir casar-se e ficar na Suíça, ficou muito feliz em saber que eu viria morar perto dela, eu agradeci novamente pelo conselho, pois para mim sua opinião valia muito.

Faltava apenas um dia para eu voltar para o Brasil, estava com muitas saudades das minhas filhas e não via a hora de voltar para casa. Harry comprou muitos presentes para eu levar para as crianças e comprou para mim roupas, perfumes e sapatos.

Combinamos tudo, eu iria para o Brasil ficar três meses e também fazer meu divórcio. E em três meses voltaria para a Suíça com minhas filhas e nos casaríamos, já estava me acostumando com a ideia de viver em um país tão lindo, organizado, com toda a segurança, era o sonho de qualquer mãe para seus filhos. Harry alugaria um apartamento maior e iria ao cartório avisar que eu chegaria com minhas filhas, iríamos esperar os papéis ficarem prontos, o cartório de Steinmaur concordou e ficou de quando eu voltasse com as crianças iria lá retirar o permissão provisório para aguardar o casamento e as crianças estudarem, o problema com esse permissão era que não poderia trabalhar até o dia do casamento.

Despedida de Jéssica e Geovana do pai

Cheguei ao aeroporto de São Paulo e Adão e Luíza já me esperavam com Jéssica, feliz pela minha volta ao Brasil. Adão foi logo falando:

– E agora, vai ficar por aqui?

Eu respondi:

– Não! Vou levar as meninas.

Adão arregalou os olhos, dizendo:

– O Eddy nunca vai deixar você levar as meninas.

– Eu sei Adão, eu vou conversar com ele.

Jéssica ouvindo a conversa logo gritou:

– Que bom que vou viajar de avião com mamãe. Oba! Oba!

Pulou e me deu um beijo na face, feliz.

Cheguei em casa, Geovana estava eufórica me esperando, peguei-a no colo, vi que meu bebê havia crescido muito nesses três meses e estava gordinha e corada, tão linda, que alegria abraçar e ver aquele pequeno rostinho.

À noite o Eddy chegou, eu não falei nada, queria descansar da viagem e pensar direitinho como falar, mas Jéssica, falante, ao encontrar o pai já foi logo dizendo:

– Papai, papai, vou viajar com a mamãe para a Suíça, vamos de avião!

Eddy respondeu:

– Como assim? Sua mãe ficou louca?

Jéssica:

– Não, ela não está louca, só vai levar eu e a Geovana para a Suíça de avião.

Eddy, furioso, perguntou:

– Ela me perguntou se eu vou deixar?

E olhando nos meus olhos, bravo, ele disse:

– Eu nunca vou deixar você tirar elas de mim, se você quer ir embora vá, mas minhas filhas ficam, entendeu?

Batendo a porta, ele saiu sem me deixar falar mais nada. Mais tarde, ao voltar para casa, eu estava vendo TV e ele me chamou para conversar com mais calma, dizendo:

– É verdade o que Jéssica falou?

Respondi:

– Sim, é verdade.

Nesse momento ele começou a chorar desesperadamente, eu tentei acalmá-lo conversando, mas ele não quis me ouvir, apenas chorava e repetia:

– Não posso acreditar que você quer tirar até as minhas filhas, as únicas coisas que restaram com você, isso não é justo, eu sei que errei muito com vocês, mas eu mereço mais uma chance, eu estou tentando mudar, parar de beber, organizar novamente as coisas...

E soluçando ele continua:

– Por favor, não faz isso comigo, eu amo demais minhas filhas, não vou suportar isso.

Eu fiquei quieta, não falei mais nada.

Passaram-se dois dias e não se falava mais no assunto, sequer falava bom dia. No terceiro dia resolvi tocar no assunto novamente:

– Eddy, você pode me ouvir um minuto, por favor?

Ele apenas balançou a cabeça afirmando, e eu comecei:

– Desde que a nossa filha Jéssica nasceu nunca lhe faltou nada, desde os dois anos ela sempre foi desde o pré, jardim de infância, matriculada em escolas particulares, mas agora depois de todas essas perdas que tivemos não temos mais condições de bancar isso, teremos que colocá-la em escola estadual aqui no Jardim do Engenho, e você sabe como está a criminalidade aqui no bairro, essa semana mataram um rapaz no calçadão que fica em frente à escola que ela está sendo matriculada, a Geovana também, próximo ano terá que ir para a creche que tem no final da rua e também é perigoso; pense bem Eddy, agora surgiu a oportunidade de levá-las para a Suíça e ir para uma escola de primeiro mundo de graça. Você não acha que está sendo egoísta em pensar só em você, e não no bem das suas filhas? Eu te prometo que *trago elas* no mínimo duas vezes por ano para visitar você, mas, por favor, assine esse papel me dando a guarda delas. E a autorização para elas irem para a Suíça comigo.

Ele me olhou quase me fuzilando e disse:

– Acabou?

E sem falar mais nada entrou para o quarto e fechou a porta.

Já havia passado mais de uma hora e ele saiu para jantar, sentou-se à mesa e disse:

– Já que você decidiu isso, eu não posso fazer nada, eu vou assinar, mas não que eu concorde com essa decisão maluca sua, mas sim por não poder fazer nada.

Aliviada, eu respondi:

– Obrigada Eddy, eu sei que você não se arrependerá, é o melhor para elas no momento, e eu vou cuidar muito bem delas.

Eddy, preocupado me perguntou:

– E quando você for trabalhar, quem vai cuidar delas?

Imediatamente respondi:

– Vou conversar com uma moça que já trabalhou na Suíça e está no Brasil e quer voltar, ela é baiana, fiquei de ligar para ela assim que conversasse com você.

Eddy, bravo, respondeu:

– Já organizou tudo pelas minhas costas, não é?

Liguei para Harry e conversamos sobre as primeiras providências a serem tomadas, como meus documentos para o casamento e a documentação das crianças para o registro no cartório de Steinmaur.

No dia seguinte liguei para a moça da Bahia que já havia trabalhado na Suíça como babá, ela, muito simpática, já gostei desde o primeiro momento. Marcamos para ela vir imediatamente de ônibus da Bahia até São Paulo e depois iríamos juntas para a Suíça com as crianças. A organização de documentos no Brasil é sempre uma burocracia e não consegui ter todos os meus papéis prontos, mas os papéis das crianças ficaram prontos, então pensei que se tudo não ficasse pronto nas datas previstas nós iríamos como turistas mesmo, queria ir o mais rápido possível, tinha medo de que Eddy mudasse de ideia e não deixasse levá-las.

Faltavam três dias e Harry ligou para avisar que já tinha comprado os voos para todas nós, inclusive o da Dida, ela já estava há duas semanas convivendo com as meninas em São Paulo e as meninas gostaram muito dela.

No dia do embarque tudo certo e Eddy chamou a Jéssica e explicou que só havia deixado elas irem por não ter outra alternativa de ficar e pagar tudo para elas, pediu também para ela não esquecer que ele as amava muito e que elas eram tudo que ele tinha de mais valioso na vida. Com o olhar cheio de lágrimas, abraçou as duas e se despediu.

Jéssica o abraçou e concordou com o que ele falou e chorou também, Geovana apenas olhava sem entender o que estava acontecendo. Vendo aquela cena me senti a maior das bruxas maldosas e acabei chorando em um canto também, às vezes acontecem situações na vida que não tem outro caminho e naquele momento de dor para todos era a hora de tentar melhorar a vida delas, não tínhamos outra saída de resolver a situação, talvez um dia pensássemos que seria melhor ter ficado, mas isso só Deus pode saber.

Ida da Jéssica e Geovana para a Suíça

Jéssica e Geovana nunca tinham entrado num avião. Jéssica ao entrar logo esqueceu a tristeza e começou a olhar tudo ao redor, ao decolar as duas ficaram olhando pela janela e eu fiquei observando e feliz por minhas riquezas estarem comigo, o meu coração se encheu de alegria. O voo teve um pouco de turbulência, mas as duas dormiam tranquilamente e não perceberam nada, eu acordei várias vezes e as observava com muita alegria. Ao despertar, Jéssica logo acordou Geovana, eufórica para mostrar a neve que para elas era um sonho, e foi logo dizendo:

– Olha Geovana, que lindo! Não te falei que tinha neve na Suíça? Eu sempre vi na TV e que poderíamos fazer bonecos de neve e andar com carrinho de neve.

Era fevereiro e as montanhas tinham bastante neve, para elas ao olhar de cima e ver tudo branquinho era realmente mágico.

Jéssica:

– Olha, mamãe, tem muita neve, igual o filme do Papai Noel que fui assistir com o papai.

Geovana concordou com a irmã.

– Verdade filha, logo vão poder brincar na neve, na nossa casa nova tem neve também.

Geovana, inocentemente, pergunta:

– Vou poder comer?

E Jéssica como uma adulta respondeu:

– Não! Apenas brincar.

Elas ficaram eufóricas em pensar em tocar na neve e tudo isso para mim era um enorme prazer.

Na saída Harry já estava lá nos esperando, a Jéssica ficou um pouco afastada e Geovana foi logo para o colo dele sem o menor problema, a Dida o cumprimentou, mas sempre atenta, observava tudo.

Era fevereiro de 2001, e eu juntamente com minhas filhas começava uma nova etapa de vida em Steinmaur, o Harry havia cuidado de tudo, de alugar um apartamento grande com três dormitórios, salas e cozinha ampla e uma pequena sala de escritório para que cada uma tivesse seu quarto separado, tinha uma sacada que ligava ao *playground* que estava coberto de neve e muitas crianças já brincavam ali. Jéssica olha pela janela e logo pergunta:

– Mamãe, posso pegar na neve?

Respondi:

– Claro, vamos.

E saímos pela sacada com Jéssica e Geovana, ficamos dez minutos e logo voltamos, pois estava muito frio e as roupas delas não eram apropriadas, mas Harry ficou de levá-las para comprar calças, jaquetas, luvas, botas, etc., apropriadas para o clima da Suíça. À tarde fomos às compras, ele nos levou em um lugar de roupas usadas e lá tinha de tudo e o preço era muito barato, saímos de lá com roupas para todo o inverno e tudo de boa qualidade, compramos também dois carrinhos de neve e algumas Barbies usadas, voltamos para casa e Dida havia preparado uma pequena refeição, Geovana e Jéssica comeram rapidamente e correram para brincar na neve com carrinho. Deslumbradas, à tarde elas já haviam conhecido duas amiguinhas e estavam felizes com as novidades da Suíça. A Geovana não desgrudava da Dida, que fazia tudo por ela, até brincar de boneca e dançar. Tudo começou a entrar nos eixos, mas agora precisava organizar o trabalho para ganhar dinheiro, Harry tinha gasto muito mais do que imaginava, mas não falava sobre dinheiro para não me preocupar, falava sempre que estava tudo bem, mas eu queria voltar a fazer faxina e cabelos urgentemente para ajudar nas despesas, que na Suíça com duas crianças não era fácil. Já na primeira semana tentamos organizar em uma pequena parte do apartamento um novo cantinho com uma cadeira e um espelho para que pudesse atender as minhas clientes ali e ficar próxima das minhas filhas por mais tempo.

As crianças foram dormir cedo, estavam exaustas de brincar na neve com as novas amigas, eu e o Harry aproveitamos para tomar um bom vinho, conversar sobre nós e os novos trabalhos, ele me falou sobre uma nova obra que pegou e já havia organizado para eu fazer a limpeza. Fiquei super feliz e animada, agora com as meninas perto de mim e ele me ajudando eu estava muito mais tranquila, as contas que ficaram no Brasil pagaria aos poucos com o trabalho e sem muito estresse. No dia seguinte fui encontrar com Talia com as crianças, ela também tinha um filho da mesma idade que a Geovana, eles brincaram muito o dia todo, conversamos sobre tudo e Talia ficou feliz por eu ter conseguido trazer as meninas e também por estar surgindo muito trabalho com a faxina; e disse:

– Se tiver muito, passa para mim também, eu estou precisando fazer um extra.

Na mesma semana que chegamos a Jéssica já foi para a escola e no seu primeiro dia conheceu uma professora, a senhora Franklin, ela falava um pouco espanhol e iria ajudar a Jéssica na escola, já que o alemão para ela era muito difícil. Jéssica gostou muito dela, mas achava tudo muito difícil, porém, mesmo assim, em dois meses já falava alemão. Ela já tinha várias amigas, inclusive uma brasileira que morava na mesma rua e se chamava Jasmina, filha de brasileira e pai suíço. Jasmina falava um pouco português e quando Jéssica tinha dificuldade ela sempre a ajudava, a mãe dela percebendo a dificuldade de Jéssica sempre a convidava para brincar em sua casa para que pudesse praticar ainda mais o alemão. Jéssica tinha muitas dificuldades, mas era uma criança muito inteligente e não tinha dúvidas que iria conseguir superar. E aos poucos foi ficando tudo bem.

Novas clientes, nova vida

Começaram novas clientes, aquele dia ligou uma cliente perguntando se eu poderia fazer seu cabelo em sua casa. Tinha uma voz firme e educada e perguntou se eu tinha cabelo loiro, então fui ao mesmo dia atendê-la. Doutora Damares era brasileira que estudou e se formou em Direito nos EUA, ela falava muito bem o inglês, francês, alemão e português, uma mulher elegante e culta, morava em um apartamento grande e muito bonito, tinha dois filhos, um de 22 anos, filho de um brasileiro e outro de 6 anos, filho de uma americano o qual ela era casada. Ela me falou de seu escritório que ficava em frente à estação de trem de Zürich, uma rua com lojas nobres e caras da Suíça e me contou das dificuldades ao chegar aqui como toda brasileira. Fazendo o cabelo durante o dia todo eu pude observar como ela organizava a vida do filho de 6 anos e fiquei impressionada, ele estudava até as 12:00h em uma escola de alemão, ao chegar em casa ela falou firme:

– Vai tomar um banho e sente-se à mesa para almoçar, a Márcia já preparou tudo para você, eu não posso parar aqui.

Ele respondeu à mãe em alemão:

– Tudo bem mamãe.

Obedeceu imediatamente à mãe sem protestar nada. Ao terminar de comer se sentou no sofá para ver desenho e às 14:00h chegou uma professora que ensinava francês. Ela novamente o chamou e disse:

– A sua professora chegou, chega de desenho.

Mais uma vez ele obedeceu à mãe, feliz e desligou a TV.

Terminada a aula em francês, ela pediu que a Márcia preparasse um chá da tarde com bolo. Terminamos o chá, ela novamente ordenou ao filho que fosse fazer sua lição de casa.

– E não esqueça também de fazer a lição de mandarim, amanhã você tem aula às 14:00h. – concluiu a doutora.

O menino era muito inteligente e fiquei encantada ao vê-lo falar, a mãe falava em português com ele e ele a respondia em alemão, com o irmão ele falava francês e com o pai ele só falava inglês e com a governanta só português; eu pensei como seria possível uma criança aprender cinco idiomas assim? Eu podia observar que era um prazer para ele fazer aulas de idiomas e pensei, gostaria muito que minhas filhas fossem assim, três idiomas já seria um orgulho para mim que só falava o português. Respirei fundo e me tornei uma admiradora daquela mulher, embora totalmente diferente, levava sempre comigo um aprendizado quando ia até sua casa.

Harry chegou em casa aquele dia mais cedo e logo foi para a cozinha, ele adorava cozinhar e como eu estava trabalhando em casa ele avisou a Dida que iria preparar o jantar naquela noite. Terminei a cliente e as crianças já haviam tomado banho e me esperavam na sala assistindo TV. Harry fez Raclette com churrasco na mesa com pedacinhos de carne, frango e salsicha que cada um poderia temperar e preparar sozinho, um prato típico da Europa. Jéssica e Geovana numa tinham comido assim e adoraram a ideia de poder preparar tudo sozinhas. Perguntaram ao Harry se ele podia fazer novamente e ele respondeu que sim. Depois do jantar mandei as crianças para cama, pois teria que dormir às 20:00h para não acordar cansada; na Suíça é normal as crianças 20:00h já estarem na cama, os suíços falam que quando se dorme bem as crianças aprendem mais fácil, Geovana logo reclamou que não estava com sono, mas Jéssica depois de voltar só às 16:00h da escola para casa e brincar e fazer exercícios estava morta de cansada, não reclamou e foi direto dormir e Geovana acompanhou. Harry entrou em casa apressadamente com papéis na mão e disse:

– Já saiu meu divórcio, agora é só esperar o seu e marcarmos a data do casamento.

Abracei-o feliz, não via a hora de me casar. No dia seguinte liguei para o Brasil e o meu divórcio não havia saído ainda, a burocracia é muito grande, só me restava esperar.

Passaram-se quatro meses e Jéssica tinha férias, Harry achou melhor eu ir de férias para o Brasil com as crianças, um mês, e pressionar a advogada para que o divórcio saísse mais rápido, ele tinha pressa de se casar, chegou em casa com quatro bilhetes já comprados para mim, Dida e as crianças e disse:

– Eu fico trabalhando, quando você voltar com as crianças eu faço férias duas semanas em Fortaleza.

Abracei-o feliz e agradecida por tudo, e ele falou:

– Eu não posso ir com você agora, pois tenho um prédio para terminar e você só vai poder limpar depois que eu terminar, aí você já terá voltado de férias.

Ele era uma pessoa maravilhosa, respirei e agradecia a Deus em silêncio por tantas coisas boas que estavam acontecendo em minha vida e logo falei:

– Obrigada meu querido, você pensa em tudo, o pai das crianças ficará feliz, eu prometi levá-las para vê-lo no mínimo duas vezes por ano e gostaria de cumprir, pois assinou a guarda das crianças com essa condição.

E me respondeu carinhosamente:

– Amor, não precisa agradecer, você é a mulher da minha vida, eu vou fazer você e suas filhas muito felizes.

E carinhosamente beijou-me na face.

Primeiras férias no Brasil

Ao chegarmos ao Brasil foi com muita alegria que Eddy nos recebeu, feliz por eu ter cumprido a promessa. As meninas já falavam alemão, ele ficou todo orgulhoso delas e sorriu ouvindo-as falarem como um papagaio, mesmo não entendendo nada ele pedia para que elas falassem mais coisas.

No dia seguinte procurei a advogada que me prometeu preparar tudo antes da minha volta à Suíça. Nesses cinco meses eu estava com muitas saudades de todos, principalmente da minha mãe, que ao chegar para visitá-la foi logo dizendo:

– Pensei que tinha esquecido que tem mãe, sua filha da puta!

Me abraçou forte, os olhos se encheram de lágrimas e pude imaginar a dor dela de ficar longe de uma filha. Fiquei o dia todo com ela mostrando fotos das crianças na neve e contando as coisas da Suíça. Eu pude observar que minha mãe estava cada vez mais abatida, ela trabalhava demais e às vezes não dormia bem, percebia também que a saúde não estava muito boa, ela não queria ir ao médico para não faltar ao trabalho, ela nunca reclamava de nada, uma verdadeira guerreira. Com duas semanas a advogada avisou que estava tudo pronto, que eu poderia passar para pegar os papéis de divórcio. Harry ligava todos os dias e ficava horas no telefone. Nesse dia avisei que tudo estava pronto e ele deu pulos de alegria, ficou de organizar tudo; local da festa, convidados e tudo mais.

As férias acabaram e voltamos para a Suíça. Na volta conversamos, ele ficou de me pegar no aeroporto com as crianças, pois iria tirar livre, estava com muitas saudades de mim e das crianças, tudo combinado.

Ao chegar em Zürich pegamos a bagagem e ao sair do aeroporto, o Harry não estava, era a Talia! Meu coração disparou, o que será que houve?

– Talia, aconteceu algo com o Harry? Ele está doente? Fala!

Talia disse:

– Calma! Ele teve que viajar e não conseguiu voltar a tempo e me pediu para vir pegar você.

Que susto! Ele jamais deixaria de vir nos buscar.

– Obrigada Talia, nem sei como te agradecer.

Chegando em casa tentei ligar e o celular do Harry só dava caixa postal. Às 17:00h ele me ligou dizendo que chegaria às 21:00h e que estava tudo bem. Às nove quando chegou me abraçou forte e disse:

– Me perdoe por não ter ido buscá-las, mas fui atender um cliente na Alemanha e tivemos problema lá, mas agora já está tudo bem.

Ele me explicou que teve um problema na fronteira, mas não entrou em detalhes, eu estava tão feliz que nem fiz mais perguntas. Pela manhã fomos logo levar os papéis para traduzir, pois estava em português e precisava a tradução para alemão, demoraria duas semanas, mas já fomos nos organizando onde seria a festa, quem convidaríamos, quem seriam os padrinhos, o que serviríamos na festa, enviar os convites, etc. Enfim, tudo pronto, casamento marcado e o grande dia chegou! Foram muitos esforços para deixar tudo pronto com pouco dinheiro, eu estava cada dia mais apaixonada por Harry e estávamos muito felizes, sua família me aceitou muito bem e todos se propuseram a ir ao meu casamento, ajudaram a preparar tudo para a festa, a casa onde seria realizado o casamento era uma casa colonial muito antiga e Harry e sua mãe prepararam uma decoração muito bonita, que dava um ar sofisticado e charmoso.

A cerimônia foi toda em alemão, a minha tradutora me traduzia tudo e nós sorríamos felizes da vida como pombinhos apaixonados. Depois fomos todos para o local onde seria a recepção dos convidados e no horário marcado todos chegaram, a noite foi maravilhosa, cantamos, dançamos, bebemos muito até às três da manhã. Nós não fomos de férias de lua de mel, apenas passamos uma noite especial em um hotel, pensamos em deixar para quando terminassem os trabalhos e iríamos mais tranquilos e com mais dinheiro, pois tínhamos gasto muito com as férias em junho e o casamento, para mim não tinha importância, o importante é que agora eu poderia trabalhar tranquila e ajudar Harry a pagar as coisas que gastamos para o casamento.

No dia seguinte programei muito bem meu tempo entre as faxinas, as clientes de cabelo, as crianças e o marido, queria ter tempo para tudo sem problemas, era muito corrido, mas eu estava radiante, tinha conseguido organizar meus documentos, minhas filhas podiam viver aqui tranquilas, sem me preocupar com controles policiais poderia agora estudar na Suíça legalmente, como uma cidadã Suíça. Harry havia pego uma obra muita grande e todos os dias que não tinha trabalho com cabelos, saíamos às 06:00h da manhã até às 19:00h, até mesmo aos sábados. Eu aprendi a colocar pisos, então poderia ajudar mais o Harry, ele estava muito cansado, tinha nove meses sem férias, eu fui ao Brasil duas vezes e ele sempre ficava trabalhando e via em seu olhar o cansaço, às vezes chegava, tomava banho e se deitava no sofá para descansar; antes do jantar dormia de tão cansado, tinha que acordá-lo para o jantar. Geovana gostava muito de assistir TV com Harry, quando ele dormia dizia baixinho:

– Psiu! O Harry está dormindo, não faz barulho, ele está cansado.

E Dida ria do cuidado que ela tinha com ele. A grande obra terminou finalmente, eu trabalhei muito com um grupo de 12 pessoas para terminar na data prevista, e no final deu tudo certo. Harry chegou em casa e disse:

– Eu preciso de sol, vou para o Brasil amanhã, achei um voo barato e comprei.

Eu tomei um susto e perguntei:

– E a firma?

Ele respondeu:

– Meu amigo vai olhar, e você leva as pessoas lá de carro e controla tudo.

Senti um frio na barriga, mas não o deixei perceber isso, não sabia por que esse frio na barriga de medo, mas não queria ser egoísta, pois já tinha ido de férias e ele não. Eu conseguiria administrar tudo; obra, faxinas e cabelos. Respirei fundo e pensei “eu consigo”.

O desencanto

Já tinha uma semana que ele estava de férias, eu tentava organizar tudo, o idioma era terrível e muitas vezes pedia socorro a Talia que ia imediatamente me socorrer com muito prazer, Harry me ligava todos os dias, amoroso e como sempre preocupado com tudo. Eu falava que estava tudo bem para ele não se preocupar, relaxar e recuperar as forças nas férias, eu procurava atender as clientes em casa e pelo menos duas vezes ia até a obra em Dietlikon que era muito grande, dois prédios de vinte e oito apartamentos. Os rapazes que trabalhavam lá falavam português e italiano, mas percebia que não gostavam quando eu ia até lá, achavam que eu não entendia nada e percebia o olhar de indiferença deles, mas não me importava e seguia em frente.

Fora a falta do Harry tudo ia muito bem, mas tinha muitas saudades dos carinhos dele, e da atenção que ele tinha comigo e com as crianças. Marquei uma cliente para as 08:00h da manhã em casa e no dia anterior fiquei preparando mechas até as 23:30h para adiantar o trabalho do dia seguinte, estava cansada, tomei um banho e fui para a cama, mas não conseguia dormir, virava para um lado e para o outro, meu coração apertado, algo me incomodava, levantei-me, fiz um chá e peguei no sono. Às 02:00h da manhã acordei com duas ligações do Harry não atendidas, meu coração disparou, fiquei muito preocupada, ele não ligava à noite, pois sabia que eu precisava dormir e acordava sempre cedo e as crianças também. Comecei a pensar, por que ele me ligou às 02:00 da manhã? Será que aconteceu algo? Meu Deus, talvez um acidente... ele sempre alugava carro, tentei ligar, mas não me atendeu, mas 10 minutos depois retornou a ligação, e eu desesperada fui dizendo:

– Alô! Alô ...

E o telefone mudo, eu podia ouvir alguém do outro lado respirar como se estivesse em um sono profundo, mas como teria feito a ligação, comecei a gritar:

– Alô! Alô...

Nesse momento uma voz de mulher respondeu dando gargalhadas:

– Alô Eva, tudo bem com você?

Eu respondi:

– Tudo bem, quem é você? Aconteceu algo com o meu marido? Por que você está atendendo o telefone dele? Ele está doente? Me diz o que houve, por favor, fale a verdade.

A mulher, dando gargalhadas, respondeu com deboche:

– Não! Está tudo bem, está aqui comigo, melhor impossível, já levou meu carro para arrumar, trouxe-me presentes, me levou à praia, ele se casou com você e veio passar a lua de mel comigo. Como no dia que não foi te buscar no aeroporto porque estava na Alemanha de férias comigo.

E rindo mais uma vez ela desligou o telefone. Eu, desesperada, tentei ligar novamente, mas não atendia. Fiquei tentando várias vezes, até que pela manhã, depois de muitas horas, uma voz sonolenta atendeu, desta vez era o Harry, embora com voz de bêbado ou dopado, mas era ele, e só disse:

– Alô, Alô, me deixe dormir.

E desligou o telefone na minha cara, sem me deixar falar.

Meu chão caiu, minha cabeça estava um turbilhão, o que houve? Por que estava assim? Quem era aquela mulher? Será que deram boa noite Cinderela para ele? Será que tinha sido sequestrado e queriam me pedir resgate? Minha cabeça girava, sozinha, pois não queria contar para a Dida. Meu Deus e agora, o que faço? Para quem eu vou ligar, não conheço ninguém em Fortaleza, pensei em ligar para a Polícia do Brasil, mas seria melhor esperar mais um pouco, quem sabe ela não ligaria novamente ou ele, aí iria saber o que ela quer comigo e por que ligou com o telefone dele. Fiquei ali o resto da madrugada acordada e 06:00h da manhã, quando Dida acordou, eu já estava na cozinha tomando café com os olhos vermelhos de tanto chorar. Dida perguntou:

– O que houve, está passando mal?

Aí comecei a chorar e contei tudo, mas pedi que não contasse nada para as crianças, pois eu não queria preocupá-las. Fui tomar banho, pois tinha uma cliente às 08:00 horas. Dida me aconselhou a ligar para a cliente, desmarcar e ficar em casa, pois poderia ter acontecido algo sério com o Harry e com certeza iriam voltar a ligar, ele pode ter sido sequestrado e dopado. Tentei ligar novamente no celular dele e desta vez estava desligado, fiquei ainda mais desesperada e só chorava, tentava me acalmar, mas estava impossível. "Oh, meu Deus, o que aconteceu com meu marido... não é possível, tínhamos apenas alguns meses de casados, e se o mataram?" Na minha cabeça só passavam coisas ruins, eu liguei para a cliente e desmarquei o trabalho. A cliente entendeu o meu desespero e marcamos uma nova data.

Já era meio-dia aqui na Suíça e eu continuava tentando ligar, e o telefone dele sempre desligado, a Talia tinha ido de férias e eu não conseguia falar com ela, ela seria quem de fato me ajudaria, mas só voltaria em três dias. O dia não passava e a cada minuto eu mais desesperada, resolvi ligar para a polícia central de Fortaleza no Brasil, procurei o número e às 15:30 meu telefone tocou, era o número dele, atendi desesperada:

– Alô! Alô! Alô Harry!

E ele me respondeu:

– Oi amor, o que houve? Por que me ligou várias vezes na madrugada, aconteceu alguma coisa?

E eu respondi já furiosa:

– Como assim Harry ? Você me ligou na madrugada, esqueceu? Ou estava bêbado, você não me ligou na madrugada?

Harry:

– Não! Eu fui a um aniversário de uma amiga no centro.

– Com quem você foi, Harry?

Harry:

– Com uma amiga, e com várias outras pessoas, por que está me fazendo tantas perguntas, Eva?

– Olha no seu telefone, na madrugada você me ligou várias vezes.

E ele gritou no telefone:

– Eu não te liguei!

E desligou o telefone na minha cara novamente.

Passaram dez minutos, ele ligou e disse:

– Eu vi que ligaram para você com meu telefone, mas não fui eu.

– Como não foi você? Com quem você estava? E quem pegou o seu celular?

Harry:

– Fui em um aniversário, bebemos muito e encontrei uma ex-namorada e conversamos um pouco, depois fui para o hotel sozinho porque eu já tinha bebido muito.

E eu falei gritando, enlouquecida:

– Mentira! Você foi com ela para o hotel, essa vagabunda me ligou várias vezes na madrugada, e me disse que você estava muito bem com ela no hotel e que você a levou à praia, comprou presente e arrumou o carro dela, é verdade tudo isso? Eu só quero saber a verdade.

Harry:

– Você está inventando tudo isso, é mentira e se alguém ligou está querendo acabar com nosso casamento, eu encontrei minha ex sim, mas eu amo você e falei para ela que nos casamos, ela é só uma amiga agora e eu não comprei nada para ela, nem arrumei carro nenhum.

– Olha Harry, vou verificar tudo, inclusive a conta no banco, e se for verdade eu quero o divórcio.

E desliguei chorando! Fui para o quarto e entrei na conta do nosso banco que era o mesmo, e lá logo vi as retiradas altas que não seriam só para férias, vi o nome de uma mecânica autorizada, logo vi que a moça não estava mentindo, estava na cara que ele não dormiu só e que estava apenas bêbado, com certeza dormiu com ela. Peguei o telefone e liguei para ele de novo.

Harry atende perguntando:

– Está mais calma, amor?

E eu respondi furiosa:

– Harry, eu quero que você vá para o inferno e me esqueça, você, essa vagabunda, eu quero o divórcio e avisa a ela que pode continuar em lua de mel.

Desliguei o telefone, meu chão desabou, era como se tivesse caído em um buraco sem ter como me apoiar em nada, tudo girando, senti as vistas escurecerem como se fosse desmaiar, mas me sentei, respirei fundo e gritei:

– Dida! Por favor, me traz uma água com açúcar.

Totalmente paralisada e sem forças para me levantar ou fazer qualquer movimento, fiquei horas ali, naquele dia falei com as crianças que estava com dor de cabeça e fiquei trancada no quarto o dia todo, pensando o que ia fazer. Não falava alemão, as faxinas estavam dando um bom dinheiro, mas era junto com o Harry, se me separasse teria que ir embora e não tinha como voltar, não tinha dinheiro guardado para alugar mais um apartamento, não tinha nada, tinha vontade de morrer, só não fiz pelas minhas filhas, como eu fui idiota, bem que eu achava estranho ele sempre com o telefone pelos cantos, com mensagens, bem que a ex-mulher dele disse que ele era mulherengo e enrolado, mas eu não acreditei nela. A ex dele disse que se separou dele por causa de uma vagabunda em Fortaleza, como eu fui ingênua! E agora, o que vou fazer com duas crianças pequenas... mas não conseguia mais olhar na cara dele, como ele pôde me enganar? Me trair, me humilhar, eu chorei a noite toda até adormecer.

No dia seguinte acordei e falei com Dida:

– Vou sair para atender uma cliente, e à tarde vou visitar a Talia que vai chegar hoje, não me espere para jantar.

Terminei minha cliente em Zürich e fui até a casa da Talia, precisava falar sobre tudo, a única amiga que confiava era ela, cheguei já chorando e a assustei, ela logo perguntando:

– O que houve, amiga?

Talia me trouxe um chá e eu contei tudo para ela com todos os detalhes, ela ouviu tudo sem interromper e ao terminar falou:

– Eu sabia que tinha algo errado, era muito perfeito para ser verdade, muito misterioso; aquele dia que ele foi para Alemanha eu achei muito estranho, mas agora o que pretende fazer?

Comecei a chorar ainda mais e disse:

– Eu não sei amiga, me ajuda, estou desesperada, só tenho três meses de casada e não falo alemão.

Talia:

– É verdade, está difícil, se você se divorciar terá que ir embora e agora que trouxe as crianças você não pode voltar assim, tem que ter uma saída.

– Talia, você conhece algum advogado para perguntar o que devo fazer? Pois eu não conheço ninguém.

Talia me deu apoio, conversou muito, me falou que poderia contar com ela e iria dar um jeito de me ajudar no que fosse possível e impossível. Fui para casa mais tranquila. O Harry ligou e disse que chegaria em dois dias para conversarmos sobre todo o ocorrido e jurava que não fez nada.

Ao chegar em casa a Dida me informou que Jéssica tinha voltado mais cedo da escola e estava febril, já quase dormindo.

– Oi filha, mamãe está aqui, o que houve, você não está bem?

E Jéssica responde:

– Mãe, tenho dor de cabeça, e não passa.

– Eu vou te dar um medicamento e vai passar, está bom? Mamãe está aqui bem pertinho, tudo passa.

Jéssica:

– Mamãe, à noite fui ao banheiro e ouvi você chorando, você está doente também mamãe? Estou preocupada, só tenho você e não quero que fique doente, papai não está aqui.

– Não filha, eu não estou doente, apenas problemas de adultos, mas vai ficar tudo bem, agora toma o remédio e vai dormir para ficar boa.

Ela balançou a cabeça positivamente e disse:

– Promete que você também vai ficar boa?

– Sim filha, eu prometo.

A briga

Dois dias se passaram e o Harry voltou de férias, ele entrou em casa dizendo:

– Olá, tem alguém em casa?

Ao ouvir a voz dele meu coração disparou, não sei se de raiva ou de medo do que iria acontecer, eu gostava muito dele, aí vinha o ódio e o amor juntos e respondi:

– Oi!

Ele foi me dar um beijo e eu virei o rosto dizendo:

– Por favor, para! Nós temos muito o que conversar.

Pedi para a Dida ir ao parque com Geovana. Jéssica estava na escola. Ele me ordenou:

– Sente-se, precisamos conversar, acabamos de casar, nos amamos muito, estamos organizando nossas vidas, estou feliz com as crianças, não sei o que aconteceu naquela noite, mas não fiz nada de errado!

Respirei fundo e disse:

– Olha Harry, posso te pedir uma coisa? Não me venha com mentiras, já olhei a conta, você gastou 5 mil francos em uma semana com o quê? O hotel e o voo já estavam pagos, só com comida quase 20 mil reais, o que é isso? Você comeu o quê? Caviar todos os dias? Eu sei que pagou coisas com o cartão do banco em uma mecânica, você não tem carro, então chega de mentiras! Uma mulher me ligou e me contou tudo sobre aquela noite, você não pode dizer que é mentira e eu falei com você, e você bêbado me disse que era para eu deixar você dormir às 02:45h da manhã, olha aí o seu telefone, tem meu contato se não acredita no que estou falando. Mas vamos ao advogado amanhã para ver o que fazer agora, não quero mais viver com você, pode me arrumar um apartamento, eu pago, ou arruma um para você.

Ele não quis discutir mais e falou:

– Vamos conversar amanhã, vou sair, volto mais tarde, vou visitar minha mãe.

No fim da tarde chegou Talia e comecei a contar que havia conversado com ele. No momento em que o jantar tem início, Harry chega, abre uma garrafa de vinho e serve, como se tudo estivesse bem. Talia sentou-se para jantar e ele começou a falar com ela, explicando que ele não tinha feito nada e eu é quem estava ficando doida, mas logo iria ficar tudo bem.

Meu sangue subiu, levantei, peguei minha taça de vinho e joguei na cara dele dizendo:

– Seu cachorro! Você passa a noite com uma vagabunda e eu quem sou a louca? Me respeite! Seja homem, assuma seus erros!

Talia deu um pulo da cadeira dizendo:

– Calma! Sem agressões, isso não leva a nada, vocês estão de cabeça quente e assim é impossível conversar.

Ele se levantou, foi até a cozinha pegar uma toalha, olhou para Talia e disse:

– Se eu soubesse que tomaria um banho de vinho, teria servido vinho branco, pelo menos não teria que pintar a parede amanhã.

Eu e Talia ficamos pasmas com a reação dele, mas não fizemos mais nenhum comentário, fomos para a cozinha, conversamos mais um pouco e depois fui dormir com Geovana.

No dia seguinte acordei com muita dor de cabeça, meu corpo todo doía, não tinha vontade de me levantar da cama, mas olhando ao meu lado Geovana dormia tranquila. Pulei da cama e pensei "a vida continua, não vou desistir, sou filha de Caetana, desistir nunca, só quando morrer". Às 09:00h da manhã a Iraci chegou, ela já havia feito várias vezes os cabelos comigo e se tornou uma grande amiga. Ela também tem uma filha da idade da Jéssica, que às vezes se encontram para brincar. Ao entrar ela foi logo dizendo:

– Que cara é essa, menina? O que houve? Está doente?

E eu respondi:

– Não! Só estou com muita dor de cabeça, mas já tomei um remédio e vai passar logo, gostaria de um café?

Iraci respondeu:

– Quero sim, também não dormi muito essa noite, trabalhei até tarde.

Sentamo-nos à mesa para tomar o café e comecei a chorar sem parar, Iraci se preocupou e comentou:

– Você não está bem, me conta o que houve, quer que eu te faça uma oração para acalmar?

Iraci fez uma oração e eu me acalmei, comecei a contar todo o ocorrido desde o dia que o Harry foi de férias até a discussão à mesa na noite anterior e o "banho de vinho". E finalizei dizendo:

– Iraci, eu não sei o que fazer, não conheço nenhum advogado aqui e mesmo se arrumar deve ser muito caro... e eu não tenho dinheiro para pagar.

Iraci pensou e respondeu:

– Eu conheço um advogado, é amigo de uma portuguesa que é minha amiga, uma vez ela me passou o telefone dele, mas é muito difícil um horário com ele, pois é advogado de um banco, ele é suíço e fala português perfeitamente, se quiser tentar... quem sabe, não custa nada, você só poderá receber um não, só isso e mais nada.

Aceitei imediatamente, ela me passou o número e eu fiquei de ligar.

Quando terminei o cabelo dela corri para ligar, estava desesperada, não conseguia nem comer de tão nervosa que estava, liguei e caía na caixa postal, tentei novamente duas vezes e continuava a cair na caixa postal. Decidi deixar uma mensagem na caixa postal porque eu não sabia mais o que fazer: *"Olá Jakob, boa tarde, aqui é a Eva, você não me conhece, sou brasileira, a Iraci me passou o seu contato porque estou com um problema muito sério e não falo alemão, por favor, me retorne e urgente, eu estou desesperada, você pode me ajudar?"*

Fiquei na esperança de que ele me ligaria, mas Iraci disse que ele era um homem muito ocupado e talvez nem ligasse, mas Deus vai tocar o coração dele e ele vai ligar, eu acredito no poder de Deus. Respirei fundo, se passaram 30 minutos e meu celular tocou, era um número privado, não conseguia saber quem era, fiquei pensando que poderia ser a vagabunda que me ligou antes, mas mesmo assim atendi:

– Alô?

Era um homem de voz rouca e séria que dizia:

– Boa tarde! Eu sou o Jakob, você me deixou um recado na caixa postal, tudo bem?

Respondi feliz:

– Tudo bem, obrigada por ter ligado.

Jakob:

– Qual seria o problema?

Eu expliquei em poucas palavras, e ele me disse:

– Eu não sou advogado de família, talvez não possa te ajudar.

Eu, desesperada, respondi:

– Eu sei! Mas não conheço ninguém aqui e não sei o que fazer, eu quero cancelar o meu casamento!

Jakob:

– Você mora perto de Zürich?

– Sim, moro.

Jakob:

– Pode vir até a Paradeplatz às 17:00h hoje?

– Sim! Posso.

E marcamos de nos encontrar na Paradeplatz às 17:00h. No horário marcado eu já estava lá o esperando, mas eu não o conhecia e ele ficou de ligar quando chegasse lá no local. Às 17:05h vi distante um homem de mais ou menos 50 anos com cabelos pouco grisalhos e cheios, ele me olhou e acenou para mim, mas como ele sabia que era eu? Tinha muita gente nesta parada e eu também senti que era ele, era como se nossas almas se conhecessem de algum lugar. Quem seria aquele homem?

Ele se aproximou e me cumprimentou, fomos para um restaurante conversar. Ficamos conversando por mais ou menos uma hora e ele se propôs a tentar me ajudar. Pediu que trouxesse alguns papéis para começar a organizar as coisas, eu expliquei que estavam chegando papéis em meu nome para pagar, mas eu não tinha comprado nada e ele pediu para providenciar tudo e marcamos o próximo encontro para o dia seguinte.

Cheguei em casa, abri a caixa de correios e tinha mais papéis para pagar, perguntei a Harry o que era aquilo no meu nome e ele respondeu:

– Isso é coisa minha, deixe os papéis aí que eu resolvo.

– Mas está em meu nome e tem a data para pagar esse mês, eu vou levar para mostrar a Talia.

Eu não queria falar que fui conversar com o advogado antes de saber o que iria me falar no próximo encontro.

Encontro com o advogado

No dia seguinte no mesmo horário estava lá na Paradeplatz. Fomos novamente ao restaurante, conversamos sobre tudo e ele me explicou que iria ao cartório de Steinmaur para conversar e verificar tudo sobre os boletos que havia recebido para pagar, e mais uma vez marcamos para nos encontrar no próximo dia às 17:00h, ele só poderia nesse horário. No terceiro encontro ele já tinha ideia do problema e me passou tudo.

Jakob:

– Olha Eva, o seu casamento não pode ser cancelado, para isso apenas uma traição não é o suficiente, teria que haver coisas mais graves, vocês terão que resolver juntos um divórcio. Quanto às dívidas, seu marido tem muitas dívidas pendentes e quando você casa é normal ele enviar para você, sem contar que tem dívidas recentes que você não pagou, como plano de saúde, seguro seu e das crianças que ele não pagou e muito mais.

– Meu Deus! Como vou fazer, eu não tenho dinheiro para pagar isso tudo, acabei de trazer minhas filhas e ainda tenho muitas dívidas a quitar no Brasil, o Harry sempre dizia que estava tudo bem, para eu não me preocupar.

Jakob:

– Olha, o total que você tem que pagar hoje é de 8.700Fr, ou você vai ter problemas aqui, aí vai ficar ainda mais difícil para você com seu permissão novo, e se tem dívidas dificulta a renovação.

– Eu não tenho esse dinheiro, eu vou falar com ele e nos falamos novamente, ele tem que pagar isso, não é minha culpa o que ele fez, nós tínhamos dinheiro e ele gastou no Brasil com outras mulheres em Fortaleza. Mas, Jakob, você não me falou ainda quanto que eu tenho que te pagar, pode ficar muito caro para mim.

Jakob:

– Olha, para mim você paga quando tudo se resolver.

Eu agradeci, feliz, pois se tivesse que pagar de imediato ficaria sem nada, estava trabalhando, mas todo o dinheiro ia embora. Cheguei em casa e o Harry já estava no sofá, sentado, assistindo TV e tomando seu vinho, como se nada tivesse acontecido nos dias anteriores. Falei com ele que procurei um advogado, e ele havia me explicado que não tenho como cancelar o casamento e que eu tenho que fazer o divórcio e que também teria que pagar 8.700 Fr de dívidas pendentes em meu nome. Ele, rindo, perguntou:

– Você quer mesmo o divórcio?

E eu respondi:

– Sim! Quero.

E ele continuou:

– Você sabe que terá que ir embora, não é?

– Não! Eu vou tentar ficar aqui, eu quero que você saia do apartamento e eu vou ficar aqui com as crianças.

Harry:

– Vai pagar as contas todas sozinha? Ou já tem um namorado novo? Se quer assim, você que sabe, vou arrumar um apartamento pequeno para mim, e você não vai aguentar pagar as contas sozinha e terá que ir embora, e também se o cartório souber que não moramos mais juntos vão mandar você embora com as crianças. Você que sabe dona Eva, faça o que achar melhor.

Ele saiu sem falar mais nada, e aquele dia não voltou para casa e nem falou para onde iria. Passaram-se dois dias e eu fui me encontrar novamente com o Jakob. Nesse dia eu estava sem expectativa nenhuma do que fazer ou como resolver tudo isso.

O Jakob me encontrou e estava muito feliz, eu logo notei, mas não perguntei nada, ele era um homem muito sério e só conversava profissionalmente e nunca sobre a vida particular. Ele chegou e disse:

– Olha Eva, se não quiser ir embora, você não pode se divorciar.

– Eu não quero mais morar com ele.

Jakob:

– Ele falou que vai arrumar um apartamento para ele, não é isso? Deixe-o arrumar e você fica lá com suas filhas, afinal ele colocou vocês nessa situação e agora tem ele tem que te ajudar.

– Mas ele falou que não vai pagar mais nada se eu quiser me separar.

Jakob:

– Mas se não se separar ele tem que pagar, a lei aqui é assim, estamos na Suíça.

– Mas o que eu faço com essas contas que chegaram? Se sujar o meu nome não vou poder comprar mais nada aqui.

Jakob:

– Verdade..., mas escuta uma coisa, eu vou te ajudar, vou pagar tudo isso.

– Como assim?

Tomei um choque, como um advogado se propõe a trabalhar de graça e só receber seus honorários quando eu puder pagar, e ainda pagar as minhas contas atrasadas?

Jakob:

– Eu estou com esses boletos em casa, vou amanhã ao banco e pago tudo para você, aí você tem como ficar tranquila, trabalhar e me devolver aos poucos o dinheiro, eu não tenho pressa.

– Mas Jakob, não tenho como pagar seus honorários e mais, isso eu não vou conseguir pagar.

Jakob:

– Não se preocupe, pague como você puder, o importante é não deixar mais dívidas acumular, você me falou que tem sempre muito trabalho, então isso não será um problema.

Respirei fundo e disse:

– Nunca vou poder pagar o que você está fazendo por mim e pelas minhas filhas, você é um anjo que apareceu nas nossas vidas e só posso agradecer a Deus por isso.

Ele sorriu feliz e se despediu dizendo:

– Olha, assim que tiver novidade eu ligo para você.

Comecei a pensar por que aquele homem estava fazendo isso por mim, meu coração aquele momento disparou, não entendi, mas dentro de mim aconteceu algo, foi uma mistura de sentimentos e agradecimento. Passei na Talia para contar o que Jakob havia me proposto, a pagar todas as minhas dívidas e organizar tudo sem eu precisar pagar nada de imediato, e Talia logo disse:

– Hum... Estranho, ele deve estar interessado em você.

– Claro que não Talia, você está louca, é um homem muito sério, ele ficou com dó de mim e mais nada, afinal é um advogado bem sucedido e com certeza tem muitas mulheres.

Talia:

– Sei não, suíço não ajuda sem interesses, algo está acontecendo com esse advogado com certeza.

– Ele me fez um convite para jantarmos amanhã e conversar melhor sobre tudo.

Talia sorriu dizendo:

– Nesse mato tem coelho.

– Talia, para de ver coisa onde não tem.

Primeiro jantar com o Jakob

Primeiro jantar com Jakob, como combinado, às 17:05h ele estava lá na parada de sempre, desta vez ele chegou primeiro e como tinha marcado, fomos direto para um restaurante. Um restaurante muito sofisticado e todos muito bem vestidos, me senti desconfortável, se ele tivesse ao menos me avisado que era assim eu teria colocado uma roupa melhor, pois tinha roupas bonitas que nunca usava, mas para Jakob era tudo normal, ele com o terno de sempre e as pessoas ali já o conheciam, então fiquei mais aliviada e me senti melhor.

O restaurante era no centro de Zürich e próximo a Bahnhofstrasse, um lugar bonito e elegante, ele pediu um prato que já conhecia para nós dois e um vinho tinto francês, sempre muito educado e tímido ele começou a falar um pouco sobre ele e sua vida:

– Eu tenho 49 anos, nunca fui casado e nem tive filhos.

Eu comecei a rir e perguntei:

– Nunca foi casado com 49 anos?

Ele ficou sem graça e respondeu:

– Nunca! Você pensa que isso não é normal?

– Eu acho que não é normal, eu me casei pela primeira vez com 17 anos e já tenho duas filhas, e agora me casei pela segunda vez, com o Harry.

Ele sorriu encabulado, e disse:

– Verdade, acho que não sou muito normal, mas ainda não achei a pessoa certa.

E riu muito...

O jantar chegou, estava divino, o vinho também de muito bom gosto, Jakob continuou a contar sobre sua vida.

– Eu trabalho no banco e estou escrevendo um livro.

– Que legal!

– Mas é livro sobre política e não é interessante para você.

Eu falei um pouco sobre minha vida e minhas filhas e ele ouvia atentamente. Já quase no final do jantar ele segurou minhas mãos que estavam sobre a mesa e disse:

– Eva, eu acho você uma pessoa incrível e gostaria muito que nos encontrássemos mais vezes, não para falar de negócios, mas para falar um pouco sobre nós, o que acha?

Fiquei surpresa com suas palavras, pois eu sempre achei que ele tinha dó de mim e por isso estava me ajudando a resolver todos os meus problemas, mas naquele momento vi que não era só isso, mas ao mesmo tempo fiquei feliz, pois eu também o achava uma pessoa muito especial e diferente, embora parecesse mais velho que sua idade, ele era sempre um cavalheiro e isso me fascinava. Jakob me deixou na porta de casa, me despedi e entrei sem sequer um beijo no rosto, ainda era muito cedo. Ele segurou minhas mãos, deu boa noite e partiu.

Passaram-se 10 minutos e a campainha tocou; pensei que era o Jakob por eu ter me esquecido de pegar os papéis que ele havia pagado no dia anterior; perguntei:

– Quem é?

E uma voz responde:

– Sou eu, Harry, seu marido, posso entrar?

Abri a porta e ele foi logo dizendo:

– Já arrumou outro namorado? Você é muito rápida hein, ou já conhecia o moço antes?

– Não Harry! Não arrumei ninguém, esse é o meu advogado que está me ajudando muito a organizar a merda em que você me meteu.

Ele rindo, ironicamente disse:

– Uma hora de advogado aqui é caríssimo, e você tem um até que te serve de táxi? Ah, conta outra porque essa não cola, como está pagando? Com certeza está dormindo com ele.

– Eu não estou dormindo com ele ainda, mas se dormir não é de sua conta já que você dormiu com uma vagabunda de lua de mel eu posso dormir com quem eu quiser, até porque você não tem moral nenhuma para me condenar, e agora boa noite! Tenho que trabalhar amanhã cedo para pagar minhas contas com o advogado.

Ele saiu furioso e pude perceber que ele estava pelos cantos me espionando quando chegava em casa, já que estava morando na mesma rua, só mais próxima da estação de trem.

Nos dias seguintes acordei cedo e tive muitas clientes de cabelos. Os dias foram passando, já estava mais calma e fui organizando as coisas, como o Harry estava bravo com a separação, eu não estava trabalhando nas obras com ele, pois ele que tinha os contatos com os donos das obras.

Tive um dia livre e resolvi ir até Zürich encontrar com uma de minhas clientes que desde a primeira vez que vim para a Suíça ela só fazia cabelos comigo. Ela era do Haiti e tinha um comércio em Zürich, loja de roupas, mas vendia de tudo lá. Chegando ao salão ela já falou:

– Que bom que você apareceu, preciso fazer meu cabelo urgente, você pode hoje?

– Claro que posso.

Ela falou:

– Tenho uma sala vazia aqui do lado, vamos fazer lá que ninguém nos incomoda.

Comecei rapidamente, não podia perder tempo, já era 10:00h da manhã e ela tinha muito cabelo, paramos duas vezes para fazer um lanche e ao terminar ela ficou fascinada, eu tinha feito um método novo e ela adorou, me agradeceu e disse:

– Você trabalha muito bem, tem que montar um salão aqui em Zürich.

Respondi:

– Eu gostaria muito, mas é muito caro e não tenho condições para isso.

Tina falava bem o português e o espanhol, pois tinha muitas clientes latinas e com 20 anos na Suíça aprendeu vários idiomas com as meninas que circulavam por ali, ela me pagou e depois disse:

– Tive uma ideia! Por que você não monta aqui comigo? Nesta sala eu vendia roupa infantil, mas neste lugar ninguém tem filhos. Vem para cá.

– Nossa! Seria ótimo, mas acho que não posso pagar e não teria dinheiro para montar.

– Olha menina, você só coloca duas cadeiras e dois espelhos, pinta um pouco e pronto, secador e o material você tem e assim terá muitas clientes minhas e dos bares aqui do lado, depois você me dá um desconto nos meus cabelos.

Fiquei pensando e fiquei de dar a resposta no dia seguinte, agradeci e saí contente. Quando cheguei no trem fiquei imaginando, um salão pequenininho no centro de Zürich era meu sonho e com certeza teria o dobro de clientes, sem contar que tinha clientes que achavam Steinmaur muito longe e para não pegar trem ou ônibus não vinham fazer os cabelos.

Mas não dava para mim, estava difícil agora só com os cabelos, não sei se o Harry ajudaria no aluguel do apartamento, estava tudo muito confuso e difícil para mim, fazer mais uma dívida por mês seria loucura, eu ainda não tinha certeza se podia permanecer na Suíça ou se iriam me mandar de volta para o Brasil com minhas filhas; melhor não arriscar e continuar atendendo em casa ou em domicílio, que também não estava tão mal assim.

Ao chegar em casa Jéssica brincava com suas Barbies e eu fui ajudá-la a brincar de vestir e pentear as bonecas, coisas que eu fazia porque também amava brincar de pentear e vestir Barbies, já que na infância eu não tive condições, mas me fascinava. Meu telefone tocou e era o Jakob. Muito educado e atencioso, perguntou como estava tudo, as crianças e me convidou novamente para um jantar na próxima sexta em sua casa. Eu sabia que ele morava longe e para jantar com ele eu teria que dormir lá, mas aceitei já que Harry achava que já estava dormindo com ele sem eu estar, isto seria indiferente. Combinei com Dida para dar atenção para as crianças à noite e ela confirmou.

A sexta-feira chegou, eu estava nervosa e ansiosa para o encontro onde pela primeira vez estaríamos sozinhos na casa dele, isso me dava certo frio na barriga imaginando como seria com ele entre quatro paredes, mas enfim, organizei uma roupa clássica, pois ele estava sempre de terno e eu queria estar mais séria. Organizei uma lingerie com hobby de seda que comprei para usar na minha lua de mel com o Harry e acabei não usando.

Ao encontrar com o Jakob na Paradeplatz ele estava muito mais nervoso que eu e tinha as mãos geladas e úmidas. Fomos andando até o estacionamento onde estava seu carro, desta vez ele estava com um carro antigo da Fiat, um conversível branco, nem era antigo, era um carro velho mesmo. Ele abriu o teto do carro para que desse um ar mais jovial, depois pôs sua mão em cima da minha e perguntou:

– Você quer comer no restaurante, ou posso fazer um risoto em casa?

Perguntei:

– Você sabe cozinhar ?

Ele riu e disse:

– Mais ou menos!

Respondi:

– Vou ver se sabe mesmo.

Jakob disse sorrindo:

– Ótimo! Então vamos direto para casa, vou preparar uma comida muito boa.

A estrada até a casa de Jakob era fascinante, uma paisagem encantadora, o tempo passou mais rápido do que imaginei, e ele disse:

– Chegamos, é aqui que eu vivo, nesta cidade pequena e encantadora, mas com pessoas muito conservadoras, que adoram cuidar da vida dos outros.

Logo observei tudo, o apartamento era no 4° andar. Ao entrar percebi que os móveis e a decoração eram de muito bom gosto, decoração típica de homens mais velhos solteiros, tinha uma sacada muito grande que dava para ver montanhas e uma torre de uma igreja antiga que ao olhar aquela paisagem pude voltar no filme da minha infância, o qual eu sonhava sempre que no dia do meu casamento veio uma pessoa e me empurrou de uma torre que me levou à morte.

Neste momento tive um déjà-vu, um medo incontrolável que comecei a gritar, tremer e chorar. Jakob apavorado perguntou:

– Eva, aconteceu alguma coisa? Por que está chorando? O que eu fiz de errado, por favor, fala comigo.

Com um copo de água ele disse:

– Eva, eu gosto muito de você, não vou te fazer mal algum.

– Me desculpe Jakob, sou idiota mesmo, tive um déjà-vu e fiquei nervosa, mas já passou, é trauma de infância que achei ter curado, mas já passou.

– Olhe Eva, eu te admiro e respeito muito, não pense que lhe trouxe aqui para você dormir comigo não, tenho quarto de hóspedes, fique tranquila.

– Não Jakob, já passou, me desculpe, foi uma bobagem, é como se minha vida voltasse anos e voltasse a mesma coisa, não consigo explicar.

– Ok! Vamos tomar um drinque para você relaxar e não pensar mais em coisas ruins.

Ele abriu o champanhe e brindamos, depois foi à cozinha preparar algo para o jantar, demorou 20 minutos e o jantar estava pronto, ele serviu e disse:

– Não sei se está bom, mas vou abrir o vinho porque se não tiver bom pelo menos o vinho é ótimo e você vai gostar.

Eu nunca tinha comido risoto, mas tinha certeza de que aquele seria difícil de comer, só com muito vinho mesmo, já havia ouvido falar que era muito bom, mas aquele não estava. Ele perguntou:

– E aí, como está, você gostou do meu risoto?

Eu respondi rindo:

– Bom...

– Fala a verdade, o que achou?

– Terrível! Vamos tomar o vinho.

– Me desculpe Eva, ficou cru mesmo, eu não sei cozinhar, só queria te agradar e ficar mais com você.

– Eu percebi, na próxima eu cozinho.

Recolhendo os pratos, ele disse:

– Ótimo, eu aceito.

E voltou com uma travessa de queijo.

Bebemos uma garrafa de vinho e conversamos muito, mas ele era muito tímido e o beijo só saiu depois das 22:00h, mesmo assim com muito medo ele se aproximou. Parecia que era a primeira vez que beijava uma mulher, fomos para o quarto e fiquei impressionada com a forma que ele me tocava, era como se eu fosse um cristal e pudesse quebrar a qualquer momento. Ao me beijar sempre mantinha os olhos fechados e com mãos bem trêmulas e geladas me acariciava. Eu tinha vontade de rir, o que seria aquilo? Mas tivemos uma noite agradável e tranquila, no entanto percebi que ele teve insônia e não conseguia dormir, eu dormi bem e só acordei duas vezes para ir ao banheiro e via que ele estava sempre de olhos abertos e não havia pregado os olhos a noite inteira.

Pela manhã ele acordou e foi até a padaria próxima da sua casa buscar pão, e quando acordei já estava posta a mesa de café da manhã. Tomamos café, conversamos sobre a noite passada e decidimos dar uma volta de carro em uma montanha perto dali e conhecer a pequena cidade onde ele morava, com muitos monumentos históricos, era uma cidade linda. Na hora do almoço fomos a um restaurante na beira do lago Vierwaldstättersee, muito lindo e aconchegante, a comida muito boa e tomamos um copo de vinho típico da região que era servido em uma xícara especial de cerâmica típica do restaurante. Olhando nos olhos de Jakob via que no fundo dos seus olhos guardava muito sofrimento e tristeza, embora tentasse sorrir o tempo todo. Por que aquele homem tinha aquela tristeza no olhar?

Sempre procurava me agradar com alguma coisa e com história da região onde vivia, quando foi fundada, etc.

Ao final do dia Jakob me levou em casa e desta vez resolveu entrar para conhecer a Jéssica, Geovana e Dida.

Visita do Jakob

No primeiro momento Jéssica gostou do Jakob, parecia que eles se conheciam de vidas passadas, quanto a Geovana ficou do meu lado e não quis muito papo com Jakob, parecia que tinha medo dele e se escondia atrás de mim, o Jakob falava muito bem o português, por isso a Dida se entendia muito bem com ele. A Dida havia cozinhado para as crianças e como já era 07:00h, resolveu perguntar ao Jakob se gostaria de ficar para jantar, no que ele respondeu:

– Claro Dida, aceito.

E Dida falou:

– É uma comida simples, não sabia que vocês viriam para jantar, se soubesse prepararia algo especial para vocês.

Jakob:

– Eu adoro comida brasileira.

Dida sorriu e voltou à cozinha, ela havia feito arroz, feijão e carne ao molho de salada, típica comida brasileira, mas ela sempre cozinhava muito bem, e a comida tinha um sabor totalmente baiano. O jantar foi bem divertido, mas Jakob tentava se aproximar da Geovana, que se afastava e não queria papo, alguma coisa nele ela não gostava, ao contrário da Jéssica que não parava de falar e mostrar as coisas da escola, e ele, muito interessado, ouvia e observava tudo com muita atenção o que ela mostrava.

Às 20:30h Jakob se despediu de todos e saiu, eu fui até a porta e ele discretamente me deu um beijo no rosto, ele não queria que as crianças percebessem o que estava acontecendo, já que só tinha 5 meses que estava separada do Harry. Quando voltei para a sala, Jéssica olhou para mim e perguntou:

– Mãe, ele quer namorar com você?

Eu respondi:

– Não filha, ele é um grande amigo.

Jéssica:

– Eu acho que ele gosta de você e quer namorar.

Eu ri e falei:

– São quase nove da noite, hora de escovar os dentes e dormir.

As duas saíram correndo e rindo de mim, pois sabiam que era verdade e eu queria disfarçar, Jéssica era muito inteligente para a idade dela e Geovana sempre copiava o que Jéssica fazia. E as duas saíram rindo e dizendo:

– Namorado, namorado.

E eu disse:

– Vão dormir, crianças.

No domingo pela manhã a campainha foi tocada, era o Harry. Ele entrou, brincou com Geovana que gostava muito dele e falou com Jéssica. Depois me perguntou:

– Você pode ir até meu apartamento? Preciso falar com você, mas não aqui.

E eu respondi:

– Eu não tenho mais nada a falar com você, Harry.

– Tem sim, você ainda está casada comigo e temos muitas coisas para conversar.

– Ok, eu vou, mas já saiba, não venha com papo furado, eu sei que você dormiu com aquela vagabunda e não vou te perdoar.

– Ok! Isso eu sei.

À noite, no horário marcado, fui até o apartamento dele que era na mesma rua, ao lado da estação de trem, era um apartamento pequeno, mas muito aconchegante e bem organizado. Ele então me falou:

– Eu não quero brigar com você, só precisamos resolver as coisas.

– Por exemplo?

– Olha, o cara da obra falou que tem quarenta apartamentos para eu fazer o piso e perguntou se você fará a faxina, como sempre ele gosta do seu trabalho e gostaria que continuasse a fazer as faxinas, eu sei que você está precisando de dinheiro e eu não posso pagar tudo aqui para você, então acho melhor você voltar a fazer as faxinas e colocar as dívidas em ordem para nem eu e nem você termos problemas futuros.

Eu sabia que esses quarenta apartamentos iriam me ajudar muito, mas não dei o braço a torcer no primeiro instante, pois não sabia qual seria sua intenção e o que queria em troca; ele prosseguiu:

– Olha, quando você tiver cabelos a fazer eu olho os funcionários como antes, eu sei que pisei na bola, mas vou te ajudar e quem sabe um dia a gente se entenda novamente, eu não vou pedir o divórcio, assim você e as crianças vão ficar aqui sem problemas, vamos ficar registrados no mesmo apartamento, mas eu moro aqui e vou te visitar sempre para fingir que continuamos casados para as leis daqui, pois na realidade somos casados.

Eu sabia que se ele pedisse o divórcio eu teria que ir embora para o Brasil, mesmo sendo culpa dele a lei na Suíça para estrangeiros é muito rigorosa. Aqui se você se separar do seu marido antes dos três anos você perde a permissão de viver no país e tem que voltar ao seu país de origem, ou se casar novamente.

Harry:

– Vou te ajudar a pagar o aluguel por enquanto até você ganhar mais dinheiro, eu gosto das crianças e não vou deixá-las passar necessidades.

– Olha Harry, eu sei que está tentando me ajudar, mas eu não confio mais em você como marido, você me magoou muito ao me trair com aquela vagabunda de Fortaleza, mas concordo que não posso deixar de aceitar sua proposta, pois não tenho outra chance no momento, mas o que você quer em troca?

Ele riu e disse:

– No momento nada!

E marcamos para começar o trabalho na próxima quarta-feira.

Eu gostava do Harry, mas com traição eu jamais poderia confiar nele novamente, então melhor assim, cada um no seu lugar e tentar sermos apenas bons amigos. Meu Deus! O Harry com certeza viu o Jakob sair aqui de casa, por isso essa mudança! O que fazer agora? Eu gostava muito do Harry, mas a chance de voltar era nenhuma, eu percebia que tinha um sentimento diferente a respeito do Jakob e ele também comigo, mas vamos esperar para ver no que vai dar. No momento eu só queria trabalhar para pagar minhas contas para não ter problemas aqui.

Na segunda-feira tinha marcado uma cliente e ao chegar ao endereço marcado a cliente simplesmente abriu a porta e disse:

– Desculpe! Mas não vou fazer os cabelos, não recebi o dinheiro que estava esperando.

Saí furiosa de lá, fiquei muito brava, pois eu me levantei cedo, peguei ônibus, trem para nada. Que falta de respeito marcar e não desmarcar com antecedência, eu precisava muito deste dinheiro, mas graças a Deus a obra começava em dois dias, e eles sempre pagavam 30% de entrada para comprar os produtos. Neste momento, em silêncio, agradeci a Deus por Harry me chamar. Na terça encontrei com Harry para comprar produtos para a faxina e preparar todo o material. Já que não tinha mais o carro então fomos juntos, ele foi conversando, feliz, como normalmente era nossa vida antes da traição.

Fomos até o depósito de materiais que vende panos, escadas, vassouras, aspirador, etc... Ligamos para mais quatro pessoas que me ajudariam e, finalmente, tudo pronto. Ele então perguntou:

– Vamos beber um chope?

Eu aceitei, afinal ele ficou o dia todo me ajudando a organizar os materiais e produtos para o dia seguinte. Chegando ao restaurante pediu dois chopes, tomamos e ele conversou sobre o dia seguinte e nada mais, ficamos de nos encontrar no dia seguinte às 06:15h da manhã para pegar os funcionários na estação próxima à obra.

Nessa noite ao chegar em casa, Jakob me ligou para conversarmos e eu falei tudo sobre o que tinha conversado com o Harry, eu não queria que ele pensasse que estava escondendo algo dele. Ele me ouviu atentamente e no final falou:

– Eu acho que você fez a melhor escolha, sem brigas é melhor para você resolver sua vida e o que depender de mim vou ajudar também.

Falei que tinha muito trabalho e ele ficou feliz por mim, o Jakob era uma pessoa especial, ele não via maldade nesta situação com o Harry, mas eu tinha minhas dúvidas em pensar se daria certo mesmo essa convivência com um marido e um futuro namorado.

Quarta-feira, dia da faxina do prédio, chegamos na obra e os pisos já estavam quase todos prontos e assim tudo pronto para começar a limpar. Começamos pelos vidros que eram muitos e difíceis, cada um ficou com um andar para limpar todos os vidros. No fim do dia estavam prontos, mas o rapaz que limpou o último andar limpou muito mal e tivemos que refazer, fui conversar e no final tive que dispensá-lo, ele era muito arrogante e não aceitava críticas, fiquei preocupada com só três ajudantes, se não conseguisse terminar na data combinada. Falei com o Harry e ele resolveu me ceder um funcionário para me ajudar, não achei uma boa ideia, mas não tinha ninguém em vista.

No segundo dia continuávamos o trabalho e desta vez teria que fazer todos os banheiros, que eram dez por andar, em cada apartamento havia dois banheiros e tinha muita sujeira da obra. O trabalho era muito cansativo e pesado e, além disso, para limpar fora era muito frio, fim de outubro começo de novembro já começa o frio e é muito mais difícil. Todos os banheiros ficaram prontos, mas foram três dias para terminar, agora era a hora das cozinhas. As cozinhas já vêm com fogão, armários, pias, geladeiras, sugar, então temos que limpar tudo para entregar limpo, embora tudo novo, mas na colocação suja sempre de concreto e muito pó, elas estavam prontas em dois dias, os funcionários eram rápidos e eficientes.

Quase tudo pronto, só faltavam os pisos que eram de paquete de madeira, que precisava de muita atenção para não ficar marcado, e as dispensas que ficavam no subsolo. Foram dias muito corridos, mas estava quase no fim. Harry sempre ajudando no que podia, como quando estávamos juntos, por isso eu não senti tanta diferença, ele sempre pegava os funcionários na estação e buscava sempre os produtos, maquinários para limpeza. A faxina terminou e o Harry descontou as despesas dele e me deu o dinheiro da faxina, paguei todos os funcionários primeiro e me sobrou um bom dinheiro, respirei fundo e agradeci a Deus e ao Harry pelo apoio, eu tinha muitas coisas para pagar, mas agora poderia pagar um pouco para Jakob e o que ele havia pago minhas contas.

O final de semana chegou, eu marquei de sair com a Dida e as crianças para comprar roupas em Zürich, tinha muitas coisas em promoção. Pegamos o trem às 10:00h da manhã e ficamos o dia todo andando em Zürich, fazendo compras com Jéssica, Geovana e Dida. Elas ficaram muito felizes, pois adoravam o centro de Zürich e podiam ir ao McDonald`s comer hambúrgueres, batata frita e coca-cola. Já fazia um tempo que não saíamos para passear em Zürich pelas condições muito difíceis e não sobrava nada, mas depois de tanto trabalho elas mereceram esse dia de diversão. Voltamos à tardinha, elas estavam cansadas do passeio e foram cedo para a cama sem que eu reclamasse. Todos já nos seus quartos me vi só no meu quarto e comecei a chorar sem saber o porquê, meu peito apertado e minha cabeça confusa, estava tudo encaixando, mas um medo...

Comecei a pensar como seria a minha vida com minhas filhas agora e não sabia o que e como fazer tudo dali em diante, era como se o teto tivesse caído por uns momentos. Parei de chorar e pensei..."Eu sou capaz, eu sou capaz, eu sou capaz". Respirei e inspirei lentamente... "e se estivesse no Brasil agora? Não seria diferente? Pelo menos aqui eu tenho trabalho, agora para de chorar, pois Deus só dá a carga que podemos carregar".

No domingo acordei tarde e marcamos com o Jakob para irmos visitá-lo em Schwyz, saímos às 11:00h da manhã, eu estava com o carro do Harry, pois ele tinha dois carros e me emprestou um para a obra, fomos todos de carro visitá-lo. Eu já conhecia a casa dele, mas as crianças não, era a primeira vez que iam lá. Ficaram encantadas com a viagem e não paravam de falar. Quando chegamos ao apartamento de Jakob as meninas ficavam olhando tudo, ele como morava sozinho e não tinha filhos, estava com medo de que elas quebrassem algo, mas sempre atencioso e carinhoso com todos.

Às 13:00h ele nos levou para almoçar em um restaurante no centro de Schwyz, muito bonito e as meninas ficaram fascinadas. Depois fomos a uma montanha próxima de Schwyz para andar de bondinho, uma tarde perfeita, até me esqueci de todos os problemas que tinha.

À noite Jakob queria que ficássemos para dormir, mas eu achei melhor ir para casa, tinha muitas coisas a organizar, clientes de cabelos para marcar naquela semana. Despedimo-nos e fomos embora. Ao voltar para casa as crianças dormiram no carro e Dida logo foi falando:

– Eva, ele parece ter muito dinheiro, advogado, o prédio que ele mora é dele e o mais importante, nunca casou e nem tem filhos.

Eu ri debochadamente e disse:

– Por que será que ele não se casou e não tem filho? Talvez ele seja muito complicado ou não quer ter família.

Dida:

– Pode ser, mas dá para ver que ele está apaixonado por você.

– Eu não sei Dida, ele é muito misterioso, não dá para saber nada ainda, eu gosto muito dele, mas no momento somos apenas amigos, ainda não esqueci a praga do Harry.

Luise, a haitiana

Segunda-feira liguei cedo para uma amiga que ficou de me levar na casa de uma cliente africana em Zürich, nos encontramos na Bahnhof (estação de trem) e fomos até a Langstrasse, essa cliente tem um restaurante lá e me recebeu com muita alegria, marquei para fazer seus cabelos em sua casa no dia seguinte. Ela é haitiana. Luise tem dois filhos, um de 17 e outro de 19 anos, dois rapazes muito bonitos e educados, eles me cumprimentaram e ela falou:

– São meus filhos problemáticos, estão sempre de mau humor e odeiam que falemos alto, mas nós africanos e brasileiros não sabemos ser como eles, nós somos felizes e amamos a vida, já eles têm tudo e reclamam da vida, quando eu tinha a idade deles tinha que vender meu corpo para trazer comida para meus irmãos mais novos, isso sim é vida difícil.

O filho mais novo ao ouvir falou bravo:

– Eu tenho vergonha de ser seu filho, o melhor é viver com meu pai que tem educação e não fica falando bobagem.

E eu fiquei quieta, só ouvindo toda aquela discussão. Quando os meninos saíram Luise começou a chorar e disse:

– Esses mal-agradecidos não sabem de nada o que passei com esse desgraçado do pai deles. Ele me conheceu na África em um cabaré e me propôs coisas maravilhosas aqui na Suíça, eu acreditei e quando cheguei aqui ele me colocou em um quarto no qual ele organizava clientes para mim e ficava com a metade do dinheiro. Quando eu reclamava, ele me agredia e falava que se eu quisesse ele comprava um voo e me mandava de volta, mas eu suportei tudo calada. Às vezes tinha 15 clientes no dia e quando chegava em casa ele ainda queria que transasse com ele. Eu tinha nojo dele, mas ganhava muito dinheiro e comecei a fazer obras na África para ajudar meu pai, mãe e irmãos. Já anos nessa vida sem ver minha família, vivendo aqui ilegal, resolvi que já tinha um bom dinheiro e iria embora, mas naquele dia descobri que estava grávida e ao falar com ele, não aceitou que eu fosse embora e me propôs a casar e ter esse filho, só pensando na herança da mãe dele, ela queria um neto. Na verdade, eu sempre quis ter filhos e já estava com 28 anos, estava na hora, e se eu tivesse um filho teria minha cidadania aqui. Mesmo odiando aquele homem, resolvi casar e ter o filho. Trabalhei ainda na prostituição até o quinto mês de gravidez, depois não dava mais e resolvi trabalhar limpando no mesmo lugar, era um prédio de quatro andares e com muitos quartos, e a dona aceitou que eu continuasse pelo menos até a criança nascer. Mesmo com sete a oito meses, chegavam uns velhos doentes da cabeça que pagavam a mais só para ir para cama com uma grávida, são pessoas doentes. Quando o bebê nasceu eu me realizei como mãe, ele era lindo, mas a cara do pai, branco de olhos verdes, com cabelos cacheados, só parecia comigo no nariz. Quando o Mark tinha dois meses, eu descobri que estava grávida novamente e mais uma vez meu segundo filho nasceu. O Paul também tem a cara do pai, mas os cabelos crespos. Quando ele fez dois meses eu voltei para a prostituição e lá fiquei mais cinco anos até juntar dinheiro para montar esse pequeno restaurante africano em Zürich e me separar desse infeliz, foram 21 anos de sofrimento e hoje, eles criados e estudados, vêm me falar que tem vergonha de mim e melhor é o pai deles, que é o cafetão que sempre me explorou para ganhar dinheiro.

Eu só assenti com a cabeça e respondi:

– Verdade, não é fácil ouvir isso dos filhos, mas Deus sabe os seus esforços. Terminei seus cabelos, você gostou?

Ela sorriu e disse:

– Muito obrigada Eva, e desculpe o desabafo.

Voltei para casa pensando em Luise, respirei fundo e disse baixinho:

– Quando você pensa que a sua vida está difícil Deus coloca uma história dessas para mostrar que seu problema é nada perto dos problemas dos outros.

Minha vida dupla

A partir daquela semana eu e o Jakob começamos a nos ver pelo menos duas vezes na semana, nós estávamos cada vez mais envolvidos, ele vinha sempre para minha casa ou eu ia para a casa dele, para ficarmos mais tempo juntos, eu gostava muito de estar com ele, pois era uma pessoa agradável e gentil. Quando dormia na casa dele, fui percebendo que ele era uma pessoa que sempre estava atrasada e correndo, uma vida bem estressada e confusa. Jakob tinha sempre muitos compromissos de trabalho, com amigos, com os pais, com seu livro, com a política e com a religião, então percebi que o dia para ele era muito curto, que só o dia dele precisava ser de 24h.

Harry me ligou e disse:

– Precisamos conversar, pode passar em casa à noite?

– Ok! Harry

Cheguei ao apartamento às 18:00h, ele havia preparado um jantar para duas pessoas, resolvi comer para não ter brigas, eu não queria problemas com ele, e, afinal, ele cozinha muito bem, não seria um sacrifício, a comida preparada com muito carinho como sempre. Por alguns minutos eu parei e pensei; poderia ter dado certo se ele não tivesse feito a merda que fez. Mas, enfim, já foi, Deus sabe o melhor para cada um. Na mesa perguntei:

– O que houve, Harry? O que quer falar comigo?

– Olha Eva, sei que você está se encontrando com esse advogado e que está saindo e dormindo com ele, gostaria de te pedir para tomar muito cuidado porque se houver um controle você perde a sua permissão na hora, você sabia disso?

– Não Harry, eu não sabia.

– Então nós podemos continuar nos encontrando às vezes, eu durmo lá em seu apartamento ou você dorme aqui no meu, pelo menos até você receber a sua permissão definitiva.

– Não entendi! Quer que continuemos juntos?

– Só quero te ajudar.

Nesse momento eu fiquei furiosa, discuti, chorei, briguei, e depois falei:

– Vou pensar. Talvez seja melhor mesmo eu ir embora para o Brasil.

Harry:

– Eu não gostaria que você fosse embora, eu sei que você trabalha muito bem e suas filhas se adaptaram aqui, pense bem, eu só quero o melhor para você e suas filhas, você não precisa dormir comigo se não quiser, eu posso dormir no sofá-cama e você no quarto, só precisamos continuar como marido e mulher para sociedade, pois se tiver controle eu também terei problemas. Você gosta desse advogado? Ou está com ele porque ele tem dinheiro e está pagando suas contas?

– Eu gosto dele sim, ele me trata bem, é educado e gentil, muito elegante, uma pessoa culta e de nível, eu estou aprendendo muito com ele.

Chegando em casa decidi que iria pedir opinião ao Jakob para ver o que ele achava de tudo isso como advogado. Conversei com Jakob e ele achou que deveria sim fazer o que Harry queria, para evitar problemas com a justiça.

– Mas Jakob, ele quer que eu durma com ele.

– Eu sei, mas ele não quer que você transe com ele, certo?

– Jakob eu acho que você não está entendendo o que está acontecendo, no final é uma forma do Harry se aproximar de mim novamente, você sabe que ele vai querer mais do que dormir.

– É, isso não vai dar.

Jakob era um homem que vivia em um mundo que não era real, no primeiro momento fiquei chateada com ele, mas depois decidi que não tinha outra saída, tinha que me submeter a esse teatro todo, e a partir desse dia conversei com Dida e as crianças. Começamos a ter mais contato com Harry, às vezes ele vinha, ficava em casa, jantava e dormia no sofá e às vezes eu ia para a casa dele com Dida e as meninas, elas gostavam muito dele.

E a vida foi passando, fui tentando tolerar tudo isso que não era fácil para mim, Jakob achava tudo normal e Harry foi cada vez mais se aproximando de todos, cativando e ajudando no que podia, para mim era uma vida totalmente confusa, mas em minha realidade o mais importante era minhas filhas estarem bem, o resto eu suportaria, não vou morrer por isso.

Era uma segunda-feira, feriado e marquei que iria à casa do Jakob conhecer os pais dele, estava muito nervosa, pois o Jakob disse que seus pais eram muito conservadores e religiosos. Chegamos lá às 18:30h, no horário marcado. Fomos recebidos pelos seus pais, sua mãe era uma senhora de mais ou menos 73 anos e seu pai mais ou menos 78 anos, eram pessoas muito cultas e formais, eles começaram a perguntar sobre minha vida, minhas filhas, minha família, de onde vim e logo percebi que eles apenas queriam saber se o meu interesse era no Jakob ou nos patrimônios e dinheiro dele. Ela me fez uma pergunta em alemão; o que eu achava melhor para minhas filhas, viver aqui ou voltar para o Brasil? Eu troquei uma palavra, ao invés de vida troquei pela palavra amor, que em alemão são bem parecidas, "Liebe" e "Leben", ela riu ironicamente e percebi que falei uma tremenda besteira.

O Jakob logo corrigiu minha gafe e me explicou o erro que fiz, os pais fizeram uma cara de deboche que me deixou muito triste e os meus olhos encheram-se de lágrimas, eu apenas queria tentar me comunicar com eles, mesmo com muita dificuldade do idioma, eu estava me esforçando muito, mas para eles eu era apenas uma idiota que não falava alemão. Jakob percebeu que me chateei, resolveu se despedir e fomos embora. Percebi naquela noite que não seria fácil conviver com aquela família, mas queria tentar e dar o meu melhor. Ao chegar à casa do Jakob, que era apenas a dois minutos da casa dos pais, ele tentou me convencer que seus pais eram velhos e por isso eram assim e com certeza eles tinham gostado de mim. Eu sabia que não era verdade, mas mesmo assim tentei esquecer o acontecido e lembrei-me que conheci uma ex-namorada do Jakob, que me contou que ficava sempre no carro no frio quando Jakob ia visitar os pais, então entendi o porquê ela precisava esperar no carro.

Trabalho com as Chilbi

Já tinha muitas clientes brasileiras, mas aquele dia ao atender Manoela, uma portuguesa, ela me contou que a sua irmã estava indo embora para Portugal e iria entregar uma sala no prédio que só tinha comércio brasileiro. Fiquei logo interessada, cheguei em casa animada com a novidade, eu já tinha móveis, espelhos, secador e outros móveis para salão, então não iria gastar muito para montar, só precisaria arrumar os três meses de depósitos e para mim seria o problema. Conversei com o Jakob, ele achou uma ótima ideia, principalmente porque ele trabalhava quatro vezes na semana em um banco próximo a esse endereço, sendo assim, às vezes poderíamos almoçar juntos e mais uma vez ele me propôs emprestar o dinheiro para os três meses de depósitos e também para comprar dez quilos de cabelos para começar. Aceitei imediatamente, eu sabia também que a loja precisaria de pequenos reparos como pisos, cor, montagem de móveis e com isso o Harry me propôs a ajudar sem cobrar nada, para mim era um verdadeiro sonho ter meu próprio negócio na Suíça e evitaria precisar todos os dias me deslocar para casas das clientes, elas poderiam ir até o salão que preparei tudo muito simples e aconchegante.

O prédio era frequentado por muitos brasileiros, pois ali tinha uma loja de envios de dinheiro para o Brasil. Comecei a receber novas clientes, cada dia mais trabalhos, o Jakob quando tinha tempo sempre me convidava para almoçar, começamos a ficar cada dia mais juntos, agora também nos horários de almoço. Comecei a me acostumar com a vida dele, sempre jantares em restaurantes caros e elegantes, muitas viagens, mesmo viagens de negócios ele me convidava para ir junto, sozinha ou com as crianças, as meninas gostavam muito dele, principalmente a Jéssica que era o Xodó do Jakob.

Sempre apareciam viagens a fazer com Jakob, para Flims, Crans-Montana, Portugal, Itália, França, Grécia, Tessino... minha vida estava mudando muito, já não faltava mais dinheiro para comida, aluguel, planos de saúde, para necessidades básicas; cada dia mais trabalho nas obras, no salão, nas faxinas. O Harry chegou para o jantar, como o combinado todas as terças-feiras e disse:

– Eva, tem um Chilbi, é uma festa de verão que tem em toda a Suíça, é um trabalho de final de semana, são três dias em Frauenfeld, temos que trabalhar das 13:00h às 03:00h da manhã, por isso temos que ficar em um hotel, mas ele paga muito bem. Você quer ir comigo?

– Me explica tudo o que tenho que fazer.

– É como um parque de diversão, nós vamos ficar numa barraca com vários Milchkanne, que são uns baldes de leite que as pessoas compram bolas e tem que acertar dentro do balde, e quando elas acertam uma bola elas ganham um bicho de pelúcia. E também temos que montar e desmontar esse brinquedo, é trabalhoso.

– Você acha que consigo?

– Claro que sim, você monta pisos, montar brinquedos é mais fácil, é só escolher mais uma brasileira bonita para trabalhar com você e os bobos vão todos gastar o dinheiro deles.

Harry riu feliz por estarmos nos dando bem como amigos.

– Sendo assim, eu quero.

Era um trabalho para sexta, sábado e domingo. Ao chegar lá adorei os brinquedos, me senti no Playcenter, a praça estava cheia de gente e cada vez chegava mais. Já estava quase terminando de montar quando chegou o dono dos brinquedos, o Benni, ele era um homem de mais ou menos uns 55 anos, cabelos longos, olhos azuis, muito esportivo e charmoso, como se fizesse academia todos os dias. O Harry me apresentou como sua esposa e eu logo respondi:

– Ex-esposa.

Benni gostou da resposta e logo começou a fazer brincadeiras comigo, percebi que ele gostou muito de mim e da brasileira Márcia que eu havia organizado para trabalhar conosco.

Benni:

– Mas quero ver se elas trabalham bem ou se só são bonitas.

Harry riu e disse:

– Vamos ver.

Os três dias estavam de muito trabalho, não tinha tempo nem de ir ao banheiro, uma verdadeira loucura, todos queriam jogar para ganhar um bicho de pelúcia; até que num momento escuto uma voz que me chama a atenção, dizendo:

– Niña, eu quero quatro bolas, quero ganhar para levar para minha filha em Santo Domingo.

Ao virar para atendê-la reconheci ser Romy, e fui logo dizendo:

– Romy, que bom te encontrar, sempre pensava em você, aquele dia estava na frente quando a polícia te levou.

Romy me contou que ficou três anos presa e que aquele era seu primeiro dia de liberdade; queria levar um bicho de pelúcia para sua filha que havia deixado ainda bebê em Santo Domingo e agora estava com quatro anos. Pedi que escolhesse o bicho de pelúcia que ela quisesse e a abracei, aliviada por saber que estava livre e encontraria sua filha.

No domingo, ao finalizar, o chefe Benni disse que estava muito feliz com o movimento e me pagou 100Fr a mais do que o combinado. Eu fiquei muito feliz pelo dinheiro e também por ele dizer que quando eu quisesse trabalhar era só ligar que teria sempre vaga para mim.

Eu agradeci e fomos embora. Na segunda-feira peguei livre; além de estar muito cansada e também para ficar com as meninas. O Harry apareceu logo cedo para levar dois bichos de pelúcia para Jéssica e Geovana, como sempre, ele tentando agradá-las. Agora não me faltava mais trabalhos, faxina, pisos, Chilbi, ex-marido, namorado, filhas, sempre com a agenda cheia, tinha que me programar para dar conta de tudo. Às vezes Jakob me pedia para dar uma pausa para viajarmos um pouco para descansar, era verão e todos os fins de semana tinha Chilbi, como pagavam bem comecei a não marcar mais clientes para finais de semana para cabelos e faxina, assim ficaria livre para trabalhar nas Chilbi.

Passaram-se dois anos, a vida com Jakob não era fácil, pois ao mesmo tempo em que falava que não vivia sem mim e minhas filhas, eu percebia que por algum motivo que ele não falava, ele não queria casar e muito menos assumir uma família.

A Nazarena

Harry sempre tinha uma amiga nova, de Fortaleza que dizia ser sua namorada. E assim o tempo foi passando. Um dia que ele estava sozinho eu resolvi convidar uma moça que conhecia há anos em São Paulo para trabalhar com ele na obra, pois eu não tinha mais tempo, ela havia me implorado para ajudá-la a vir para a Suíça para conseguir dinheiro para pagar seu apartamento. Conversei com Harry, que logo aceitou, pagou passagem e tudo mais, ela tinha sido traída pelo marido e estava muito mal e sem trabalho, o apartamento financiado estava muito atrasado e poderia ser leiloado a qualquer momento.

Liguei para Nazarena, ela ficou tão agradecida que até chorou no telefone e marcamos na próxima semana para ela vir para a Suíça. Harry estava animado para conhecer a Nazarena, uma mulher de mais ou menos 40 a 42 anos, mas com uma aparência jovem e agradável, ela era morena, tinha olhos mel, cabelos castanho-claros cacheados, mais ou menos uns 60 kg. Ao chegar à Suíça marcamos um almoço de boas-vindas, eu Talia, Drica, Dida, Harry e as crianças, ela ficou muito feliz com o carinho de todos e Drica foi logo dizendo:

– Olha lá hein Nazarena, se você aprontar com Eva vai se ver conosco.

E Nazarena se defendeu dizendo:

– Meninas, eu só quero trabalhar e pagar minhas dívidas, nada mais, homens não quero nem saber.

Talia riu e disse:

– Todas falam assim quando chegam aqui na Suíça, vamos ver o que vai acontecer.

Nazarena era muito esforçada e ajudava Harry em tudo, ele gostava da companhia dela, mas quando brincávamos com ele que era sua namorada ele dizia:

– Ela é muito velha para mim, eu estou procurando uma mais nova.

Mas Nazarena começou a se envolver com ele e aos poucos se afastando de todos nós, principalmente de mim, e sentia que ela tinha ciúmes dele comigo, como eu às vezes tinha que dormir lá ou ele na minha casa, começou a ficar de cara feia para mim, e quando eu a perguntava dizia:

– Ele não é nada meu, é apenas meu chefe.

E então eu disse:

– Nazarena, eu acho que você está gostando dele.

Ela respondeu brava:

– Eu não, você está louca, ele não vale nada e nem é meu tipo.

Dias e meses foram passando e ela conseguiu pagar as dívidas do apartamento no Brasil, colocar sua netinha na escola e tudo estava caminhando muito bem para Nazarena, sua filha mais velha me ligou para agradecer e eu fiquei feliz pelo reconhecimento.

Passaram-se três meses e ela ia me visitar cada dia menos, e eu evitava ir à casa de Harry. Talia logo percebeu e disse:

– Acho que Nazarena está apaixonada por Harry, isso não vai acabar bem.

Resolvi chamá-la para conversar, pois sabia que Harry não queria nada sério com ela. Ele muitas vezes havia me dito que já tinha ido para cama com ela, mas deixou bem claro que não era nada sério, principalmente porque gostava de uma moça em Fortaleza chamada Luciene. Quando estava no meio do assunto ela se alterou e disse:

– E se eu estiver gostando dele qual é o problema? Você está com ciúmes?

Eu ri e respondi:

– Nós somos amigos, se eu quisesse estar junto estaríamos, mas faça o que você quiser, não está mais aqui quem falou, como dizia minha mãe, se conselho fosse bom a gente vendia.

Ela se levantou, saiu batendo a porta sem olhar para trás, eu fiquei muito triste, pois quando a trouxe foi pensando em ajudar e não em atrapalhar, mas o ser humano é muito falho. Mas Deus é maravilhoso. Duas semanas depois o telefone tocou e era um número restrito, atendi normalmente, era a Nazarena e ao ouvir sua voz pensei que ela gostaria de se desculpar pela sua atitude, mas me enganei. Ela foi logo dizendo um monte de besteiras, que eu tinha que me separar e deixar o Harry em paz, que ele a amava e que eu era uma vagabunda em ficar casada com ele e namorando com Jakob. E finalizou dizendo que iria à delegacia fazer uma denúncia contra mim, pois ela sabia que o meu casamento era somente pela permissão.

Eu fiquei pasma e imediatamente liguei para o Harry, que logo disse:

– Essa mulher é louca, amanhã mesmo vou mandá-la de volta para o Brasil.

Eu concordei, pois sabia que ela poderia trazer problemas para mim e para ele, pelas suas atitudes ela não era minha amiga e queria me prejudicar sem motivo, mesmo depois de tê-la ajudado tanto, por que eu a deixaria ficar?

No dia seguinte ela me ligou com o número de orelhão, do aeroporto, me dizendo desaforos. Eu nem liguei e respondi:

– Olha sua vaca, eu sofri como um cachorro para conseguir chegar aonde eu cheguei, sem precisar pisar em ninguém, você que é uma vagabunda, chega aqui e quer subir direto sem passar por nada e ainda ferrar quem lhe deu a mão, cuidado com a lei do retorno, quem você pensa que é? Vá embora mesmo, já vai tarde, boa noite, bom voo, puta barata!

Cinco minutos para mudar de vida

No salão Suzana chegou, como sempre, atrasada. Uma mulher com caráter difícil de lidar, mas com coração bom, ela estava sempre estressada e com muita pressa para voltar para o buraco para trabalhar, era assim que ela chamava o local de trabalho. Neste dia ela chegou uma hora atrasada e precisava sair antes das 17:00h para pegar sua irmã Sulane no aeroporto, que estava chegando do Brasil, segundo ela, a irmã com apenas 22 anos tinha três filhos. Suzana era uma pessoa nervosa e fumava igual chaminé, eu tinha sempre que parar o trabalho. Ela começou a contar que a sua irmã adorava "dar". "Então, se gosta tanto, vou colocá-la para trabalhar aqui, pelo menos não "dá" de graça e não arruma filhos". E começou a narrar a história da irmã:

– Ela desde os 15 anos que a cada dois anos me aparece com mais um filho, eu tenho que trabalhar aqui na prostituição para *sustentar ela*, seus filhos e minha mãe. Agora chega, já estou há 15 anos nesta vida, comecei em Brasília com 17 anos e depois eu conheci um gringo e vim para a Suíça, aqui me casei por papel e vivi muito mal com meu marido, que só bebia e jogava cartas nos bares e gastava todo o seu dinheiro à noite no cassino.

Terminamos o cabelo e ela reclamou como sempre do preço e das dores, mas gostou e saiu correndo para pegar a irmã no aeroporto, já estava atrasada. 50 minutos se passaram e ela me ligou novamente perguntando se eu tinha um (tik tak) aplique de cabelos para a irmã. Eu tinha um preto lindo e ela voltou com a irmã e pegou. Sua irmã tinha uma cara de 15 anos, era magrinha e muito meiga, totalmente diferente de Suzana, que logo falou gargalhando:

– Tem cara de criança, mas já deu para a cidade toda, então está na profissão certa.

Dois meses depois a Suzana liga perguntando:

– Eva, você pode fazer meus cabelos novamente?

E eu respondi:

– Só tem dois meses, você pode ficar mais um mês, mas amanhã daria para você?

Suzana:

– Claro, amanhã te conto tudo.

No dia seguinte ela chegou pontual, mas com a irmã, e logo perguntei:

– Como vocês estão?

Suzana:

– Eva, você não acredita, levei essa tonta para fazer o trabalho lá no buraco e programei um cliente que eu tinha há doze anos para ela, ele era muito educado, fino, e nunca falava com ninguém, só vinha, transava, pagava e pronto, eu sabia que toda segunda às 08:00h da manhã ele chegava e preparei minha irmã. Quando ele me chamou *apresentei ela* como carne nova, é a primeira vez no buraco. Ele riu e aceitou ir com minha irmã muito bonita e com os cabelos longos, que ficou parecendo uma índia, ele a admirou pela sua beleza e subiram, se passaram 15 minutos e desce a maluca gritando que estourou o preservativo, ela estava desesperada e o senhor tentava acalmá-la, ele me entregou um cartão com o seu telefone e disse: "Não sou um homem doente, sempre me cuidei muito bem, mas leva ela para fazer todos os exames, eu pago tudo".

Comentei:

– Nossa, que senhor legal! Que bom que foi honesto com ela.

Suzana:

– O pior vem depois.

– Pelo amor de Deus! O que mais? Ele tinha HIV?

Suzana:

– Marquei o médico para Sulane há uma semana e o médico rindo disse: "Senhora, ela não tem doença nenhuma, só está grávida de sete semanas". Eu quase desmaiei e a Sulane sorriu inocentemente e disse: "Importante que não estou doente, filho já tenho três, vou ter quatro e onde comem três comem quatro". Você acredita, Eva? No dia seguinte eu liguei para o senhor e sugeri tirar esta criança, eu não vou sustentar mais filhos de ninguém, ele pediu que tivesse calma e marcou uma reunião, levou seu advogado que falava perfeitamente o português, ele chegou, falou comigo em alemão: "Olha, esse é o meu advogado porque hoje não quero falar com você, eu quero falar com a sua irmã." Eu fiquei furiosa, quem ele achava que era? Mas aceitei por ver que o advogado falava perfeito o português, e eu fiquei só escutando qual seria a dele vir com advogado para me impor. Deixa-o... Um velho que ficou 12 anos indo comigo no puteiro e agora me manda calar a boca como se eu fosse um lixo. Ele começou a falar e o advogado traduzir: "Suzana, eu sou um empresário bem sucedido aqui na Suíça, nunca me casei por falta de oportunidade, mas sempre pensei, se um dia eu morrer quem vai herdar tudo que batalhei em toda a minha vida, mas infelizmente um nunca encontrei a mulher certa em toda a minha vida, mas sempre tive vontade de ter filhos, eu sei que você não é puta, eu vi o medo que estava quando ficou comigo aquele dia, a sua irmã sim nasceu para isso, você não!"

E Suzana continua:

– Tive vontade de *rasgar ele*, mas me controlei e fiquei quieta esperando o final. E falou que gostaria de fazer uma proposta para mim e minha irmã, que se ela quisesse ter essa criança ele ficaria feliz e poderia registrá-la como seu filho, comprar uma casa para ela, um carro, e até mesmo um motorista, que ela poderia trazer os outros filhos e que ele assumiria os outros filhos também e ela jamais precisaria trabalhar, apenas cuidar das crianças, e se propôs a casar com ela para que o filho tivesse o nome da família e pudesse herdar tudo quando ele morresse, e ao final ainda me propôs a montar um comércio do Brasil, pois eu já havia dito para ele que era meu sonho, ele faria isso para que eu possa sair dessa vida medíocre que vivo, isso seria um presente para mim por ter trazido a minha irmã... e terminou perguntando o que achamos disso tudo. Eva, eu quase caí dura, seria verdade o que estava ouvindo? Eu conheço aquele homem há mais de 12 anos, ia *no* buraco às 08:00h da manhã sempre às segundas-feiras e nunca me deu 50Fr a mais do que o valor devido, agora em poucos minutos faz uma proposta para minha irmã em mais de 2 milhões de francos, e a minha irmã ainda teve coragem de perguntar para mim o que eu achava, pois tirar ela não ia tirar mesmo, não tem coragem para isso, pedi para ela aceitar, pois tinha ganhado na loto mas para ela não esquecer que tudo isso foi graças a mim, e em uma semana, Eva, ele organizou tudo, principalmente passagens para nós irmos para o Brasil resolver todos os documentos e trazer as crianças, eu estou até hoje chocada, mas feliz; agora, ela que me aguarde, terá que me sustentar pelo resto da vida.

Compra do primeiro imóvel no Brasil

Mais uma semana na Chilbi, dessa vez foram cinco dias, o tempo estava chuvoso, então o movimento não foi como o esperado, mas Benni foi logo dizendo que isso era normal nos dias chuvosos, ele era sempre muito agradável e sempre levava tudo na brincadeira e eu cada dia gostava mais dos fins de semana, além de me divertir ganhava um bom dinheiro e ainda recebia cupons para Jéssica e Geovana brincarem em vários brinquedos do parque, cada dia ele me pagava melhor e a cada dia eu ia ganhando a confiança dele e de toda a família.

O tempo passou e o Harry não trabalhava mais com Chilbi, Benni e Harry se desentenderam, não sei bem o que houve, tinha uma Chilbi muito grande chamada Knabenschiessen e o Benni me ligou, queria conversar comigo com urgência. Eu logo pensei; "será que ele não vai querer mais trabalhar comigo também? Eu não fiz nada de errado"! Ele chegou ao restaurante no horário marcado e foi logo falando:

– Quer ganhar mais dinheiro, Eva? Mas tem que trabalhar em dobro, quer ser a chefe na Chilbi no Milchkanne?

Eu fiquei assustada com a proposta, mas sabia o quanto ele pagava para o Harry como chefe, então com certeza ganharia muito bem e era tudo que contava no momento, e respondi:

– Quero sim!

Benni:

– Então comece a preparar o seu grupo.

Cada vez mais interessada nos brinquedos da Chilbi, montei um grupo maravilhoso, um rapaz que falava alemão e italiano que poderia ajudar muito nas montagens, e duas meninas muito jovens e bonitas que chamavam muita atenção, então na primeira Knabenschiessen, uma festa muito esperada na cidade, fizemos muito sucesso e ganhei muito mais do que imaginava. Benni ficou muito feliz com o resultado de ter uma brasileira como chefe que deu certo. O trabalho ficou cada vez mais puxado e com muita responsabilidade de horários, com dinheiro, com funcionários que precisava levar para suas casas, pois as festas terminavam muito tarde, tínhamos sempre que montar os brinquedos que eram muito difíceis e pesados para uma mulher, mas Marconde ajudava muito, ele tinha experiência em montagem e desmontagens e cada dia eu fazia mais dinheiro com a Chilbi e me esforçava muito para agradar meu chefe que gostava muito de mim por confiar na minha competência, durante o horário da Chilbi às vezes eu fazia pausa para tomar um café com o Benni e fui começando a me enturmar com as pessoas ligadas a ele, sempre pegava um ou dois dias no mês para ficar com as meninas e encontrar com o Jakob.

Agora já com as contas pagas, inclusive as do Jakob, começou a sobrar um pouco de dinheiro e pensei em começar a investir em imóveis no Brasil, já havia pago a hipoteca da casa em São Paulo e agora queria comprar outra para garantir o futuro das minhas filhas e minha velhice, e assim comecei a me programar. Exausta de muito trabalho, mas com uma boa reserva na conta, peguei minhas filhas nas férias de julho e viajamos para o Brasil para visitar a família e dar uma olhada nos imóveis em São Paulo. Ao chegar pude sentir a felicidade de pela primeira vez desde a minha saída do país eu não precisar ficar contando moedas para as férias, agora com reserva podia ir à praia, curtir com as minhas filhas verdadeiramente as férias.

Levei presente para minha mãe, pai, irmãos e até mesmo para os meus sobrinhos, foi maravilhoso e gratificante poder gastar sem pensar em contas, estava me sentindo realizada financeiramente. Ao encontrar com Toninha, uma vizinha e ex-babá de Jéssica, fiquei sabendo que eles iriam embora para Minas Gerais e queriam vender a casa, a mesma casa que Jéssica sempre ficava com Toninha quando eu ia trabalhar até mais tarde, ela a levava para ficar em sua casa, Jéssica gostava muito da casa porque tinha crianças e pé de frutas, podia correr no quintal sem problemas. Toninha logo me ofereceu a casa para comprar, era um pouco mais caro do que eu tinha conseguido guardar, conversamos e acertamos que o restante eles me fariam parcelado por mês. Sem medo, fechei o negócio. Jéssica ficou muito feliz, e eu comprei dizendo "é sua, filha".

Ao voltar para a Suíça tinha que trabalhar ainda mais, mas muito feliz pela conquista.

A traição da Rosa

Na volta do Brasil tinha um Chilbi no Tessino e aproveitei para também marcar umas clientes de cabelo, a Rosa e a Nathy que lá moravam, normalmente não atendia mais fora do salão, mas como estava no Tessino e precisaria ficar mais uns dois dias não custaria atendê-las, a viagem de carro para lá é de três horas, mas a estrada é muito linda, perguntei a Rosa se poderia dormir na casa dela já que tinha o cabelo dela e o da Nathy para fazer, ela disse que sim, eu poderia dormir; perguntei também se não seria problema para o Petter, o seu esposo e ela respondeu:

– Não tenho mais marido amiga, te conto quando chegar.

Marcamos de nos encontrar na estação de Lugano. Após o encontro fomos a um restaurante tomar um café, percebi que ela estava ansiosa para me contar sobre o marido, e começou a narrar:

– Eva, você sabe, todos os anos eu e meu marido vamos ao Brasil para o carnaval, meu marido sempre amou o Brasil, mas ano passado fomos de férias como de costume e dessa vez ele já tinha até reservado sozinho o hotel que iríamos ficar. Ao chegarmos ao Brasil eu percebi que ele saía mais vezes sozinho, sempre muito misterioso, mas tudo bem, eram férias. Quando voltamos para a Suíça ele estava muito estranho, se cuidando muito, indo para academia, solário e sem vontade nenhuma de fazer sexo comigo. Comecei achar estranho, mas as pessoas sempre falam que com o passar dos anos o relacionamento vai se esfriando mesmo e que é normal, então não levei muito a sério e muito menos questionei as atitudes dele. Esse ano eu fiz uma pequena cirurgia de mioma e não pude viajar e ele ficou muito triste, pois esperava por essas férias o ano todo, aí ele me perguntou se poderia ir para o Brasil ver o carnaval com um amigo. Eu perguntei: "Qual amigo"? E ele respondeu: "Com o Tomas"!

Tomas era um grande amigo de Petter desde a época da escola, eu aceitei com uma condição, apenas uma semana. Ele saiu para ver o voo e só conseguiu para duas semanas, eu não discuti, afinal, ele estava precisando descansar, estava trabalhando muito no escritório. Ao voltar do Brasil ele estava mais estranho ainda, não me beijava, não ligava mais para mim, não queria fazer sexo, ele não queria mais nada. Resolvi conversar com ele e perguntei: "Petter, o que está acontecendo? Você está muito estranho, você não é mais o mesmo". E ele respondeu: "Eu estou bem, só estou muito cansado, estou trabalhando muito no escritório".

Ele não me convenceu, tinha certeza de que algo estava errado. No dia seguinte ele foi trabalhar e eu como estava de licença hospitalar e muito inquieta pelo problema, resolvi arrumar a nossa adega de vinho. Ao mexer nas caixas achei uma pequena caixa fechada com fita e percebi que aquela caixa não pertencia ao Keller de vinhos, sacudi e percebi que tinha algo dentro, não tinha nada escrito, então eu fiquei muito curiosa e resolvi abrir, coisa que normalmente jamais faria e comecei a pensar, o que teria dentro daquela caixa? Meu coração dizia, Abre! Abre! Abre! E mesmo não achando certo, esqueci meus princípios e abri a caixa. Ao abrir vi que tinha muitas fotos do carnaval, mas eram fotos recentes do último carnaval sem mim. Comecei a olhar as fotos e vi que ele estava com trajes de mulher e muito maquiado, mas no carnaval é normal, percebi que estava sempre com o mesmo rapaz ao lado e fui olhando as várias fotos deles, se abraçando, se beijando, eu não estava entendendo mais nada, fiquei chocada, o que seria aquilo? Estariam drogados ou bêbados? E com as fotos na mão fiquei horas tentando entender, mas cada foto mais comprometedora que a outra, no final tinha duas fotos deles quase nus na cama e uma do rapaz totalmente nu. Fiquei louca, o que seria isso? Eu nunca tinha percebido nada de estranho na masculinidade do meu marido, e sempre tivemos um bom relacionamento na cama. Resolvi ligar para ele no escritório e pedi para que viesse mais cedo que precisávamos conversar urgente, e ele respondeu: "Precisamos mesmo, eu também acho".

Ao chegar em casa Petter viu que as fotos estavam todas em cima da mesa e eu irada fui logo falando: "Pode me explicar o que são essas fotos"? E ele me respondeu: "Calma Rosa, já ia te contar mesmo. Eu e o Marcos estamos juntos há um ano, ele sempre vem me visitar aqui na Suíça e não consigo deixar de pensar nele, nós nos amamos, eu nunca tive relações com homens anteriormente, ele foi o primeiro, não sei como isso aconteceu, mas eu já tinha me decidido a contar tudo e pedir o divórcio. Você é uma mulher maravilhosa, linda, mas eu não te amo mais, me perdoe, amanhã eu vou embora de casa, já conversei com meu chefe, ele vai me transferir e

Marcos já organizou um apartamento lá, eu vou em um mês morar no Brasil com ele, você pode ficar com nosso apartamento até a divisão dos bens, afinal temos dois".

Eu agora só quero seguir minha vida sozinha e viajar muito, quem sabe Deus coloca um homem bom na minha vida e vamos para casa, você precisa me deixar linda para eu arrumar um novo marido.

O jantar no casarão

Era verão e noite, a temperatura sempre muito agradável, fomos convidados para um jantar na casa de um grande amigo do Jakob. Pude observar como eles viviam, já havia os encontrado mais vezes, era um grupo de 10 pessoas, todos muito intelectuais e notava-se que vieram de famílias muito nobres. Já conhecia todos, principalmente o Rick, um rapaz bonito e muito educado que sempre se interessava em conversar comigo sobre o Brasil, e essa noite conversamos muito. Para mim era muito agradável conversar com o Rick, a conversa era muito prazerosa, ele me convidou para mostrar a casa que era luxuosa, com teto desenhado de anjos que tornava o lugar mágico, parecia mais um castelo antigo. Ao chegarmos a uma sala que tinha poucos móveis antigos e pinturas especiais no teto ele parou e pediu que eu me sentasse em um divã especial antigo e disse:

– Olha Eva, você é uma pessoa muito esforçada, sempre observo você com o Jakob e fico muito triste com o comportamento dele com você, eu não acho honesto da parte dele aceitar você casada com outro homem só para não assumir você, é realmente uma falta de respeito, se eu tivesse a chance de conhecer uma mulher como você não pensava duas vezes em me casar e cuidar de você e das suas filhas. Eu sou amigo dele, sei que jamais vai se casar com você, não posso te falar o porquê, me desculpe, mas saiba que não concordo com ele e muito menos com a sua família.

Sentada no sofá com Rick, minhas lágrimas caíram sem conseguir conter, eu tinha esperança de que ele mudasse de ideia, mas aquela pessoa sabia o que estava falando, ele percebeu minhas lágrimas e tentou enxugar, mas eu sem falar nada não consegui parar de chorar e pensar em qual seria o motivo. De repente Rick me abraçou e me deu um beijo nos lábios. Sem entender mais nada, saí correndo em direção ao banheiro, sequei as lágrimas e voltei para a sala onde Rick já estava sentado e muito quieto me observava sem falar nada. Ao me sentar Jakob falou:

– Conheceu a casa com o Rick? Essa casa é verdadeiramente um sonho, tem mais de 400 anos da mesma família.

Ele simplesmente não percebeu que meus olhos estavam vermelhos, ou fingiu que não percebeu.

No dia seguinte ao encontrar Rick na cidade nos cumprimentamos como sempre e não tocamos mais no assunto. Fui para casa pensativa com o que ouvi na noite anterior do Rick e do beijo dado sem entender nada, nunca havia percebido nada de estranho quando nos encontrávamos; e então por que ele fez isso? Talvez por uma maneira de tentar me acalmar ou talvez sempre tivesse esse interesse e eu nunca percebi.

Encontramo-nos outras vezes e senti a necessidade de me afastar, pois algo nele me atraía também e achei melhor não ter mais contato.

A semana começou cheia, com agenda cheia de clientes e fim de semana também tinha Chilbi, desta vez a Knabenschiessen era uma das maiores. A Chilbi estava indo melhor que esperava e meu chefe Benni muito feliz com meu trabalho, a Chilbi era montada e desmontada em várias cidades da Suíça, eu precisava viajar de um lado para outro, às vezes tinha que dormir em hotel porque ficava tarde para voltar para casa, mas já tinha carro e não era um problema dirigir e não me preocupava, pois Dida cuidava sempre muito bem das meninas. Jakob veio dormir em casa um dia, eu estava muito cansada, pois era muito trabalho, então Jakob falou que eu deveria diminuir um pouco e eu explodi dizendo:

– Você não é meu marido! Na verdade, você não é nada meu e não é porque eu não quero, e sim porque você é um covarde para assumir uma família.

Lembrei-me de tudo que o Rick havia me dito e vomitei tudo nesse momento sem pensar, essa foi a primeira vez que discutimos, ele levantou-se e falou:

– Não quero discutir com você, se você acha que é isso tudo bem, boa noite.

E saiu, eu fiquei muito brava e disse:

– Boa noite! O melhor é você ir mesmo, não gosto de pessoas que não sabem o que querem, e só pensam no seu dinheiro, e na sua vida, você não tem respeito por mim, para você só você interessa e mais ninguém.

Passaram-se três dias e ele não ligou, eu também não liguei, fui com Benni para a Chilbi no fim de semana e iria ficar uns 4 dias lá, era uma cidade muito bonita, mas distante de Zürich, a Chilbi começava às 14:00h e terminava uma da manhã. Quando terminada às vezes nos sentávamos em um restaurante e conversávamos um pouco com chefes e funcionários. Um dia, no final da noite, Benni me convidou para ir a um restaurante que conhecia um dos chefes da Chilbi, o Alfredo, ele era um senhor de mais ou menos 50 anos, muito charmoso, que me convidou para almoçar no dia seguinte às 11:00h antes de abrir a Chilbi, e eu aceitei.

Conversamos muito e percebi que ganhei um amigo, não sei por que, mas gostei dele, como pessoa era muito divertido, passei meu telefone e ele sempre me ligava para um café ou almoçarmos juntos. Embora mais velho que eu uns 15 anos, ele era engraçado e nos divertíamos muito, sempre fazia alguma brincadeira e eu ria muito com ele, e falava que se fosse solteiro queria uma brasileira como eu. Eu ria e dizia:

– Não quero mais saber de homens suíços, são todos loucos e complicados.

E saía da conversa.

No dia seguinte tomei uma decisão de dar um tempo com Jakob, pois ele era muito confuso e estava atrapalhando a minha vida. Harry logo resolveu se chegar mais, e sempre que eu precisava de ajuda ele me ajudava em tudo, e quando estava a fim de curtir eu ligava para ele. Os trabalhos sempre aumentando, e em um dia muito cheio de trabalho eu recebi uma mensagem do Jakob dizendo que queria conversar comigo, mas resolvi que não queria mais, ficamos quase três meses sem nos encontrar, apenas falávamos por telefone às vezes. Um dia resolvi encontrá-lo para jantar novamente, infelizmente eu gostava muito dele e tinha sempre a esperança que ele mudasse de comportamento.

Fomos juntos a um lindo restaurante, mas eu estava fria e pensativa, não queria mais essa vida, para mim ele se propôs a mudar e resolveu falar na hipótese de se casar e construir uma família. Fiquei muito feliz com a novidade, mas não acreditava muito nele, fiquei de pensar o que faria, eu o amava, mas não queria viver nessa vida de mentiras, casada com uma pessoa e vivendo com outra. Jakob propôs umas férias para nós, e eu aceitei imediatamente.

Chegou o fim do ano e as férias tão esperadas. Com um pouco de reserva resolvemos passar três semanas de férias juntos, eu sonhava, era a primeira vez com Jakob e as crianças na Bahia em Itacaré. Dida sempre contava das belezas das praias e eu sonhava em conhecer esse lugar mágico.

Faltavam três dias para viajar com Jakob e as crianças, eu estava sonhando com essas férias, e Jakob chega em casa e diz que não vai mais poder ir, pois tinha um problema com um amigo que foi preso injustamente e não poderia deixar de ajudar. Como sempre nunca cumpria o combinado, novamente percebi que não tinha jeito, nós éramos sempre o quarto plano da vida dele, primeiro sua família, seus amigos, seu dinheiro. Resolvi terminar de vez e viajar solteira, conhecer novas pessoas, com outros princípios e outras ideias. Harry me levou ao aeroporto e avisei:

– Vou casar-me com um baiano!

Afogando as frustrações em Itacaré

Ao chegar à Bahia em Itacaré com Dida e as crianças fui recebida pelos familiares da Dida como uma filha. Itacaré, um lugar lindo, com uma pequena aldeia chamada Porto de Trás, nativos com cultura afro e sempre com eventos culturais de maculelê, capoeira, shows, bicho caçador, praias maravilhosas de belezas inigualáveis com um rico manguezal de beleza que jamais tinha visto, minhas filhas se apaixonaram pela pequena cidade, se enturmaram com as crianças nativas que nem lembravam de mim. Curti cada minuto, nas praias, bares, dancei, fiz trilhas, etc., faltavam 6 dias para voltar à Suíça e Jéssica logo falou:

– Podemos ficar aqui?

E logo respondi:

– Não filha, precisamos voltar, no próximo ano viremos de novo.

Ela sorriu feliz. Quando estava na rua um rapaz me chama e pergunta:

– Não tem interesse de comprar um terreno por aqui? Estou indo embora, minha mãe está doente no Sul, tenho que cuidar dela.

Eu tinha um pouco de dinheiro no banco, e resolvi dar entrada no terreno. Jakob ligou para a Jéssica e ela contou a novidade:

– A mamãe comprou um terreno.

E ele logo se interessou em ser sócio do terreno, só para me ajudar, pois sabia que eu não tinha todo o dinheiro.

Conversei com ele e deixei bem claro que ele seria só sócio, não quero mais namorar ninguém. Jakob ficou conversando e logo perguntou se eu havia gostado de Itacaré, como eram as pessoas, e principalmente se eu conheci alguém.

Eu respondi:

– Sim, conheci um rapaz nativo que não se importa com classe social, e nem com dinheiro, culto, inteligente, respeitador, bonito, jovem e muito carinhoso, uma pessoa muito simples e estou aprendendo muitas coisas com ele e sua cultura, é muito gratificante isso aqui. Estou amando Itacaré, acho que vou ficar por aqui.

Jakob:

– E o rapaz você está amando também? E é por isso que quer ficar por aí por Itacaré?

– Rapaz inteligente, mas nada a ver com amor, está sendo maravilhoso este contato natural curtindo o momento.

Jakob respirou ao telefone e disse:

– Isso é apenas relacionamento de férias, quando voltar você esquece, quando vamos para lugares bonitos temos sempre fantasias.

– Você não se importa que eu tenha outro homem aqui? Ah, mas também não é novidade, você não se importa que eu tenha na Suíça.

– Não! Que eu sei que não é nada sério, e quando voltar tudo vai ser como antes porque o meu amor por você e real.

Desliguei o telefone chocada, como uma pessoa que diz que te ama não se importa se você vai para cama com outro homem? E ainda diz que é amor de férias e depois passa, o que fazer?

As noites de Itacaré são maravilhosas, vamos para festa, hoje tem corais.

As férias acabaram e tristes voltamos para a Suíça, sentia saudades das paqueras de Itacaré, mas sabia que tinha que continuar a batalha para sustentar duas filhas. Voltei de férias e marcamos para conversar, resolvi dar mais uma chance para ele e voltamos a namorar mais uma vez. Mas desta vez eu sentia que o amor estava acabando.

O tempo foi passando muito rápido e cada vez mais me desapegando dele. Chegou abril e tudo indo normal, estava dormindo na casa de Jakob, era muito cedo e meu irmão me liga e fala que mamãe não estava muito bem e eu precisaria ir para o Brasil visitá-la. Atrás escuto uma voz chorosa da minha irmã dizendo:

– Ele está mentindo, tem que vir logo se quiser vê-la viva.

Fiquei desesperada e falei com Jakob, que logo comprou o voo. Viajei no mesmo dia com as crianças, era urgente e a escola autorizou a falta.

Falecimento da minha mãe

Ao chegar ao Brasil a tristeza e a dor eram muito grandes, minha mãe realmente estava muito mal, e depois de uma semana veio a falecer. Toda a família estava muito triste com a perda daquela mãe guerreira que tanto nos ensinou, que lutou tanto para nos criar, acordava às 05:00h da manhã todos os dias para não nos faltar nada, era uma guerreira que jamais será esquecida, que escondeu atrás do alcoolismo a dor que a levou à morte. Não me lembro muito bem da infância, mas lembro-me quando tinha uns nove anos, minha mãe, com a separação do meu pai, não sei o porquê foi morar em São Paulo, em Santo Amaro, lá havia muitos segredos e quando nós, crianças, perguntávamos algo, logo vinha bronca dos mais velhos que ali viviam.

A minha mãe aparentava estar muito doente e sempre tinha que ir ao hospital, não falava sobre o assunto, às vezes eu tinha a impressão de que ela estava grávida, mas quando tentava perguntar alguma coisa sempre recebia broncas e me mandavam para o quarto, e pediam para que eu não me metesse nas conversas dos mais velhos. Um dia lembro-me que ela ficou dois dias fora de casa, perguntei para minha tia onde estava minha mãe e ela respondeu que mamãe estava com diarreia e teve que ficar no hospital, mas que voltaria no dia seguinte.

No dia seguinte, minha mãe chegou e percebi que ela se apoiava no ombro da minha tia, como se estivesse com muita dor, eu fui correndo de encontro a ela e perguntei:

– O que você tem mãe? Conta a verdade.

E minha tia gritando comigo disse:

– Deixa sua mãe em paz.

Naquele momento percebi as lágrimas caírem da face de minha mãe. Ficamos morando ali por um tempo e com o passar dos dias ela voltou a morar em Osasco, mas pude perceber que mamãe estava cada dia mais triste e mais doente, a tristeza em seu olhar era de doer na alma, e eu como filha mais velha tentava entender. Os anos se passaram e minha mãe lutava com unhas e dentes para nos criar. Eu já com treze anos consegui um trabalho em uma firma de confecção para ajudar, pois meu pai tinha outra família e passava lá às vezes para dormir, mas eram sempre muitas brigas e quando tentávamos ajudar diziam sempre que não era assunto de crianças. Às vezes eu acordava gritando, sonhava com uma criança morta, era uma menina. E quando eu contava o sonho para minha mãe ela chorava e pedia para rezar.

Minha mãe seguira a vida, mas sempre com uma tristeza no olhar e às vezes quando dormia com ela podia ouvir seu choro em silêncio, eu percebia que às vezes ela bebia escondida, mas não gostava que nós filhos nos intrometêssemos e ficava muito brava quando tocava no assunto; Valdevino, Mil, Adão e Tico sempre falavam para parar. O tempo foi passando muito rápido e além de mim, Tuxa e Cássia, vieram mais dois filhos, Neta e Eloy. Mamãe não morava mais com meu pai, mas ele sempre passava por lá. Quando Eloy nasceu era ano novo e eu estava só com minha mãe, pois os meninos, já rapazes, queriam curtir a passagem do ano novo que era festa.

Mamãe foi para o hospital e eu fiquei rezando um terço da nossa igreja em casa e não saí esperando a notícia, Eloy chegou com muita saúde e mamãe, embora tenha tido um parto difícil, estava bem, mas com o tempo começou a beber com mais frequência. Infelizmente o alcoolismo é uma doença, e talvez tenha faltado nossa força para lutar e ajudar a nossa guerreira que sempre me orgulho a todo instante de ter tido como mãe.

A vida tem que continuar

Ao voltar para a Suíça peguei outra sala para trabalhar, era muito pequena, mas tudo organizado e bem localizada, em frente à escola Militärstrasse. Lembrando de minha mãe, resolvi trabalhar mais ainda para comprar mais imóveis e voltar para o meu país com minhas filhas, pois para nós que vivemos longe da família, quando vem a perda sofremos muito e nos cobramos por não estar por perto, às vezes choro e me arrependo de ter saído de perto dela que foi e é a pessoa que mais amo e me inspiro todos os dias. Só quem vive longe consegue entender essa dor da distância de perder um ente querido e não estar por perto.

Mas a vida continua, os trabalhos na Chilbi sempre aumentando, consegui um quarteto muito bom, eu, o Marciano, Luci e Bárbara. Nossa equipe era muito alegre e fazia sucesso nas Chilbi, no final Alfredo sempre me convidava para jantar ou tomar um drink, Benni gostava que tivesse amizade com Alfredo e torcia para continuarmos juntos; eu não via Alfredo como um namorado, mas sim como um amigo que vez ou outra podia contar e conversar sempre, às vezes eu achava que queria ser meu pai ou meu irmão por toda atenção que me dava. Alfredo era separado e não divorciado, pois a sua esposa morava na Itália com outra mulher, mas não queria a separação. Eu gostava de estar com ele, me defendia de todos que se aproximavam de mim nas Chilbi, às vezes achava que ele queria me controlar, mas não, apenas gostava de se exibir para os amigos, dizer que tinha uma brasileira sempre ao seu lado.

Meu relacionamento com Jakob estava cada dia mais frio e quase não nos encontrávamos por falta de tempo e de interesse da minha parte, era sempre sem graça os encontros e sem expectativa de mudanças. Harry, com a nova namorada de Zürich que era chamada de paquita erótica, não tinha mais muito tempo, então às vezes encontrava-nos para jantar e conversar. A festa de Romanshorn foi muito boa, no último dia marcamos de encontrar com o grupo da Chilbi, funcionários e chefes, bebemos muito e resolvi dormir em um hotel o qual o chefe havia reservado para mim naqueles dias por terminar muito tarde. Quando terminou o jantar fui para o hotel e Alfredo se propôs a me acompanhar, eu tinha muito dinheiro na bolsa do último dia na Chilbi, ele era de confiança do meu chefe. Ao chegarmos ao hotel ele perguntou se podia subir. Eu aceitei sem receios, era um amigo que aprendi a respeitar e falar sobre tudo. Levamos uma garrafa de vinho branco para o hotel. Ele entrou em meu quarto e, sem falar nada, me jogou na cama e me beijou. Eu até pensei em pedir para parar, mas lembrei que estava solteira e já conhecia o Alfredo há muito tempo e gostava dele por sempre cuidar de mim, até mais que o Jakob que se dizia meu namorado e quase não nos víamos mais.

Foi uma noite engraçada e agradável, Alfredo era muito bom de cama, coisa que nunca imaginei, foi uma surpresa, tinha bebido bastante e tudo virou festa. A partir daquele dia Alfredo não saía mais do meu pé e todos da Chilbi comentavam que ele gostava muito de mim, mas eu não queria nada sério, aconteceu só uma vez, estava um pouco carente, mas só isso, deixei bem claro para ele que não queria me envolver com ninguém. Ele também é confuso, casado com uma mulher que vivia com outra mulher... Não! Chega de homens confusos e problemáticos, será que seria eu o problema?

Alfredo sempre junto com Benni e sempre me agradando por toda parte, e Benni, sempre discreto, fingia não saber nada sobre nós. Começou a aparecer tanto trabalho que eu quase não tinha tempo para as faxinas e resolvi ficar mais com os cabelos e Chilbi que davam mais dinheiro.

No dia seguinte marquei de tomar um drinque com Talia em Zürich, era um bar que tocava músicas brasileiras e tinha gente de todos os tipos e nacionalidades. Estávamos contando as novidades e dificuldades de sempre, a nossa vida era muito difícil, e tanto eu quanto Talia às vezes tínhamos vontade de desistir e voltar para o Brasil. Pude observar que entrou uma moça morena com cabelos longos, pretos, e todos no bar olhavam para ela, pois era muito bonita e provocativa. O dono do bar que nos conhecia falou:

– Ela é irmã da Juliana, e chegou essa semana para trabalhar aqui.

Talia riu e falou:

– Ela é muito bonita, vai ganhar muito dinheiro.

Nesta época as meninas que trabalhavam na rua de Zürich ganhavam muito dinheiro e como ela era bonita, ganharia mais ainda. O chefe desse bar sempre arrumava clientes novas para colocar os cabelos, pois eu fazia os cabelos da namorada dele também.

Quando Clara se sentou ao balcão o chefe a chamou e me apresentou brincando:

– Eu sei que seus cabelos são lindos, mas comprados, então deixe-me te apresentar a Eva que é uma excelente profissional no assunto.

Clara já se sentou em nossa mesa e começamos a conversar, ficou de ligar, pois ela queria um cabelo novo, mas tinha primeiro que arrumar um homem para pagar para ela.

O chefe riu e disse:

– Isso é fácil, olha quanto idiota está te olhando.

Passou-se uma semana e Clara ligou para fazer os cabelos. Marcamos e ela chegou feliz da vida, era muito comunicativa e em pouco tempo começou a contar um pouco sobre sua vida. Era de Minas Gerais, tinha duas meninas e um menino que deixou com a mãe para tentar a vida na Suíça porque o pai dos filhos dela, com o qual estava junto há 13 anos, um dia chegou em casa dizendo que tinha conhecido outra mulher e que ele se envolveu e iria embora para São Paulo. Clara começou a desabafar:

– Eu fiquei sem chão, mas tinha que lutar pelos meus filhos, resolvi ir para o Rio de Janeiro como cabeleireira, mas não deu e minha irmã trabalha aqui em um cabaré, ela é dançarina e pedi a ela que arrumasse para mim, mas era muita burocracia para fazer contratos no cabaré, tinha que fazer álbuns de fotos, enviar para São Paulo e eu não tinha tempo para isso, tinha pressa, então ela falou com um cara aqui que aluga quartos para mulheres para trabalhar e eu vim sem pensar, não tenho nada a perder, mas sustentar três crianças não é fácil e eles não tinham mais ninguém, só eu e minha mãe.

E eu perguntei para a Clara:

– E aí, está ganhando muito dinheiro?

E ela respondeu:

– Estou ganhando por dia o que eu ganhava por mês no Brasil, e também já arrumei um namorado e vou me casar no próximo mês, porque eu quero trazer os meus filhos. Falando nisso, você pode me arrumar para o meu casamento? Será em Aargau, você conhece?

E eu respondi:

– Sim, conheço! Mas me responda, você vai continuar trabalhando?

– Sim! Vou, ele ganha muito pouco e não dá para nada, vou trazer as crianças para morar em Aargau, é longe daqui eu vou continuar trabalhando aqui em Zürich e meu namorado acha normal, isso é o que importa, aprendi na vida que ninguém paga minhas contas, só eu mesma.

Um mês depois ela me liga para fazer o cabelo para o casamento, queria que eu organizasse também maquiagem. Organizei tudo, preparei Clara com muito carinho, reservei este dia no salão só para ela como dia da noiva e no final, muito linda, ela ficou muito agradecida.

Joseph chegou para pegá-la em meu salão às 14:00h, era um rapaz de mais ou menos 29 anos e um pouco acima do peso, mas com um rosto muito bonito, e sorrindo ele disse para ela:

– Você é a mulher dos meus sonhos, Clara!

Clara riu sarcasticamente e disse:

– Você também meu amor.

Nós que conhecemos Clara sabemos que ela estava se casando apenas para obter o papel para trazer suas crianças.

Fui convidada para o casamento e resolvi ir, ia chegar mais tarde, pois teria que ir em casa tomar um banho e encontrar com Mônica, uma cliente que se propôs a ir comigo. A festa foi em uma sala no fundo de um bar na Langstrasse, no bar que ela trabalhava na prostituição o chefe ofereceu a sala de presente para a festa de casamento. Ao chegar fiquei um pouco perdida, pois todos já tinham bebido e estavam alegres. O dono do bar veio em minha direção dizendo:

– Que prazer você aqui! Eu sempre mando clientes para você e para Talia, mas vocês quase nunca vêm aqui, quer dançar comigo?

Resolvi aceitar, pois ele estava meio bêbado e todos falavam em Zürich que ele não gostava de tomar "não". Começamos a dançar, mas ele me apertava tanto que comecei a ficar incomodada e falei que já estava cansada. Ele riu e aceitou, ofereceu um copo de champanhe para mim e para minha amiga Mônica. Agradeci e resolvi me encostar ao balcão com outras pessoas.

Começaram a tocar músicas brasileiras tipo axé, então eu e a Mônica começamos a dançar. A noite corria animada e o chefe do bar sempre me oferecendo champanhe. Descontraída com a música brasileira, já tinha tomado vários copos, aí começou a tocar uma banda de forró contratada pelo chefe do bar para o casamento. Um rapaz português levantou e chamou Mônica para dançar e ela aceitou. Eu fiquei sozinha no balcão. Clara, a noiva, com muitos convidados para dar atenção, sempre de um lado para o outro, feliz com seu casamento.

Um rapaz jovem entrou, aparentando ter uns 25 anos, e me chamou para dançar. Eu aceitei, era um forró que eu gostava muito de dançar. De repente o dono do bar com mais dois rapazes manda a banda parar. O proprietário chega até nós e diz ao jovem que dançava comigo:

– Você entrou aqui só para dançar rapaz? Cai fora, se quiser ficar tem que consumir algo.

E o rapaz respondeu:

– Calma! Acabei de entrar, eu vou consumir.

O chefe, nervoso, sem falar mais nada, pediu para os dois seguranças jogar o rapaz para fora, o segurança pegou o rapaz pelos braços e jogou para fora como se fosse um saco de lixo. E normalmente continuou a música, como se nada houvesse acontecido.

Clara veio correndo em minha direção e disse:

– Eva, é melhor você não dançar mais com ninguém, pois você não quis dançar com ele e ele está de olho em você e com certeza vai arrumar confusão com quem dançar com você, os turcos não aceitam levar fora, ele é o chefe de vários bares aqui e se acha o poderoso, pois todas as brasileiras fazem o que ele quer.

E eu respondi:

– Ok Clara! Obrigada, não quero estragar sua festa.

Nesse momento chamei Mônica e resolvi ir embora. Quando estava me despedindo de Clara, ele veio em minha direção e disse:

– Já vai embora? Ficou chateada comigo pelo seu amiguinho?

E eu respondi:

– Não é meu amigo, eu nem o conheço.

– Desculpe, achei que fosse. Entenda, chega aqui, não consome nada no bar, então coloco para fora mesmo, vamos lá no balcão tomar uma comigo antes de vocês irem embora.

Aceitei sem reclamar para não criar mais problemas. Eu e Mônica o acompanhamos em mais duas bebidas e ele ria muito satisfeito, até que resolveu pagar uma rodada de bebidas para todos os convidados do casamento e falou bem alto:

– Essa rodada é por minha conta.

E me entregou o seu cartão privado e disse:

– O que precisar me liga, vou indicar você para todas as novas meninas que chegarem aqui, mas vem de vez em quando aqui, só quero ser seu amigo, mas se quiser dormir comigo é só ligar, eu admiro muito mulheres como você.

E riu.

– Obrigada!

Me despedi e fui embora, sabia da fama deles em Langstrasse, todos comentavam que é melhor ser amigo deles que inimigo, eles eram vários irmãos que comandavam os bares de prostituição em Langstrasse.

Viagem para a Grécia com o Jakob

O tempo passava muito rápido e minha vida amorosa estava um tédio. O que me restava era trabalhar, e sem pensar me joguei ao trabalho e consegui ganhar muito dinheiro. Para Jakob estava muito normal e ia levando. Queria começar urgente a construir minha casa em Itacaré, juntei um bom dinheiro e viajei novamente para Itacaré, desta vez sozinha, queria ficar um mês. Ao chegar procurei um engenheiro e um arquiteto para começar a planta da casa e iniciar a obra, já havia terminado de pagar minha segunda casa em São Paulo, que logo aluguei para render um dinheiro.

A planta da casa de Itacaré ficou pronta, Dida me apresentou um pedreiro e mestre de obra (Baiúca) que era seu primo de confiança e começamos a obra. Jakob se propôs em me ajudar com um empréstimo para que eu terminasse a obra mais rápido, mas deixando bem claro que era emprestado, eu teria que devolver, mas com esse dinheiro eu conseguiria terminar mais rápido e poderia comprar todo o material de uma só vez. Providenciei todo o material da obra e a felicidade de ver as paredes subindo era demais, ficava horas no quintal da obra em frente ao manguezal pensando nos detalhes da nova casa, eu queria a casa dos sonhos e com uma pequena foto da Jéssica observava a obra com muito orgulho, pois era mais uma conquista para nós. Jéssica recortou uma foto do seu livro da Barbie e me entregou antes de sair da Suíça dizendo:

– Mamãe, eu quero uma casa assim, e Geovana também quer.

E olhando aquela foto sorri feliz, era uma foto de um castelo, não poderia construir nunca, mas procurei uma arquitetura parecida. A obra em andamento a todo vapor e eu durante o dia organizando tudo e à noite saía para curtir a noite itacareense, sempre em companhia da família da Dida, principalmente a Zete e Comprido, seus irmãos. O Comprido era guia turístico e professor de capoeira, estava sempre em todos os eventos de Itacaré, saíamos sempre à noite para dançar e curtir os bares da região,

Comprido me levava para todos os passeios das praias e também os passeios de Maraú.

À noite quando saíamos acabávamos chegando só pela manhã, e eu adorava aquela companhia de um homem que passava o dia todo com a natureza e à noite saía para curtir um forró, reggae e amava andar descalço. Para mim era um aprendizado muito grande sua cultura do Porto de Trás, as apresentações no centro cultural, as danças de maculelê e capoeira com as crianças eram obrigatórias para não ficarem na rua depois do horário escolar.

A estrutura, as lajes e as paredes da obra ficaram prontas, e agora começaram o acabamento, mas o dinheiro acabou. Então, depois de um mês voltei para a Suíça, e ao mostrar as fotos para Jéssica e Geovana elas ficaram felizes. Assim que Jakob chegou fui logo falando que nas férias queria ir para a casa de Itacaré. Jakob concordou e disse:

– Dessa vez eu vou também, tenho uma reunião na Bahia.

Voltei com toda garra para o trabalho, a vontade de terminar a casa e comprar outras era muito grande, então trabalhava incansavelmente.

No dia seguinte Jakob me ligou e perguntou:

– Quer ir à Grécia comigo?

– Jakob, não sei se é uma boa ideia, só tem dois meses que fui de férias para o Brasil, tenho que organizar trabalho para juntar dinheiro para a obra.

E Jakob novamente disse:

– Eu te dou 5 mil francos, você coloca na conta e viaja comigo.

– Ok! Sendo assim eu vou. Mas esse dinheiro eu não vou te devolver, afinal é você que quer viajar.

A viagem para a Grécia foi maravilhosa, hospedagem, comidas, as noites, tudo perfeito, um lugar encantador. Jakob tentava me fazer entender que ele me amava e que logo tudo ia ficar bem.

Eu fui levando a vida assim, com viagens, com trabalhos, com minhas filhas que às vezes ficavam tristes com a dificuldade do idioma e com saudade do Pai, mas aos poucos tudo ia se encaixando, Jéssica ia muito bem na escola e já tinha muitas amigas, Geovana no pé e Dida sempre nos cuidados da casa.

Mary, a tailandesa

Já era 10:30h da manhã e minha cliente estava atrasada, havia marcado para as 10:00h. Resolvi ligar para saber se ela vinha mesmo, peguei o telefone e liguei. Atendeu uma pessoa com voz rouca e muito fraca, como se estivesse muito doente, perguntei se esse telefone era da Mary e ela respondeu que sim e que estaria chegando em cinco minutos. Desliguei o telefone e esperei. Em dez minutos exatamente entraram duas moças jovens e um senhor de mais ou menos setenta anos, achei estranho, mas não falei nada. Ele foi direto ao caixa e perguntou o valor que seria o trabalho das mechas. Passei os valores, ele pagou e avisou a uma das moças que voltaria em quatro horas para buscá-las, depois foi até a outra moça mais jovem, de no máximo 21 anos, e deu-lhe um beijo na boca e saiu. Fiquei chocada, sem entender nada, não poderia ser o marido. Já havia visto muitas meninas jovens tailandesas com homens bem mais velhos, mas achava sempre que eram as meninas que faziam programas lá, mas na Suíça foi a primeira vez. As duas meninas começaram a falar em tailandês, percebi que a mais velha falava bem o alemão e a mais jovem quase nada, apenas duas ou três palavras muito mal. Comecei colocar as mechas e a mais velha se apresentou:

– Meu nome é Mag, sou tradutora de Mary!

Ela começou a contar que a jovem menina de 23 anos estava há dois anos casada com aquele velho de 74, ele a conheceu em Bangkok na Tailândia, é um grande empresário suíço e um dia nos bares noturnos ele conheceu a Mary, ela só tinha 21 anos e ele 71. Conversou com ela, pagou bebidas e combinaram o programa mais tarde. Mary tem uma família grande e muito pobre de uma cidade pequena perto de Bangkok a qual tinha uma hora para casa todos os dias, ela era a filha mais velha de quatro mulheres e logo cedo foi trabalhar nos bares noturnos da cidade e na prostituição para sustentar a família.

No primeiro encontro com Jone, mais tarde, ao ir para o quarto, ele propôs muitas coisas. Ele tinha muito dinheiro e só um filho na Suíça, com uma vida muito farta e de sucesso, sua esposa havia falecido há dois anos, e o filho havia mais de seis meses que não via, porque ele estava sempre na Tailândia e o filho na Suíça. Jone ficou fascinado com a garota que falava muito bem inglês e marcaram para fazer compras no shopping no dia seguinte. Mary ficou fascinada com o convite de fazer compras, pois nunca havia feito e aceitou imediatamente, avisou ao chefe do bar que só iria ao final da noite e passou o dia todo nas compras. Ele comprou roupas, joias, sapatos para Mary e para toda família e ainda lhe deu um grande valor em dinheiro, que normalmente ela ganhava em um mês de trabalho. Ele me contratou para ensinar Mary a se vestir, ela estava muito feliz e em menos de um ano ela já tinha carros, casas e muitas coisas na Tailândia. Jone não deixava faltar nada para Mary, quando ela andava na rua às vezes ouvia as pessoas falando que ele era pedófilo e riam, falavam "esse velho não tem vergonha" ou falavam "o que essa puta quer com esse velho", mas Mary não ligava, pois estava bem e feliz e eles viviam muito bem, a vida sexual não era importante, mas sim a companhia dela, pois o fazia se sentir vivo e alegre, como se ela fosse filha dele, mesmo tão jovem cuidava dele como se fosse uma enfermeira ou sua empregada, sem reclamar de nada e com muito carinho. Ele morava metade do tempo na Tailândia e metade na Suíça, pois sua empresa tinha filial nos dois países, nas viagens estavam sempre juntos porque Jone sabia que sua saúde não era das melhores, então sempre levava Mary para passear na Suíça e ver o que ele estava construindo lá, ele se dispôs a deixar metade dos bens para ela no testamento quando morresse, então Jone a apresentou ao Mark que era seu secretário de confiança na empresa e contador.

Minha curiosidade era grande e eu perguntei:

– Mas ela é tão jovem, pode arrumar um suíço novo e com dinheiro, você não acha?

E sua amiga logo disse:

– Só se ela fosse burra, ele só tem seis meses de vida e ela sabe disso, e estamos aqui para organizar tudo enquanto ele está vivo, pois se ele morrer antes ela vai ter problemas com o filho dele, mas agora ele passou os imóveis e colocou dinheiro na conta particular dela e para ela e sua família não faltará dinheiro, quando ele morrer ela terá mais de 20 milhões de francos fora as empresas, e o filho dele explicou não ter problemas, aceitou tudo, pois ela cuidou muito bem dele quase três anos e pode ser que tenha muito mais para cuidar ainda.

Olhei para aquela jovem e fiquei pensativa e chocada, mas para ela não era um problema, então por que não entender, se a vida é dela e três anos da vida dela vão garantir o resto da vida... pensei; 20 milhões de francos na Tailândia é muito dinheiro.

Novamente Maggy apareceu na loja depois de quatro meses, e contou que exatamente quatro meses se passaram e Mary recebeu a notícia do falecimento do Jone em sua casa, o filho dele cumpriu tudo o que estava no papel e ajudou Mary a fazer a parte burocrática da herança, Mary muito jovem e de família muito simples não tinha noção do que havia herdado, mas sabia que sua vida estava garantida e podia voltar para seu país e desfrutar com a família toda a sua herança. Passaram alguns meses e fui convidada por Mary e Maggy, sua amiga aqui na Suíça, para conhecer a casa e familiares de Mary na Tailândia, já que eu viajava sempre. Ao chegarem, me mostraram a linda mansão que Jone havia deixado para ela, com cavalos e outros animais, dois belos carros na garagem e muitos outros imóveis. Depois foi servido o típico jantar tailandês, minha comida predileta, com muitos legumes e pimenta.

Ao voltar para o hotel comecei a pensar no assunto e disse para mim mesma, que não podemos ser hipócritas, qualquer mulher no lugar da Mary, com a família sem ter o que comer, faria o mesmo, e percebi que às vezes certos sacrifícios são necessários, e eu pelas minhas filhas faria o mesmo. Respirei fundo, virei para um lado da cama e dormi sorrindo.

Gravidez de Chiara

Chiara ligou para agendar um horário no salão para extensões em seus cabelos. Loira, falou que tinha cabelos com leves ondulações e gostaria de colocar um cabelo mais longo e com volume. Marquei para a semana seguinte, ela agradeceu muito e desligou o telefone. No dia marcado chegou pontualmente como típica suíça, acomodou-se na cadeira, ofereci um café e começamos o trabalho.

Chiara falava muito pouco português, apenas algumas palavras, mas fazia questão de tentar se comunicar em português, embora eu falasse alemão. Chiara era muito simpática, perguntei onde ela aprendeu a falar português, ela disse que ficou dois meses em Salvador com uma amiga, gostou muito de lá e iria novamente, mas desta vez para Itacaré. Imediatamente perguntei:

– Itacaré?

– Sim, minha amiga foi até lá e gostou muito, me mostrou fotos e disse que é tranquilo, tem muitos eventos culturais de origem da África e eu gosto muito da cultura africana.

Logo contei a ela que tinha uma casa em Itacaré e que no fim do mês estaria lá.

Chiara:

– Não posso acreditar, eu também estarei lá!

E passou o endereço da pousada. Descobri que era a 5 minutos da minha casa. Marquei então de nos encontrarmos e mostrar a cidade, já que iria sozinha e não conhecia ninguém. Chiara ficou feliz em saber que eu era brasileira e falava alemão e estaria em Itacaré e se sentia mais segura, por mais que Itacaré seja uma cidade tranquila para os europeus que não falam bem o português, é sempre complicado, pois em Itacaré poucas pessoas falam inglês.

Ao chegarmos a Itacaré logo fizemos contato e saímos para jantar, eu conhecia todos os restaurantes que tinham boas comidas e bons vinhos, reservei no Jiló, um pequeno restaurante em frente ao Rio de Contas, que fica na orla, um restaurante pequeno e aconchegante, com muito estilo. Chiara chegou e foi logo dizendo:

– Que lugar lindo Eva, obrigada por escolher.

Pedimos um bom vinho e recebemos uma entrada de chips de mandioca que Chiara ficou encantada. Quando chegou o jantar ela tirou fotos do prato que era encantador, com decoração rústica, mas com muita classe e elegância.

Chiara, fascinada, olhando o rio, disse:

– Eva, gostei tanto de estar aqui com você que tenho que dividir um segredo.

– Sim! Pode contar, eu quero saber.

– Tenho 33 anos e nunca fui casada, me formei em administração na Suíça, tenho um bom emprego, um belo apartamento, carro que sempre sonhei, mas... nunca tive sorte com homens, já tive três relacionamentos, o primeiro nós brigávamos muito porque ele era africano e não queria trabalhar, o segundo foi um perfeito mas não queria filhos, então terminamos porque sempre quis ser mãe, e o terceiro era um brasileiro de uma família muito bem sucedida na Suíça, mas sua mãe me odiava e fez de tudo para nosso relacionamento acabar, sua mãe queria que ele se casasse com uma brasileira.

– Nossa! Que coisa, só porque você é suíça? Isso é xenofobia.

Chiara:

– O que eu vou te falar é segredo e ficará entre nós duas.

– Nossa! Você está me assustando.

Chiara:

– Vim para Itacaré encontrar um pai para o meu filho, eu quero ter um filho brasileiro e afrodescendente. Aqui em Itacaré tem muitos negros lindos, já fiz contatos com alguns para conhecer como amigo, tem um que é capoeirista e é lindo, já nos falamos algumas vezes, mas não nos encontramos ainda, ele só fala português e eu entendo, mas não falo muito, tem outro que fala inglês, é surfista, esse sempre nos falamos e agora estou aqui e vou ficar até engravidar, depois volto para a Suíça, eu pedi saída do meu emprego por alguns meses e meu chefe sabe dos meus planos e aceitou, ele é muito amigo da minha família.

– Mas Chiara, se você engravidar, o pai da criança não vai aceitar que você a leve embora.

Chiara riu e disse:

– Ele não vai saber, só se você contar, e você prometeu.

– Mas Chiara, criar uma criança sozinha não é fácil.

– Não é fácil aguentar homens só porque tem um filho, eu não quero um marido, eu quero um filho e de preferência uma menina, e que tenha cabelos afros como o seu.

Chiara contou que tinha reservado uma pousada, mas queria alugar uma casa, pois pretendia ficar uns 6 meses no mínimo e sabia que iria pagar multa, mas não se importava.

– Não quero arriscar sair daqui com um ou dois meses de gravidez, quero sair quando o bebê já tiver formado, para não ter problema.

A noite terminou agradável e marcamos o próximo encontro no dia seguinte que havia capoeira.

Ao chegarmos na capoeira, Chiara, alta, magra, loira, logo chamou atenção. O amigo que ela conhecia não estava, mas tinha outros capoeiristas que fizeram um show, Chiara sabia capoeira e entrou na roda, os nativos não acreditaram que uma loira tinha gingado e aplaudiram muito. Ao sair da roda, o Mestre Jamaica a chamou e deu parabéns, ele gostava muito de ver as gringas se enturmarem na capoeira. Eu traduzi tudo para Chiara, que ficou feliz e se inscreveu para participar mais vezes.

Chiara olhava atenciosa e tentava conversar com todos, mas com pouco português ficava difícil e eu a ajudava no que podia. Levei-a no passeio das quatro praias de Itacaré, fizemos trilhas, visitamos fazendas de cacau, andamos de canoa pelos manguezais, fomos ao Itacarezinho comer lagosta e todos os dias fizemos um novo passeio. Chiara, fascinada com a beleza de Itacaré, aproveitava ao máximo minha companhia e eu aproveitava para aprender o alemão. No sábado fomos para o forró na Corais, um lugar para dançar e namorar olhando a lua, às vezes as ondas batiam nos pés, mas o forró era tão bom que tirava os chinelos e continuava a dançar, era um lugar mágico, quem já foi não esquece nunca, estava muito cheio mas a Chiara logo achou um amigo capoeirista que se falavam e de vez em quando ela me chamava no meio do forró porque não entendia muito bem o rapaz, o português muito arrastado dos nativos era mais difícil para ela. Já amanhecendo eu avisei a Chiara que iria embora e o rapaz logo disse:

– Fique mais, eu te levo em casa.

Ela aceitou, mas eu fui embora. A partir daquele dia Chiara saía muito com Matheus, o capoeirista, e às vezes me chamava, mas preferia deixá-la tentar se virar com o português e ela foi se enturmando na capoeira e nas trilhas. Chiara me contou que o surfista era feio e arrogante só porque falava bem o inglês, então ela não quis mais contato, mas contou também que o capoeirista era romântico, carinhoso e fazia tudo que ela queria.

Marcamos de nos encontrar na Pituba e no bar Favela para tomar caipirinha. Ao chegar lá ela já estava me esperando com seu amigo Matheus e cheguei com minha amiga Gisele que logo disse com um sorriso meio irônico:

– Eu já o conheço.

Não gostei muito do tom da Gisele, mas não falei nada. Matheus pergunta:

– Conhece de onde? Daqui de Itacaré?

Gisele:

– Já te vi outras vezes...

Matheus:

– Eu não me lembro.

Bebemos várias caipirinhas e depois das 23:00 fomos ao forró ao lado no Jungle, Chiara tentava dançar forró e eu e Gisele ríamos muito, ela não tinha talento nenhum, pode até ter para capoeira, mas para dança não tem talento algum. Matheus, com toda a paciência, ensinava a belíssima loira. Deixamos os dois lá e fomos embora para casa, estava cansada e não queria ficar até de manhã. Ao sairmos do bar Gisele disse:

– Essa gringa vai ter problemas com esse rapaz, ele teve um filho com uma menina aqui de Itacaré e não assumiu a criança e nem quer mais contato com a mãe. Mas se ela *vir ele* com outra, a mulher faz escândalo, às vezes até agride as meninas, ela é louca e agressiva.

– Nossa Gisele! Isso é verdade? Tenho que alertar a Chiara, gosto muito dela e ela é suíça e não conhece ninguém aqui em Itacaré.

Gisele:

– Acho melhor *alertar ela*, para não ser pega de surpresa.

No dia seguinte marquei com Chiara e contei para ela tudo que Gisele tinha me falado, e ela disse que iria conversar com Matheus sobre o assunto.

Voltei para a Suíça e às vezes Chiara me enviava mensagens ou ligava para conversar, contou que conseguiu alugar uma casa com quarto e cozinha e também alugou um carro, conheceu cidades próximas a Itacaré como Camamu, Ilhéus, Canavieiras, Boipeba, e muitos outros lugares e cada dia estava mais apaixonada pelas cidades e pelas pessoas daquela pequena cidade Itacaré.

Já havia passado tempo e não nos falávamos mais e naquela noite eu sonhei com Chiara, ela chorava muito e pedia ajuda. Acordei e resolvi ligar para ela. Ao atender ao telefone Chiara estava eufórica e disse "estou no médico, acho que estou grávida, vou ligar para você assim que recolher os exames". Passaram-se dois dias e ela me ligou feliz da vida gritando:

– Eu consegui! Vou ser mãe. Eva, você prometeu que ia guardar segredo e não quero que ninguém saiba que estou grávida, nem meu namorado, vou esperar três meses e embarco de volta para a Suíça.

– Cuidado Chiara, homens brasileiros são diferentes, ele não vai aceitar que você venha embora com seu filho.

Chiara:

– Ele nunca vai descobrir, só eu e você sabemos desta gravidez, em dois meses termino com ele e vou embora. Avisei a ela que em um mês iria para Itacaré novamente e ela ficou muito feliz.

Ao chegar em Itacaré Chiara marcou para nos encontrarmos para jantar em um restaurante na Pituba, uma rua com muitas lojas, bares e restaurantes em Itacaré. No encontro foi logo contando tudo, como descobriu a gravidez e como estava escondendo do namorado. Tivemos uma noite muito divertida e Chiara contou tudo que tinha planejado para ela e seu bebê.

Acordei às 10:00h da manhã e vi que tinha mais de 15 ligações da Chiara, algo teria acontecido. Suíças jamais ligariam ao decorrer da noite tantas vezes, não era normal. Preocupada, eu liguei imediatamente para seu telefone e atendeu uma mulher que falou:

– É Eva que está falando?

Respondi imediatamente:

– Sim, sou eu.

– Eva, aqui é a enfermeira do hospital.

– Do hospital? O que houve com a Chiara? Onde ela está?

– No hospital de Ilhéus, está dormindo agora.

– Estou indo para aí, me passe o endereço do hospital.

A enfermeira avisou que o horário de visita era às 13:00h, e às 13:00h eu estava lá.

Era um hospital particular, pois ela tinha feito convênio internacional e tinha direito a um bom hospital em Ilhéus. Ao entrar Chiara estava acordada e ao me ver, logo começou a chorar. Estava com o rosto inchado e nas mãos e nos braços vários cortes, um dos olhos vermelhos; perguntei o que houve e ela começou a contar:

– Fomos a uma pizzaria, eu e o Matheus, depois resolvi ir embora, estava enjoada e não queria que ele percebesse, então falei que iria para a casa sozinha. Matheus tinha capoeira e ficou lá na pizzaria com um amigo, eu estava andando na rua e percebi duas meninas atrás de mim; pensei que estava vendo coisas, mas ao entrar em um corredor que dava acesso a rua que eu estava morando, as meninas se aproximaram, me puxaram pelos cabelos e começaram a me espancar e xingar dizendo: "Sua vagabunda, volta para seu país e deixe meu namorado em paz, eu sei que está grávida dele, mas eu tenho uma filha dele, sua puta, veio para cá estragar uma família". E aos socos e pontapés não conseguia mais me defender, acordei depois no hospital de Itacaré e quando acordei a enfermeira me disse que um rapaz havia me prestado socorro e me levado para o hospital, pedi que me ajudasse a localizar você, mas não conseguiram, o seu telefone estava desligado. O médico disse que eu estava correndo risco de perder o meu bebê e me transferiram para este hospital, agora acabei de fazer vários exames, mas ele não garante se vou conseguir segurar a gravidez. Nossa Eva, estou muito triste, esse bebê é minha vida.

– E como elas sabem que você está grávida? Você contou a alguém?

– Não! Ela disse enquanto me espancava que a moça do hospital onde eu fiz exame é sua parente, eu não entendi tudo, mas agora o que importa é tentar segurar essa gravidez e receber alta do hospital e vou ficar aqui em Ilhéus até voltar para a Suíça. Eu gostaria de te pedir três coisas, avisar ao Matheus que tive que voltar urgente para a Suíça por motivos pessoais e entregue a chave ao dono da casa e traga todos os meus pertences para Ilhéus, o pagamento ao proprietário eu fiz até o fim do mês.

Neste momento o médico entra e diz:

– Boa tarde! Acabei de ver seus exames e você teve muita sorte, o bebê está bem, agora você vai ficar mais dois dias para recuperar e depois poderá ir para casa.

Chiara me abraçou e disse:

– Graças a Deus, meu filho está bem.

Organizei tudo que Chiara me pediu e ela retornou para a Suíça feliz com sua gravidez. Matheus tentou contato várias vezes, mas ela contou a ele o que havia acontecido e não queria mais contato, pois não queria problemas com sua ex-namorada, finalizando assim o relacionamento.

Chiara teve uma menina linda, morena com cabelos afros como o do pai e olhos verdes como os da mãe, mas nunca contou para o Matheus que ele teve uma filha. Quando ia a minha loja na Suíça podia sentir o amor e atenção que tinha pela sua filha. Com o passar do tempo os traços do pai eram mais nítidos, com seu lindo cabelo afro loiro, pele morena, nariz e boca igual às do pai e os olhos verdes da mãe, uma verdadeira boneca brasileira.

A coragem de Carlos

O tempo passava muito rápido e com a vida corrida não percebia que as crianças estavam crescendo, as férias de julho chegaram e Jéssica feliz por estar de férias, pois nós iríamos primeiro para São Paulo e depois para Itacaré, elas estavam eufóricas. Geovana era apaixonada por praia, se deixasse ficava o dia inteiro dentro d'água, Talia também veio para Itacaré com Carlos, seu filho e meu afilhado. Geovana ficou muito feliz por poder ir para praia com ele, Carlos era seu melhor amigo da Suíça. Talia reservou uma pousada próxima do centro e como tinha piscina às vezes ficávamos a tarde toda lá com as crianças. O dia estava muito quente e Carlos e Geovana brincavam na piscina para crianças, eu e Talia tomávamos um suco no balcão quando ouvi um grito. Era Carlos, pois Geovana saiu da piscina pequena e pulou na piscina de adulto, ela não sabia nadar e aos gritos saímos para socorrê-la; Carlos, sem pensar, pulou na piscina grande e segurou Geovana e eu e Talia a pegamos na mão. Ela, já nervosa, começou a chorar e Carlos logo disse:

– Ainda bem que eu sei nadar.

Eu fiquei orgulhosa com a coragem daquele pequeno, que com apenas seis anos não pensou e pulou para salvar a amiguinha. Depois do susto, pegamos as crianças e fomos tomar sorvetes para esquecer; e aprendi mais uma vez que com crianças não se pode tirar a atenção nem um minuto.

À noite deixamos as crianças com Dida e fomos para a festa. Tinha festa na Corais e Talia queria muito conhecer, dançamos a noite toda até o sol raiar, chegamos às 06:00h da manhã em casa, dormimos por duas horas e às 08:00h as crianças já nos acordavam para irmos à praia.

Jéssica tinha muitas amigas no Porto de Trás, mas Ninha era sua preferida, as duas iam sempre juntas para a praia para o *baba*, o famoso futebol feminino de areia, nas danças do centro cultural Jéssica se sentia totalmente nativa, mas seu sotaque de gringa fazia às vezes as meninas rirem dela e Ninha logo a defendia batendo nas meninas, quase toda semana tinha briga na minha rua para defender Jéssica. Geovana não desgrudava de Nai que, sempre juntas, iam para as praias e brincavam na rua estreita do Porto de Trás. Infelizmente as férias de julho acabaram e com muita tristeza as meninas voltaram para a Suíça, mas no avião já faziam planos para o final do ano, queriam voltar para Itacaré.

Ao voltar para a Suíça tinha muito trabalho, não conseguia mais ajudar Harry nas obras, apenas quando tinha faxinas especiais de entrega eu me organizava para fazer, pois sabia que ia ganhar bem, sempre mais clientes vinham no meu pequeno salão e as Chilbi sempre muito lucrativas. Às vezes dava o azar de chover, aí o movimento era pequeno. O tempo passava e minha vida sempre na mesma, vez ou outra me encontrava com o Harry e dormia na casa dele, ou ele na minha para não ter problemas, Jakob sempre vinha em minha casa ou eu ia a casa dele; confusão maior não poderia ser com esses dois que nas poucas vezes que se encontravam era para discutir, mas de resto não tinha do que reclamar.

Sempre com reserva na conta, comecei a pensar em comprar mais imóveis, e em uma tarde de domingo liga meu irmão dizendo:

– Irmã, preciso de um dinheiro emprestado urgente, você pode me ajudar?

Lembrei-me da reserva e respondi:

– Olha Mildo, eu estou reservando para comprar mais uma casinha aí.

Mildo disse:

– Ok, compra a minha, tenho que me mudar daqui.

Ele me explicou o acontecido e fechamos negócio, como sempre não tinha o dinheiro todo da entrada que ele queria, então desta vez pedi ao Harry para me adiantar, pois logo teria um grande trabalho de faxina e pagaria, o restante fui pagando parcelado para o meu irmão, eu trabalhava muito, mas como estava investindo em novas casas e construção estava sempre apertada, pedia empréstimo para o Félix ou para o Jakob e depois devolvia.

A gratificação de pensar que já estava com três casas em São Paulo e uma na Bahia me fazia feliz e esquecia o resto, para minhas filhas não estava faltando nada e me sentia muito orgulhosa de mim.

O final de semana chegou e Harry nos convidou para fazer um passeio; eu Jéssica, Geovana e Dida fomos para o Europa Park, um parque na Alemanha que era um sonho para as crianças. Passamos o dia todo lá, comemos, brincamos em vários brinquedos e Jéssica e Geovana felizes da vida. Dida só observava as coisas, mas ia em alguns brinquedos e eu também. Harry ia em todos com as meninas, parecia uma criança. Eu novamente o observei pensando; ele é tão divertido, poderíamos ter sido muito felizes se ele não tivesse aprontado comigo.

O dia acabou e voltamos para casa, as crianças dormiram e Harry me disse:

– Adoro sair com vocês, bem que poderíamos tentar novamente, o que acha?

– Harry, te agradeço muito por hoje, mas sei que isso não é possível, vamos ficar como está.

Ele riu, e não tocou mais no assunto.

Marquei de ir na segunda-feira dormir na casa do Jakob, precisava organizar um jantar para ele. Ele terminou seu livro e convidou 40 pessoas para um jantar no salão de festa do seu prédio, ele perguntou se eu conhecia uma pessoa que faria isso e eu me propus a fazer, conhecia uma brasileira que fazia esse tipo de recepção, então me programei para ficar três dias em sua casa e organizar tudo. Liguei para Bárbara e organizei tudo, escolhi o que seria servido, entrada, prato principal, a decoração, vinhos e as sobremesas, tudo com maior carinho. Começaram a chegar os convidados e Jakob que tinha ido fazer esporte não chegava. Quando chegou já havia alguns convidados que eu procurei dar toda a atenção, Jakob entrou na sala e ao ver aquilo tudo perfeito me beijou e me agradeceu muito dizendo:

– Vocês estão de parabéns, está tudo maravilhoso.

Todos os convidados chegaram, e todos elogiavam a decoração, a comida, tudo. Jakob fez um discurso e agradeceu a mim pela organização e à Bárbara por todo perfeito trabalho. Sua irmã se aproximou de mim e disse:

– Parabéns! Está lindo.

Quando voltamos tinha duas tias dele que mal falavam comigo por ser brasileira, e se aproximando disseram:

– Está tudo muito bonito Jakob!

E Jakob disse:

– Graças a Eva que organizou tudo com muito carinho.

Uma delas olhou para mim e disse:

– Não imaginei que ela tivesse esse bom gosto, achei que tinha contratado uma organizadora.

E eu que entendi quase tudo fiquei furiosa, saí da mesa pensando por que os pais e tias do Jakob não gostavam de mim, por que sempre procuram me deixar triste? Fui até o banheiro, retoquei a maquiagem e voltei, tinha vontade de pegar a bengala que ela tinha e acertar a cabeça dela, mas apenas saí de perto delas e curti a festa com outros convidados. No final da noite Jakob estava radiante pelos elogios dos amigos sobre a festa perfeita, e ao chegar em casa fez juras de amor e planos para nosso futuro.

Jakob disse que queria se aposentar com 60 anos, mas queria começar a programar com a compra de uma casa em São Paulo, e me pediu que pesquisasse.

Dezembro chegou e fomos para o Brasil novamente, primeiro para São Paulo visitar os familiares e depois para a Bahia para o Réveillon, dessa vez a casa já estava no acabamento e podíamos ficar lá, ainda não tinha móveis, compramos colchões e dormimos no chão. Fui comprando aos poucos; mesas, cadeiras, geladeira, fogão e camas e no Réveillon a casa já estava habitável. As meninas, felizes da vida, convidaram todos os amiguinhos da rua para vir para a casa, a piscina também já estava pronta, mas o piso do quintal ainda estava no grosso, sem piso, só no cimento, mas as crianças ficavam loucas com a piscina e todo o dia a casa estava cheia, elas agora nem queriam ir para a praia, só na piscina, eu olhava aquele monte de criança na água, aquela gritaria e pensava "meu Deus, obrigada por mais essa conquista".

Foi o primeiro ano novo na nossa casa em Itacaré e foi inesquecível. Ao chegar o dia de voltar Geovana não queria ir, queria ficar e Jéssica concordou com a irmã. Expliquei que logo voltaríamos e elas, tristes, aceitaram. Fui até a piscina e fiz fotos da casa para apresentar ao Jakob que nunca tinha aparecido em Itacaré, nem mesmo para ver a obra.

Ao chegar e mostrar as fotos, Jakob ficou encantado, não imaginava que a casa fosse tão grande e tão bonita e que mesmo sem estar toda pronta já se notava os detalhes de muito bom gosto.

Viagem para Uauá

Jakob me convidou para viajar desta vez para Salvador e falou que iria visitar uns amigos idosos e também visitar um projeto de uma ONG em Salvador. Fiquei feliz, pois Jakob disse que depois de fazer a visita ao projeto e ao casal de idosos nós iríamos para Itacaré para ele conhecer a casa e curtirmos um pouco a dois.

No dia marcado chegamos a Salvador e fomos recebidos pelo político proeminente da cidade que ao me ver foi logo me agradecendo pelo projeto de Uauá. Cumprimentei-o sem sequer saber o que estava acontecendo. Jakob me informou rapidamente sobre o assunto e pude entender que a intenção de Jakob não era fazer férias comigo, mas sim que eu ajudasse no projeto de Uauá. O político com nome de Joaquim nos informou como seria a viagem para a pequena cidade de Uauá, teríamos que ir de carro por oito horas em uma estrada de chão com muito pó, eram oito horas sem nada de casas ou comércio, apenas estrada seca. Fiquei revoltada. Por que não me informou antes?

Mas mesmo assim fomos. Chegamos à pequena cidade à noite, era muito escura e não tinha luz. Dormimos em um pequeno acampamento com um banheiro que era um buraco de cimento, tomamos banho de caneco e fomos dormir, haviam preparado uma pequena refeição para nós.

No dia seguinte dirigimos mais 1:30h no verdadeiro sertão baiano, chegamos em um povoado com três ou quatro casa de taipas e telhado de palha, podia ver alguns animais muito raquíticos, vacas, bodes, e cachorros, todos muito fracos. Nesse instante chega um caminhão muito velho com mudas de cactos, aí entendei o projeto da ONG apoiada pela Suíça, era a plantação de cactos – mandacaru – no sertão baiano em Uauá para poder alimentar os animais e até mesmo as pessoas que viviam ali. As pessoas daquele pequeno povoado me receberam como se eu fosse a organizadora do projeto, só por eu ser brasileira e morar na Suíça, mas na verdade só eu sabia que estava ali por engano. Fomos até o local para ajudar a plantar as primeiras mudas e me senti útil em fazê-lo, não tinha água ali, apenas a que nós havíamos transportado. Na hora do almoço haviam organizado uma barraca no meio da plantação, os pratos e copos eram de cabaças e garfos de madeira bem rústicos, haviam trazido comida e um isopor e com o calor a comida estava quase azedando. Jakob estava com muita fome, mas olhou para a comida com um olhar desconfiado, eu comi normalmente como os outros e Jakob resolveu comer também, e bebeu um pouco de água, pois iríamos ficar ali por mais 5 horas e mais uma hora para voltar para o acampamento. Passou uma hora e meia do almoço e Jakob começou a passar mal, tinha muita dor na barriga e perguntou ao rapaz, onde teria um banheiro. O rapaz riu e mostrou uma moita próxima. E o Jakob questionou:

– No mato? Isso não é possível, eu não consigo fazer necessidades no mato assim.

O rapaz riu e disse:

– Então vai ter que fazer nas calças.

Jakob:

– Mas teria um pedaço de papel?

E novamente o rapaz riu, dizendo:

– Não, mas lá tem folhas secas.

Jakob saiu correndo e teve que fazer o que o rapaz falou, mas ao voltar queria voltar para o acampamento, pois precisava de um banho. Eu o olhava e ria naquela situação, pois para mim, de família grande e muito humilde era normal às vezes faltar papel e ter que usar jornal velho, então a diferença não era muita, mas para o Jakob que sempre foi de família rica, não sabia o que era não ter papel e muito menos usar o matinho.

Ao voltar para o acampamento ele não parava de falar no assunto, mas no final o projeto de Uauá foi um sucesso. Voltamos para Salvador, visitamos o casal de idosos e depois ficamos uma semana em Morro de São Paulo, foram dias de muitas gargalhadas quando lembrávamos as aventuras no Sertão da Bahia. Jakob adorou Morro de São Paulo, mas no último dia recebeu uma ligação dos pais e teria que voltar antes do combinado e não poderia ir para Itacaré, eu não questionei, já estava acostumada, e ele para me agradar disse:

– Você sempre quis passar o carnaval em Salvador, vou organizar para irmos juntos, o que você acha?

Fiquei feliz, pois era meu sonho, nunca tinha passado o carnaval em Salvador. E voltamos para a Suíça.

A traição de Roberto

Fred marcou para fixar uma prótese de capilar, ele chegou no horário marcado às 10:00h. Ele era um homem de 49 anos muito vaidoso, magro, de olhos verdes e muito charmoso, porém calvo. Ele tinha uma pequena cicatriz no queixo. Sentou-se e começou logo falar em português dizendo:

– Desculpe meu português é que meu ex-companheiro era brasileiro, fui casado, mas acabou.

Perguntei:

– Não estão mais juntos?

Fred:

– Infelizmente não, ele me enganou e eu descobri.

– Nossa, que triste, mas você ainda gosta dele?

– Sim, muito. Mas é melhor assim. Roberto era um rapaz muito jovem, tinha apenas 29 anos, nos conhecemos em Salvador no carnaval quando fui de férias; nos conhecemos e por motivos de documentos e legalização na Suíça, fizemos um contrato de cônjuge para obter a permissão e vir morar na Suíça comigo. Sempre muito carinhoso, Roberto adora glamour e festa, mas ao chegar aqui ele mudou muito, não era mais o garoto carinhoso que conheci em Salvador. Começou a sair com outros brasileiros e tinha vergonha de sair comigo por ser careca e mais velho 20 anos que ele, chegou a falar para outros rapazes que eu era tio dele. Eu ouvi, mas não falei nada, o pior é que eu viajo muito pelo meu trabalho, sou presidente de uma grande empresa e tenho que viajar sempre para outros países e quando eu viajava ele levava outros rapazes para minha casa e fazia festa, só descobri por que meu irmão foi lá um dia e ao chegar a casa estava cheia de brasileiros na piscina. Conversei com ele e desmentia, falou que meu irmão era racista e não aceitava nosso relacionamento.

Não proibia de levar pessoas em casa, mas queria respeito. Um dia resolvi testá-lo, sabia que era seu aniversário e eu disse que teria que fazer uma viagem. Ele fez um ar de muito triste, mas sabia que era falsidade dele, estaria dando graças a Deus por ficar livre. Falei que ficaria 5 dias na Grécia a trabalho e ele nem se interessou de falar que queria ir junto, eu sabia que ele amava Mykonos e se não queria ir é porque estava planejando outra coisa. Resolvi mudar os meus planos, fui viajar para Grécia, mas não fiquei os cinco dias, fiquei apenas dois dias e não avisei para ele, sabia que no dia seguinte era seu aniversário e resolvi ficar no hotel para não avisar que cheguei e confirmar a minha desconfiança de traição.

No dia seguinte liguei para ele pela manhã para dar os parabéns e ele feliz da vida agradeceu. Perguntei o que iria fazer à noite e falou que iria ficar em casa, que sua mãe iria ligar à noite para falar com ele e dar parabéns e talvez viesse uma amiga para dormir e jantar. À noite me arrumei, comprei flores e fiquei no táxi em frente de casa observando a entrada. O primeiro brasileiro que chegou foi o Júnior, rapaz que era dançarino de um grupo de dança conhecido em Zürich, eu tinha muito ciúmes dele, pois era bonito, malhado e sabia que queria ficar com Roberto e sabia também que Roberto sempre tinha dinheiro na mão. Em seguida chegaram vários rapazes e logo percebi que eu estava certo em desconfiar que Roberto estaria organizando festa de aniversário nas minhas costas com os amigos. Eu fiquei horas no táxi e avisei ao taxista que iria pagar as horas que ficaria parado ali. Já era mais de 01:00h da manhã e os convidados começaram a ir embora, eu fiquei observando até saírem todos, eu queria esperar todos irem embora para eu entrar, entregar as flores e mostrar que sabia que ele estava me enganando.

Foram horas de angústia e tristeza, eu o amava muito, mas respirei fundo, paguei o táxi e entrei na casa, copos e garrafas por todo lado, na sala não tinha mais ninguém e de repente aparece o Roberto só de cuecas e atrás Júnior também só de cuecas. Roberto se assustou com a surpresa, eu não entreguei as flores, apenas pedi para pegar suas coisas, deixar a chave da casa e do Porsche que havia dado de presente de Natal para ele, mas estava em meu nome. Roberto tentou explicar e Júnior, arrogante, disse: "Vamos para meu apartamento, deixe esse velho feio com o dinheiro dele aí".

E pegando seus pertences, Júnior saiu sem olhar para trás, e Roberto ficou chorando e gritando pedindo perdão, mas eu continuei firme e disse: "Adeus! Vá com seu amigo jovem e malhado, sou muito velho para você, seja muito feliz..."

Hoje eu tenho um companheiro suíço com a mesma idade que eu e nos damos muito bem, viajamos muito e gostamos das mesmas coisas, temos os mesmos ideais, sou feliz assim, mas vou todo fim de ano para o Brasil com meu novo companheiro.

Carnaval em Salvador

O tempo passava rapidamente, eu tinha que me dividir em mil, na reunião da escola sempre recebia elogios de Jéssica e Geovana, o que me deixava muito feliz, os encontros com Talia diminuíram, ela foi morar na Áustria, era a três horas da Suíça e não tinha como nos vermos com tanta frequência, mas quando dava certo era sempre uma festa com as crianças e as muitas histórias que tínhamos a contar. Harry sempre com suas viagens para Fortaleza e suas namoradas. Estava chegando o carnaval e eu logo cobrei ao Jakob o que prometeu. Ele respondeu:

– Não esqueci, vou ver no banco se consigo férias.

E depois de uma semana ele chegou para jantar. Desconfiado, disse:

– Eva, me perdoe, mas não consegui férias, não vou poder ir ao carnaval com você.

Nesse momento fiquei irada e disse várias coisas desagradáveis. Ele saiu bravo e disse que eu era muito difícil e não entendia seus problemas, que eram muitos.

No dia seguinte minha cliente Drica chegou para olhar produtos para cabelos e foi logo dizendo:

– Eu quero o que tiver de melhores produtos para meus cabelos, vou para a Bahia para o carnaval e meus cabelos ficam sempre secos.

– Nossa Drica, que legal! Eu também ia, mas o meu namorado não pode ir mais, vai ter que trabalhar.

Drica disse logo, animada:

– Vamos comigo amiga? Eu vou sozinha também.

Eu aceitei imediatamente e respondi:

– Vou ver a passagem aérea agora.

Drica:

– Eu tenho um flat em Salvador, você fica comigo, posso organizar o camarote para nós duas e vamos curtir muito, conheço tudo em Salvador.

Não liguei mais para o Jakob, e sem avisar deixei as meninas com Dida e embarquei para Salvador. Ao chegar, Drica me levou para seu flat que era de frente à praia, a vista era maravilhosa, eu fiquei olhando e respirei feliz, os dias em Salvador foram inesquecíveis, eu e Drica curtimos todas as noites de carnaval no camarote e durante o dia as praias. Nos últimos dias já estávamos esgotadas de tantas noites sem dormir, conhecemos e conversamos com vários rapazes e beijamos muito, estávamos livres e soltas. No último dia encontrei com o paquera de Itacaré que havia acabado de voltar da luta fora do Brasil, o Zaion era lutador de boxe, negro, com um corpo esculturado e com cara de homem bravo, já tínhamos ficado uma vez em Itacaré e ele queria muito me encontrar novamente, e ao saber que estaria no carnaval resolveu desembarcar em Salvador para nos encontrar. Saímos às 05:00h da manhã do camarote e fomos ao aeroporto encontrar com Zaion. No aeroporto, ele veio em minha direção e disse:

– A festa estava boa esses dias, hein?

E puxando os vários colares que estavam em meu pescoço, perguntou:

– Você sabe o que significa cada colar dos Filhos de Ghandi?

– Não, por quê?

Ele me puxou novamente, me apertando em seu peito e disse:

– Cada um desse é um cara que você beijou.

Eu comecei a rir, realmente tinha beijado vários meninos com roupa branca e azul, e eles me davam sempre um colar, mas eu não sabia que todos sabiam disso, e rindo perguntei:

– Como sabe?

– Eu era um dos Filhos de Ghandi quando morava em Salvador.

E me apertando disse:

– Agora chega, eu cheguei!

Eu dei gargalhadas e curtimos muito o final do carnaval em Salvador, no último dia viajamos juntos para Itacaré e continuamos a festa.

As previsões da Zilia

Voltei para a Suíça depois de quinze dias na Bahia, foram dias inesquecíveis em Salvador, realmente foi o carnaval dos meus sonhos. Na companhia da Drica se tornou tudo muito mais fácil, então não faltou diversão. Não estava feliz com tudo, mas com meu sucesso profissional e minhas conquistas sim, e Jakob, mesmo confuso, tentava me ajudar no que podia para nutrir a falta de coragem para assumir a nossa família, chegou um tempo em que não reclamava mais, apenas aceitava todos os bons momentos, as viagens, os jantares, a assistência com minhas filhas, a ajuda financeira que me proporcionava nas obras que fazia no Brasil. O Harry não me cobrava mais nada, sabia que não voltaríamos mais, então apenas nos encontrávamos de vez em quando e às vezes trabalhávamos juntos com uma boa amizade.

Eu e Jakob nos tornamos muito próximos da família da Dora e fomos convidados a ser padrinhos da Vivi, uma menina encantadora de cabelos cacheadinhos. Félix gostava muito do Jakob e não implicava mais com as minhas roupas e sapatos, com o passar do tempo já havia entendido o porquê a crítica do Félix às minhas roupas, que foi uma crítica construtiva para a minha vida na Europa, hoje mesmo, se quisesse, não conseguiria vestir as mesmas roupas porque o clima é muito diferente e também porque tenho que seguir um pouco do estilo do Jakob, sempre com roupas sérias e tradicionais, então não ficaria bem eu sair com roupas esportivas.

Jéssica continuava muito bem na escola e Jakob sempre que tinha tempo a ajudava e a incentivava para se formar e se tornar advogada como ele. Geovana sempre muito feliz com suas novas amigas da escola e quando chegava em casa adorava dançar, principalmente as músicas de Shakira que eram suas preferidas, com coreografia e tudo. Quando eu chegava do trabalho queria sempre que eu dançasse com ela para mostrar que sabia dançar muito bem. As minhas filhas estavam crescendo cada vez mais lindas e eu orgulhosa de ter saído daquela vida medíocre que vivia no Brasil. Cada vez mais pensava no aprendizado da minha mãe que sempre dizia "nunca deixe ninguém dizer que você não vai conseguir, só você sabe a força que carrega dentro de si, Deus vai sempre te proteger de tudo"; essas palavras eram meu amuleto e sempre nas horas de fraqueza eu me lembrava, e olhando para trás percebi que ela sempre teve razão em tudo que me ensinou, já havia caído tantas vezes e sempre me levantava. Comecei a não ter mais medo, apenas confiar em mim e no meu potencial.

Na vida corrida e com muitos afazeres às vezes me esquecia de fazer alimentação nos horários certos e tinha sempre muitas dores no estômago. Então, num belo dia acordei com muitas dores no estômago, não fui trabalhar e fiquei o dia todo no quarto, Dida fez um chá de erva cidreira e eu fiquei quietinha, peguei no sono novamente e sonhei com a Zilia, sonhei que chegava em um campo de aviação, ela estava ali me esperando, não tinha mais ninguém e ela me disse: "Filha, vai começar, chegou a hora..."

E eu dizia; "começar o que, Zilia?"

E ela mostrando a pista falava: "Você não está vendo?" – Apontando e ria.

E eu olhando aquela pista vazia dizia: "Não estou vendo nada, apenas uma pista vazia no meio do nada". Nesse momento eu acordei, meu estômago não doía mais, então me levantei e contei para a Dida meu sonho e Dida me aconselhou a ligar para Zilia porque com certeza ela tinha algo a me dizer. Eu me recordei de suas palavras, de que a Geovana nasceria a minha cara e cheia de vida, e apoiaria sempre a Jéssica quando ela estivesse triste; lembrei-me também quando disse que compraria casas e montaria um salão de beleza na Suíça, dos casamentos e lembrei que ela também falou que eu me casaria duas vezes na Europa. Decidi imediatamente ligar, estava sozinha com a Dida, as crianças estavam na escola.

Ao atender, Zilia como sempre feliz ao ouvir minha voz, disse:

– Tive que ir aí puxar sua orelha para lembrar-se de mim, não é minha filha? (Como ela sempre me chamava)

Eu dei uma gargalhada e respondi:

– Sim Zilia! Acabei de sonhar com você.

– Apenas pegue uma caneta e um papel, tenho uma mensagem para você.

Eu pedi para aguardar um minuto enquanto pegava uma caneta e um papel e ela começou a falar:

– Minha filha, eu nunca errei com você e mesmo sem você ter paciência sempre aconteceu tudo no tempo de Deus, tudo que te informei. Então presta bem atenção, eu sei que você gosta muito do Jakob, mas ele é muito *naïve* e pelos princípios da sua família vocês não irão se casar, não posso te falar o porquê, são assuntos religiosos e não pelo que você está pensando, mas veja bem, vocês irão viver um tempo juntos, o encontro novamente de vocês dois nessa vida faz parte de dívidas passadas, o encontro era necessário, ele vai te ajudar a equilibrar a sua vida como já fez no começo, você vai aprender muito com ele, mas também vai sofrer e chorar muito por ele.

Eu anotava tudo que Zilia dizia por saber que tinha um motivo, e ela continuou a falar ao telefone:

– Lembra quando te disse que teria três relacionamentos sérios na Suíça e se casaria duas vezes? Então, está próximo.

– Mas Zilia, você disse que o Jakob não vai casar comigo.

– Não te falei que é ele.

– Não é Jakob?

– Não! Esse sim será o seu marido e seu grande amor, ele é alto, magro, amoroso, fará tudo por você e suas filhas, ele viaja o mundo todo pelo seu trabalho e está muito perto de você, em breve você vai conhecê-lo, seu marido é um ser humano maravilhoso e vai te fazer muito feliz. Outra coisa, a Jéssica vai querer ir embora para o Brasil, e em seguida Geovana também pelas situações, mas não se preocupe, vai ser bom pelo idioma português e depois elas irão voltar para a Europa, relaxe, deixe os acontecimentos e não questione o porquê e sim para que entendeu. Eu vejo para você um casamento lindo com seu novo amor, vejo também novos investimentos no Brasil e na Suíça e não é só um, são vários minha filha, e até mesmo um prédio você vai ter em seu nome e do seu marido, é claro.

Neste momento eu dei uma gargalhada que a interrompeu...

Zilia:

– Pode rir, mais quando for assinar os documentos do prédio vai lembrar-se de mim, e te peço mais uma coisa, cuide da sua saúde minha filha, para não precisar de uma cirurgia, e tenha muita tranquilidade e sabedoria porque a sua vida vai mudar muito, você será muito feliz, voará para vários continentes e será para você uma coisa normal e principalmente por toda a Europa como se estivesse de táxi.

Eu agradeci a consulta por telefone e desliguei, pensativa... ela já havia acertado muita coisa.

Mariana e o divórcio

Mariana frequentemente fazia seus cabelos de três em três meses, eu senti falta, pois já passara nove meses e não apareceu e nem ligou, ela sempre chegava e aproveitava para desabafar os problemas que tinha com Rodolf. Ela não tinha muitas amigas, embora já morasse muitos anos na Suíça. Seu marido odiava que tivesse contatos com brasileiras e dizia que eram interesseiras e invejosas. Resolvi ligar para saber como ela estava. Ao atender reconheceu minha voz, dizendo:

– Estava pensando em você, vou aí essa semana, estava viajando e meus cabelos estão horríveis.

Marcou para a mesma semana e nos despedimos.

No dia marcado Mariana chega com uma moça alta, magra, cabelos lisos, olhos verdes e muito tímida, Mariana entrou com um sorriso nos lábios e olhos brilhantes dizendo:

– Bom dia minha flor, olha que moça bonita que trouxe para você conhecer.

Respondi:

– Linda mesmo, é sua irmã?

– Não! É minha filha Maria.

Fiquei de queixo caído não só pela beleza da moça, mas também porque sabia que Rodolf a odiava e jamais aceitaria que ela viesse visitá-la na Suíça, ele era mau e odiava crianças.

Mariana pediu:

– Me traz um copo d'água porque a história é longa.

Eu, curiosa, corri, peguei o copo d'água e disse:

– Conta logo, estou morrendo de curiosidade.

Mariana:

– Eu me separei do verme...

– Como assim, mulher?

Mariana:

– Não aguentava mais essa vida, foram nove anos de sofrimento, você sabe de tudo, mas você não sabe o pior. Ano passado minha filha fez 15 anos, eu queria fazer uma festa maravilhosa para ela, como todas as meninas nessa idade sonham, com vestidos de princesas e tudo mais, mas infelizmente não consegui porque compramos a casa dos nossos sonhos em Goiânia, demorei dois anos pagando e a entrega da chave foi ano passado, aí o acabamento e móveis ficaram muito caro, decidi então trazer minha filha escondida para fazer férias aqui, conversei com uma amiga que se propôs a receber em sua casa porque o verme não podia nem sonhar que eu tinha feito isso. Minha filha chegou e meu coração se encheu de vida. Eu não consegui disfarçar e várias vezes Rodolf dizia que eu mudei e estava feliz todos os dias, e que eu não reclamava mais de nada, eu apenas dizia para ele que me acostumei e não posso mudar meu destino, mas Rodolf começou a desconfiar que algo estava estranho. Como ele trabalhava o dia todo, Maria ficava comigo e à tarde voltava para a casa da minha amiga, nós saímos para passear, fazer compras mostrar a cidade, foram dias maravilhosos, depois de dez anos e três meses minha filha aqui comigo, só para mim. Rodolf chegou em casa mais cedo, ao ouvir o barulho do carro tive que descer a escada correndo e esconder Maria no porão onde ficam os vinhos e despensa. Maria tinha muito medo dele e desde aquela época nunca mais quis contato. Subi rapidamente e ao encontrar Rodolf ele logo disse: "O que foi buscar no porão?"

Eu respondi que havia ido buscar um bom vinho, mas havia acabado. Ele me perguntou qual tinha acabado, pois ele tinha comprado todos os que eu gostava e iria lá buscar um para nós, porque tinha fechado um bom contrato. Meu coração disparou e eu disse que eu iria buscar e que ele podia ir tomar banho, mas ele desconfiou e disse que iria, pois estava esperando o irmão dele para assinar o contrato e só depois teria tempo de tomar banho. Ele desceu as escadas e me desesperei, fui atrás dizendo que ele tinha que ter calma e que ela não tinha culpa de nada, fui eu que a trouxe... ele, confuso, empurrou a porta do porão e ao ver Maria perguntou logo quem seria essa mulher e o que estava fazendo no nosso porão. Maria se encostou em um canto com medo e não falou nada, Rodolf gritava perguntando quem era ela, pois não a reconhecia, nunca tinha tido contato, e eu chorando desesperada disse que era a Maria minha filha. Ele disse gritando: "Você trouxe sua filha sem me comunicar? Não acredito nisso, você traiu minha confiança!"

E pegando Maria pelo braço, pediu para ela sair e a chamou de bastarda e que não queria ela na casa dele. Naquele instante eu peguei uma garrafa de vinho e acertei na cabeça dele, *fazendo ele* soltá-la. Senti muito nojo daquele verme, só vi o sangue descendo entre os olhos, Rodolf soltou a menina rapidamente e subimos a escada correndo. Ao chegarmos no *hall* de entrada olhei para a Maria que chorava e tremia de medo, percebi que não tinha a chave do carro, pois estava no quarto, subi rapidamente, peguei a chave, a bolsa e saí correndo com Maria. Neste momento surgiu Rodolf e me agarrou pelos cabelos, me deu um bofetão no rosto e Maria tentava me ajudar e gritar por socorro, foi quando o seu irmão Matias chegou e agarrou Rodolf perguntando se ele estava louco e pediu para ele parar, dando um murro na cara dele para conseguir detê-lo. Logo veio um carro de polícia que chegando já algemou Rodolf para contê-lo, a polícia havia recebido uma ligação dos vizinhos que ouviram os gritos. Eles ouviram as quatro pessoas que ali estavam e entenderam que a agressão foi apenas pelo Rodolf não aceitar a filha. Seu irmão Matias, bem diferente dele, ficou do meu lado e de Maria e se propôs a nos levar para a sua casa e no dia seguinte ir até a delegacia. Rodolf foi levado, mas um dia depois foi solto, mas não podia se aproximar de nós duas. Eu agradeci e pedi desculpa ao Matias pelo transtorno, ele tratou minha filha com muito carinho e disse para não me preocupar que o Rodolf não iria mais me incomodar e que o irmão dele era louco e teria que procurar um psiquiatra. Matias contou a Maria que ele era divorciado e que era três anos mais velho que Rodolf e tinha dois filhos, um de 16 e outro de 19 anos, que nunca tiveram muito contato com o tio, pois sabiam que odiava crianças, apenas se encontravam no Natal. No dia seguinte do acontecido Matias se propôs a ir junto comigo e Maria até a delegacia. Ao chegarmos lá Rodolf já estava esperando. Com um curativo na cabeça, ao ver seu irmão entrar comigo e Maria não falou nada; entramos, demos o depoimento e a polícia informou que seria melhor eu e Maria não voltarmos para casa. Rodolf disse que não me incomodaria mais, mas eu sabia que era apenas para não ter problemas com a polícia. A polícia me perguntou se eu queria voltar com ele e eu respondi que não, nunca mais. Então me perguntaram se eu teria outro apartamento para ficar e eu informei que tinha vários apartamentos, mas o único vazio não tinha móveis, e a polícia disse que ou eu ou o Rodolf teria que ficar no hotel até mobiliar o apartamento. Concordei em ele ficar na casa já que era herança de família e eu iria para o hotel até mobiliar o apartamento e começar o processo de divórcio. Rodolf tentou pedir desculpas como sempre fazia, mas eu nem olhei na cara dele, já era minha vontade separar e agora com a agressão foi a gota d'água. Ao sair da delegacia Matias me segurou pelas mãos, me pediu desculpas e disse que eu poderia ficar na casa dele, não precisaria ficar em hotel, mas eu achei melhor não aceitar para ele não ter problemas com o irmão, e ele então se propôs a ajudar a montar o apartamento já que estava de férias. E assim o fez, todos os dias Matias me encontrava para comprar móveis e resolver situações de instalações e tudo mais. Maria, sempre junto conosco, começou amizade com o filho mais velho dele, que se interessou a aprender português só para Maria não se sentir sozinha. O apartamento ficou pronto e fizemos um jantar para comemorar; eu, Maria, Matias e os dois filhos, o Simon e o Paul. Maria fez uma comida brasileira que todos gostaram muito, ela falava muito bem o inglês e se comunicava muito bem com os meninos, que queriam aprender português. No final da noite eu agradeci dizendo que fui casada há tantos anos com seu irmão e nunca tivemos uma noite tão agradável, e Maria, sorrindo, disse:

– Porque você escolheu o marido errado, o Matias é divertido e gosta muito de crianças.

Matias já tinha tomado bastante vinho e ria à toa, levantou e disse que estava solteiro há muito tempo e que gostava muito de mim, que sou educada e muito amorosa. Os meninos riram e disseram que pelo visto eu não iria sair da família. Eu fiquei sem graça e não respondi nada, apenas dei risada.

Depois de alguns meses Rodolf me procurou e pediu para voltar, dizendo que me amava muito. Eu não aceitei e disse que minha conversa com ele só seria na presença de advogados, pois queria tudo que tivesse direito. Assim que resolvesse tudo iria voltar para o Brasil e viver com minha filha, essa era a intenção. O divórcio saiu e eu recebi um bom dinheiro, foram quase 10 anos juntos, fiquei muito bem financeiramente, mas a decisão de voltar para o Brasil foi esquecida, Matias assim que o divórcio saiu se declarou para mim e me pediu em casamento. Eu gostava muito dele e esses dois meses foram muito agradáveis o contato, mas o que mais me fascinou nele foi quando ele se propôs a pagar a faculdade da Maria aqui na Suíça e adotá-la como filha. Ela não tem pai, é filha de mãe solteira, não pensei muito, aceitei e hoje minha boneca está aqui comigo, estudando com documento suíço, com nome do pai e tem dois irmãos maravilhosos que a amam e protegem-na como se a conhecessem desde o primeiro dia de vida.

– Meu Deus Mariana, que história maravilhosa você merece! E o verme do seu ex-marido?

Mariana:

– Conversa apenas o essencial com o irmão, mora na mansão sozinho e vive de casas noturnas com garotas de programa, elas só o aguentam por uma noite porque paga bem.

Volta da Jéssica para o Brasil

Jéssica cresceu e com 14 anos se tornou uma linda mulher, mas eu sentia que não estava feliz na Suíça e aos poucos começou a reclamar da escola, dizia estar muito difícil e mesmo tendo notas altas achava que seria difícil conseguir uma boa formação, ela sonhava em ser advogada e eu apoiava em tudo, tentava fazê-la entender que nada é fácil na vida, mas ela iria conseguir.

Depois que voltou das últimas férias, ficava sempre comparando a alegria das pessoas do Brasil e o tempo, etc. Percebia que queria mesmo era voltar, dizia ter saudades do pai e de toda a família, dos primos dela, principalmente Laís com quem era sempre muito grudada, mesmo assim eu, firme, não concordava em deixá-las voltar para o Brasil, mas muitas vezes a pegava chorando pelos cantos. Com o tempo ela foi convencendo o Jakob que amava o Brasil e também tinha sonho de viver no Brasil depois dos 50 anos, minha vida estava muito bem, mas ver minha filha triste me entristecia.

Um belo dia, Jéssica e Jakob me chamaram para conversar e decidi a volta para Brasil. No momento não concordei, mas quando Jakob disse que também iria comecei a pensar na hipótese.

O dia chegou e a tão sonhada volta para o Brasil para Jéssica e Geovana. Organizei o carro novo para Dida levá-la à escola e comecei a procurar a casa tão sonhada que Jakob queria em um condomínio fechado. Eddy, feliz da vida com a volta das filhas. Depois de tudo organizado, voltei para a Suíça com algumas fotos e endereços de imobiliárias. Sabia que teria que ficar mais de três meses para vender meu pequeno salão e entregar o apartamento que eu morava com as meninas em Steinmaur.

Mas ao voltar, logo no aeroporto percebi que Jakob estava diferente e confuso, mas não falei nada, afinal, estava morrendo de saudades dele e não queria falar de problemas, pelo menos na chegada. Passamos um fim de semana maravilhoso e o Jakob não tocou no assunto do Brasil. Passou-se um mês e nada, final de janeiro e nada, então resolvi conversar, afinal, tinha entregado meu apartamento para uma moça da igreja e estava morando com ele em Schwyz e tinha que dirigir 1:30h todos os dias para trabalhar, não tinha mais o salão, entreguei para economizar e ia atender nas casas das clientes, fazer faxina e Chilbi era uma verdadeira viagem todos os dias para trabalhar, mas enfim, ele disse que tinha que economizar para comprar uma boa casa em São Paulo, então acreditei.

Mas o tempo foi passando e toda a casa que eu mostrava para ele, ele sempre não concordava e sempre colocava defeitos. Comecei a achar que ele estava me enrolando e resolvi sentar para conversar de novo, não é justo ele não tocar mais no assunto de irmos para o Brasil comprar a casa, minhas filhas ficaram lá. Logo chegou 16 de fevereiro, aniversário da Geovana e a tristeza aumentou muito, ele chegou em casa e eu estava no quarto, havia chorado o dia todo de saudades da Jé e da Ge. Ele ao ver meus olhos vermelhos logo perguntou:

– Meu amor, o que houve?

E eu expliquei sem brigar:

– Já tem dois meses que voltei e você não fala nada mais sobre a ida ao Brasil, sobre o casamento, e não conversa nada. Por favor! O que está acontecendo? Me fala, você não gosta mais de mim? O que houve? Não sou idiota, algo aconteceu.

E ele muito frio respondeu:

– Estou com problemas com meu pai, ele não está bem e não tenho cabeça para pensar em nada, vou para a África na próxima semana e quando voltar prometo que resolvo isso, não fique assim, eu te amo muito e tudo vai ficar bem.

Eu não falei mais nada e me calei, mas meu coração sabia que algo ali não era realidade, mas ele disse que o pai não está bem e neste caso eu tenho que entender, pois perdi minha mãe e eu sei a dor que é, então não discuti.

Tudo passava na minha cabeça, talvez tivesse mesmo uma mulher na África como todos desconfiavam ou talvez quisesse mesmo ser padre, já que vivia em grupos religiosos. Tudo passava em minha cabeça e, confusa, não conseguia entender nada. Algo me dizia que ele estava mentindo e a doença do pai era desculpa, por outro lado pensava, é pai dele, tenho que entender, é prioridade, e se ele fosse para o Brasil e o pai morresse, eu não iria me perdoar.

Três semanas se passaram e Jakob voltou da África. Eu, com meu coração feliz e muito confuso por tudo, fui buscá-lo no aeroporto de Zürich, ao mesmo tempo em que meu coração batia de saudades vinha uma raiva e um ódio terrível por ele ter afastado minhas filhas de mim. Cheguei uma hora antes do horário marcado, estava ansiosa para encontrá-lo e sonhava com a nossa vida nova no Brasil, com as crianças, no meu país, perto da minha família, queria muito ter uma família de verdade com o Jakob. Já fazia 30 minutos esperando o Jakob e não chegava, comecei a ficar preocupada, mas não pensei em olhar no painel se o voo estava atrasado ou não, então resolvi ir até a lanchonete e pedir um café.

Ao me sentar na lanchonete do aeroporto, se aproxima de mim um homem alto, magro, que sentado ao meu lado não parava de me olhar. Tive a impressão de que conhecia esse homem, mas de onde? Seria um político? Eu não conseguia disfarçar e olhava também. De repente ele veio em minha direção e perguntou:

– Você é Eva?

– Sim, eu me chamo Eva, e você?

– Marcel, lembra-se de mim?

– Não... ou seja... mais ou menos... eu te conheço, mas não sei de onde, me desculpe não sou muito boa de lembranças.

– Fui a uma festa que você estava, há poucos meses atrás.

– Sim, onde foi a festa?

Ele me explicou e fiquei imaginando, mas não me lembrei dele nessa festa, mas por educação falei que lembrava; enfim, ele era muito simpático, alto, magro, com olhos castanho-claros e cabelos muito bem cortados, embora um pouco calvo. Começamos a conversar e de repente pensei; "meu Deus, o Jakob já deve ter chegado, esqueci-me dele totalmente dele".

Marcel:

– Você é casada, Eva?

– Não! É só namorado, mas não por muito tempo.

E ele riu feliz, tinha um sorriso que encantava e eu me vi fascinada por aquele homem. Ele falou:

– Calma, de onde vem seu namorado?

Eu respondi:

– África, voo xxxx.

Marcel:

– Fique tranquila, o voo está atrasado.

E continuamos conversando por muito tempo. De repente ele olhou o painel e disse:

– Seu namorado chegou!

– Como você sabe?

– Eu trabalho no aeroporto.

Olhando nos meus olhos ele disse:

– Espero que nos encontremos novamente, quando te vi na festa falei para o meu amigo que você seria a minha esposa, meu amigo riu, e agora te encontrei novamente, pode ser que estava certo.

Ele riu feliz, pegou um cartão da carteira e me entregou dizendo:

– Quando quiser me encontrar me liga, será um prazer te encontrar de novo.

Peguei o cartão sem olhar nada, ele se levantou, pagou os cafés e foi embora, eu fiquei com o cartão na mão pensando naquele homem sorridente e positivo, feliz da vida, que me fascinou, sua alegria no olhar, e pensei no Jakob sempre com um semblante de tristeza, negativo como se estivesse sempre doente, totalmente o oposto do Marcel.

Jakob saiu do desembarque e pude ver em seu rosto certa preocupação, me abraçou feliz, mas ao mesmo tempo frio e pensativo como sempre. Entramos no carro e ele foi logo falando:

– Amor, temos que ir a Flims amanhã, meu amigo está com problemas e fiquei de visitá-lo.

Eu fiquei furiosa e pensei, ele havia combinado que quando voltasse da África iríamos viajar dois dias para conversar sobre nós, o que fazer agora? As crianças estão no Brasil e agora ele volta com mais uma desculpa. E respondi:

– Eu não vou! Vou organizar clientes de cabelos, preciso de dinheiro e nós também estamos com problemas, minhas filhas estão no Brasil e eu aqui! E você, como sempre, só pensa nos problemas dos seus amigos, da sua família, você é muito egoísta, só pensa em você mesmo, eu estou sofrendo muito com falta das meninas aqui, só levei porque você disse que iríamos para o Brasil e agora sempre fica inventando coisas para não tocar no assunto, se você quiser ir poder ir, eu não vou! Vou trabalhar para mandar dinheiro para as minhas filhas porque a sua vida está organizada, e a minha estava muito bem antes de acreditar em você e enviar as meninas para o Brasil.

E ele aborrecido foi logo falando:

– Não é nada disso, eu amo você, só que no momento preciso resolver muitas coisas, mas logo vai passar.

Explicou o problema do amigo e me convenceu mais uma vez. Ele tem talento de convencer as pessoas, típico de advogado.

Fiquei muito triste ao chegar em casa, me tranquei no quarto de visita e comecei a pensar no Marcel, um homem alegre, descontraído, com voz firme e determinada, esse sim era um homem para mim, aí pensei por que não conheci um homem assim? Que sabe o que quer da vida, e não esse que não sabe o que quer, cheio de problemas, família, amigos... é muito complicado.

O primeiro voo com Marcel

No outro dia pela manhã acordei e fomos para Flims, na viagem não tinha nenhuma vontade de conversar com ele, fomos toda a viagem sem sequer dar uma palavra. Ao chegar lá o amigo não parecia ter problema algum, foram jogar e fumar charutos como sempre, muito feliz o amigo que se dizia problemático, demonstrava outra coisa.

Logo saíram, e eu fiquei com sua esposa Iara, ela me explicou que o marido era igual ao Jakob e que também estava cheia de tudo isso também, ela falou do problema do marido e logo vi que se tratava de reunião de trabalho e não de amizade. Iara era uma mulher magra, alta, muito inteligente, com formações acadêmicas. Abrimos uma garrafa de champanhe e a conversa ficou animada, meu telefone tocava sem parar e Iara disse:

– Eva, pode atender, não atrapalha em nada, só estamos nós duas na mesa.

Eu atendi ao telefone, era Marcel, o homem que eu encontrei no aeroporto, que foi logo perguntando:

– Pode atender? Não quero atrapalhar nada.

Olhei para Iara que riu e discretamente saiu da sala como se não estivesse entendendo nada. Conversamos uns 10 minutos. Quando desliguei, Iara voltou para a sala e sem falar nada mudou de assunto e começou a falar do tempo. Percebi sua discrição e disse:

– Iara, posso te contar uma coisa?

– Eva, não precisa dar satisfação de nada.

– Não Iara, eu preciso contar para alguém e confio em você o suficiente para contar tudo. Não sei mais o que fazer, o Jakob não decide o que quer da vida, mandei minha filha para o Brasil e agora ele está me enrolando para se decidir, minha vida está toda enrolada novamente, estou perdida, não sei mais o que fazer, fui de férias, me envolvi com um rapaz na

Bahia e o Jakob acha normal me envolver com pessoas de férias, tenho que encontrar meu ex-marido Harry sempre e Jakob acha normal. Nesses 4 meses larguei do Jakob, me envolvi com o Alfredo da Chilbi só para preencher o vazio que tenho dentro de mim, mas não quero viver desse jeito, quero ter uma família, morar junto, cuidar das minhas filhas e do meu marido. Ontem quando eu esperava o Jakob no aeroporto encontrei o Marcel, o conheci numa festa, mas não lembrava mais dele, o problema é que desde ontem eu não consigo parar de pensar nele, seu sorriso, sua alegria de viver, suas palavras... não sei muito sobre ele, mas parece que já o conheço de anos.

Iara:

– Foi ele que te ligou agora?

– Sim foi ele, ele quer encontrar comigo hoje, eu falei que estava aqui e ele disse que se eu quisesse ele vem aqui me encontrar.

Iara:

– Eva, escute seu coração, ele sempre vai te orientar certo.

– Se ouvisse meu coração eu iria encontrar com ele agora!

Iara:

– Então vá, não deixe de viver o que você quer viver. É que na verdade queria ter a mesma coragem que você .

Nunca imaginei ouvir isso de Iara. Peguei o telefone, liguei para Marcel e desliguei, esperei um minuto e ele me ligou e disse:

– Tudo bem, você falou que viria me encontrar, então pode vir.

Passei o endereço e ele conhecia tudo ali. Passaram 50 minutos e o telefone tocou, era ele...

– Eu já estou aqui!

– Aqui onde?

– Perto do endereço que você passou tem um aeroporto pequeno a 5 minutos, pega um táxi e vem aqui!

Iara me informou que era verdade, eu logo chamei um táxi e fui. Ao chegar lá, ele, muito feliz e sorridente me convidou para voar com ele.

– Como assim? Você é piloto?

– Sim, eu sou, olha meu aviãozinho, é pequeno, quer voar comigo?

Imediatamente aceitei, com muito medo, nunca tinha voado em avião pequeno. Voamos uns 40 minutos até Gstaad, uma paisagem maravilhosa, era fim de fevereiro e as montanhas tinham muita neve, era um sonho.

Ao descer fomos a um restaurante almoçar e conversamos muito sobre tudo. Marcel era um homem adorável, que sorria o tempo todo, descontraído, ele nem parecia suíço, normalmente os suíços são muito sérios e fechados, não são de rir o tempo todo como ele. Marcel falou sobre sua vida, suas viagens por todo o mundo como piloto profissional e as aventuras com mulheres de vários países. Já estávamos mais de cinco horas juntos, quando me lembrei da Iara e do Jakob. Resolvi ligar para ela para conversar:

– Iara, eu estou bem, mas não quero mais voltar para Flims, avisa ao Jakob que resolvi ir para casa e que eu converso com ele depois.

Marcel olhou fixo nos meus olhos e disse:

– Você não vai voltar para Flims?

– O problema é que meu apartamento está com uma conhecida e preciso de uma semana para voltar, não quero ir para casa dele, quero tentar outra vida para mim, chega de viver a vida deles, resolvi ser eu e não tentar ser o que não sou e nem quero ser.

Marcel:

– Nossa! Que mulher decidida, eu gosto de mulheres com esse caráter de decisão.

– Você pode me deixar em Dübendorf depois, ou perto, preciso falar com a moça que está com meu apartamento.

Marcel:

– Liga para ela, eu tenho férias e posso te ajudar com tudo isso.

– Fevereiro, não tem Chilbi, é muito parado para trabalho com cabelos, pois minhas clientes de cabelos estão no Brasil no carnaval, tenho algumas clientes, mas posso ligar para marcar outro dia.

Marcel:

– Ótimo, uma amiga tem um apartamento aqui em Gstaad.

Eu realmente queria conhecer melhor aquele homem e resolvi me aventurar, seria uma loucura? Talvez, se eu não tentar eu não vou saber, já me aventurei tantas vezes que não seria novidade. Foi uma noite de sonhos, Marcel era muito carinhoso, gentil, educado, amoroso, carinhos e beijinhos não faltaram, eu não sabia o que era isso, Jakob era sempre muito reservado até para fazer um carinho, mas me envolvi profundamente sem pensar em nada e senti que ele também parecia um adolescente sem juízo, todos os dias sabia mais sobre ele e gostava ainda mais dele, comecei a ficar preocupada, ele era realmente perfeito, o que acharia de errado naquele homem com quem estava apenas uma semana e parecia que já o conhecia há um século ou de outras vidas.

Marcel me falou que era casado, mas já era há muito tempo separado de corpos e me propôs a falar com a ex e resolver tudo para o divórcio. Fiquei um pouco preocupada, mas enfim, era só uma semana e já falávamos em casamento enquanto o Jakob em seis anos ainda não sabia o que queria, acho que Deus me ouviu mesmo, um homem decidido, descomplicado e carinhoso, confiava muito nele, era uma pessoa bem transparente em tudo que fazia e falava, me levou para conhecer restaurantes e lugares lindos em Gstaad, estava mesmo encantada, dias de princesa que nunca havia vivido na Europa.

Me contou que já era piloto na Suíça há mais de 25 anos e que amava muito o que fazia, embora tivesse que voar para vários continentes, ficando praticamente 50% do tempo viajando e fora de casa, e quando tinha tempo livre ele amava jogar golfe e que também já fazia mais de 25 anos. Falou sobre sua vida de casado e que não havia tido filhos por vários motivos. Contou sobre seus familiares e eu escutava tudo fascinada. Explicou que precisou de mais de 10 anos para terminar seu avião, pois trabalhava na construção só quando tinha tempo livre ou de férias do trabalho, por esse motivo precisou de muitos anos. Eu fiquei deslumbrada em saber que tinha voado no avião que ele tinha construído sozinho, e com muita admiração falei:

– Nossa! Como você é inteligente, construiu um avião sozinho.

Cada vez eu ficava mais encantada e fascinada por ouvir uma pessoa tão inteligente e culta com capacidade de construir um avião, para mim que não fiz universidade era muito grande esses conhecimentos, mas para um engenheiro eletrônico é normal.

Eu contei sobre a chegada à Suíça, meu casamento, meus trabalhos, minha vida na Suíça e ele ficava ouvindo em silêncio e com muito interesse, sem interromper. Falei também sobre minhas filhas e de como estava sofrendo nestes três meses que elas estavam no Brasil.

Marcel:

– E por que elas foram embora?

Eu esclareci tudo e comecei a chorar, ele passou suas mãos no meu rosto, secando as lágrimas e se propôs a ajudar com tudo que pudesse para trazê-las de volta e organizasse minha vida; não sei por que, eu percebia que ele estava falando de verdade e embora fosse pouco tempo, já sentia como se a vida fosse mudar muito. Parei de chorar, respirei e perguntei:

– Posso te pedir uma coisa, Marcel?

– Sim, claro Baby.

Era assim que ele me chamava.

– Me prometa que se nós ficarmos juntos, eu nunca mais vou ser o homem da casa e que eu e minhas filhas vão ser prioridades na sua vida, que nunca mais estarei sozinha e que vai ser sempre sincero comigo e cuidar de mim.

– Sim, prometo! E você promete que vai cuidar de mim quando estiver velho?

– Sim, prometo.

Ele me envolveu nos braços e me beijou profundamente.

Ficamos cada dia mais juntos. Já se passavam dez dias e resolvi ligar para o Jakob e contar tudo, inclusive que iria buscar minhas roupas e não queria tentar mais relacionamento sem futuro. Jakob, bravo, me perguntou por que, pois, ele iria resolver tudo, só precisava de um tempo para seu pai melhorar e organizar toda a nossa vida. Eu respirei fundo e disse:

– Jakob, eu não quero mais, conheci outra pessoa e resolvi dar para mim mais uma chance de ser eu mesma e ser feliz com um homem que me ama e ama as minhas filhas também.

Jakob:

– E quem é esse homem?

– Você vai conhecê-lo em breve, vou passar para pegar minhas roupas e levar para meu apartamento em Dübendorf.

Jakob ficou muito bravo, mas ao mesmo tempo tentou se controlar, marcou de nos encontrar em sua casa em duas semanas para conversar e buscar minhas coisas em Schwyz.

Marcel, ao meu lado, ouviu tudo e ficou feliz por ver que eu não estava brincando com ele. Ao voltar para casa em Dübendorf a moça devolveu o apartamento sem problemas, mas em duas semanas descobriu que tinha três meses de aluguel sem pagar, ela não me avisou nada, simplesmente o apartamento estava em meu nome e fiquei desesperada, o Marcel estava comigo quando a carta chegou e logo se propôs a resolver, me senti segura e protegida e percebi que tudo que havia dito nas férias poderia ser real. Voltamos para o meu apartamento e ele ficou comigo o final de semana e foi muito especial, cozinhei para ele, passeamos em Bern, Thun, Zug, e voltamos para Dübendorf.

As perucas da Ágata

No dia seguinte Ágata me ligou, ela procurava duas perucas diferentes, uma loira de cabelo humano e outra lisa de cabelo preto. Ela queria ir até o salão, pois tinha algumas perucas, mas como tinha fechado o salão e estava no depósito, me propus a atendê-la em sua casa para não perder a venda. Ágata me perguntou se seria possível eu ir dentro de dois dias, pois tinha pressa, usaria as perucas em sua lua de mel, então ela ficou de me pagar 1000Fr a mais do valor para que eu fosse de trem ou de avião até a sua casa na França.

Aceitei, mas só poderia no domingo. Ela concordou e disse:

– Melhor ainda, porque meu noivo não está e quero fazer uma surpresa para ele na nossa lua de mel.

E assim, marquei e fui. Marcel se propôs a me levar, sendo assim, não precisava ir de trem, iríamos com avião pequeno do Marcel, peguei as 4 perucas e fui.

Marcel observou que próximo ao endereço teria um pequeno aeroporto privado, ligou e pediu autorização para pousar. Avisei a minha cliente que se propôs a enviar um táxi para nos buscar no pequeno aeroporto de uma pequena cidade da França. Ao chegar ao local do endereço percebi que não se tratava de uma casa, mas sim um castelo antigo e muito bem conservado, com jardim e cascatas na entrada.

Ela nos esperava fora e nos recebeu com muito carinho. Ágata era brasileira procedente da região sul, era loira de olhos azuis, estatura magra e tinha dentes brancos e lindos como se podia notar quando sorria. Convidou-nos para entrar e o Marcel não aceitou, iria dar uma volta naquela pequena cidade francesa. Enquanto eu conversava e mostrava as perucas, ele queria andar a pé e conhecer ali, ficou de voltar em uma hora.

Ágata me ofereceu um chá. Comecei a mostrar as perucas e logo gostou das quatro. Pagou em dinheiro sem reclamar, já que tinha dinheiro no cofre. Feliz da vida, perguntei:

– Você é atriz? Ou gosta de perucas mesmo?

Ela me respondeu rindo prazerosamente:

– Não! É fetiche do meu marido, ele não se importa o quanto eu gasto com perucas, ele só quer que todo o dia eu tenha um visual diferente. Meu marido, como muitos outros europeus, sempre viveu dentro de saunas, clubes e cabarés por todo o mundo, muito rico, gastou dinheiro absurdo por toda parte; Brasil, Tailândia, África... eu o conheci em um bar muito chique aqui em Paris há um ano atrás, a partir daquele dia ele ia todas as noites no cabaré onde eu dançava frequentemente.

Uma noite bebeu muito e contou sobre suas fantasias sexuais e falou que nunca se casou, pois, nenhuma mulher iria entender isso, me explicou que só conseguia ter ereção se visse duas mulheres se beijando e mais uma para ele transar, dei muita risada e falei que casaria com ele sem problemas, pois no cabaré era frequente os clientes pedirem isso, era normal, porém cobramos mais caro pelos serviços, mas se o cliente tiver dinheiro pode tudo. Ele riu e me convidou para morar com ele em um lugar lindo, pois se sentia muito sozinho e queria muito uma companheira, mas ele amava a fantasia dele. Eu aceitei imediatamente e fui conhecer sua casa, eu sempre quis ser rica e fazia qualquer coisa para conseguir isso. Uma vez por mês ligava para as meninas que trabalhavam com programas e nos encontravam em um hotel, pedíamos dois quartos, um do lado do outro e muito discreto, elas iam em nosso quarto ou nós íamos no delas, eu colocava a peruca nelas e em mim e fazíamos sexo a 4, às vezes ele queria só olhar e outras vezes fazíamos juntos, dependia do humor das meninas e o desejo que provocaria nele... e hoje acho isso muito bom, me divirto também, tenho tudo o que quero e gosto de ficar com outras mulheres também. Acho tudo normal, não preciso ter vários homens na minha cama e ele não tem contato das meninas, eu que organizo tudo com muita discrição, nossos amigos nem imaginam, vamos nos casar em dois meses, é tudo muito normal para sua família e amigos, por isso quero fazer uma coisa nova. Duas loiras como eu e eu de peruca preta, por isso preciso das perucas, duas loiras e uma preta.

– Mas você não tem ciúmes? Pela foto é um homem bonito e atraente.

– Eu trabalhei no cabaré muito tempo, é melhor ser mulher de um homem só do que de muitos, ele me trata como uma dama, vivo aqui, tenho vários empregados para me servir e eu sei que ele me ama, por realizar suas fantasias e por isso me dá de tudo e até demais. E na verdade não sou hipócrita, eu gosto dessas fantasias, me dá prazer também, e ele não tem filhos, me casei com comunhão de bens e já avisei, não me separo, ele pode ter quantas mulheres ele quiser, é só usar preservativos, mas a esposa sou eu. Muito obrigada Eva, você me ajudou muito em vir até aqui, suas perucas são maravilhosas, será uma grande festa, te enviarei fotos de tudo.

E sorriu.

A cirurgia

Marcel voltou a trabalhar, em uma semana ele teria férias novamente de duas semanas e resolvemos viajar, mas infelizmente tinha neve demais e fomos de carro. Foi maravilhoso também, os Alpes Suíços são simplesmente um sonho. Ficamos uma semana e o tempo melhorou, Marcel resolveu voltar com o avião, para ele era um privilégio poder fazer voo por toda a Europa. Voltamos, trabalhei dois dias e voltamos novamente para Gstaad, ficamos uma semana lá para nos conhecermos melhor e programarmos nossas vidas, Marcel e eu tínhamos pressa de viver e ser felizes juntos, e já com 49 anos e eu 37, não éramos tão jovens e não queríamos perder mais tempo.

Marcel me contou sobre seus relacionamentos pelo mundo, Tailândia, América, África e outros, mas nunca teve uma namorada brasileira, ele estava radiante e feliz e ao contar uma história de uma moça africana se emocionou, as lágrimas começaram a rolar pela face, ela era uma moça muito bonita e segundo Marcel, quando voava a trabalho, encontrava com ela lá, foram vários encontros e convivência com a família dela, a cultura, como vivia, etc. Marcel ainda era casado no papel e por isso a moça não poderia morar na Europa, ele teria que se separar primeiro e se casar com ela para que ela pudesse entrar na Suíça. Ele contou que gostava muito dela e estava disposto a se separar e se casar para trazê-la para a Suíça. Logo perguntei:

– E aí, por que não se casou com ela?

Ele voltou a se emocionar e contou:

– Eu estava decidido a pedir o divórcio para a minha esposa, pois já não vivíamos mais como casal e sim como amigos, mas um dia recebi uma ligação dela dizendo que estava doente e que queria que eu fosse vê-la na África. Imediatamente consegui voar para lá e ao chegar conversei com a família dela e médicos e recebi a notícia que ela tinha um câncer raríssimo e tinha poucos dias de vida. Meu chão desabou e meu coração doía muito em saber que naquele quase um ano de relacionamento convivi tão pouco e agora ao vê-la numa cama de hospital daquele jeito sofri muito. Pedi afastamento do meu trabalho e fiquei lá até os últimos suspiros dela, preparamos o enterro e as homenagens típicas do país dela, foi uma cerimônia muito bonita.

Marcel pegou seu telefone, me mostrou algumas fotos e depois falou com muita firmeza:

– É por isso que prometi para mim mesmo que quando eu amar uma mulher não quero esperar mais, quero casar e ser feliz cada segundo... e sei que amo você, Eva.

Marcel falou com tanta firmeza que o abracei e fomos dormir, meu coração palpitava de felicidade; até que enfim Deus me mandou um homem que tanto pedi.

Passaram-se três dias de férias em Gstaad e cada dia conhecia melhor o Marcel, ele combinou que iríamos almoçar em um restaurante que ele gostava muito, perto do aeroporto. Naquele dia amanheci com cólica e muito enjoada, havíamos bebido muito na noite anterior, então pensei que a comida não teria caído bem, mas não quis falar nada para ele, tomei um medicamento que sempre levava na bolsa, pois todos os meses tinha muita cólica pelo mioma que tinha. Passeamos na cidade, o sol estava maravilhoso, porém um pouco frio, aquela dor foi aumentando, aí resolvi pedir para ir ao restaurante, pois a dor já estava muito forte. Ao chegarmos ao restaurante sentamos e ele pediu um vinho. Brindamos nosso encontro e nosso amor, estava muito bom para ser verdade, parecia um sonho. Pedimos o almoço, tentava me concentrar, mas a dor não passava. De repente senti como se tivesse feito pipi na roupa, levantei-me rapidamente, pedi desculpas ao Marcel e fui em direção ao banheiro. Senti como se fosse desmaiar, entrei no banheiro, me sentei no vaso e vi que minha roupa estava lavada de sangue, e não era dia de descer minha menstruação. O que estaria acontecendo? Comecei a chorar no banheiro, eu sentia que ia desmaiar, mas estava sozinha e a dor estava tão forte que me deitei no chão do banheiro sem pensar em nada, era um restaurante muito chique e sofisticado, mas não pensei em nada, peguei o meu telefone para chamar o Marcel, mas o banheiro era embaixo e não tinha rede. De repente entra uma mulher e pergunta em francês:

– Madame! Madame! Precisa de ajuda?

E eu falei em alemão:

– Socorro! Me ajuda!

E rapidamente a senhora saiu e chamou o gerente que conhecia o Marcel. Chamou-o e me levou para a sala do segundo andar. Chegando lá me deram água e chamaram um médico da emergência, eu totalmente tonta consegui responder lentamente ao médico que falou que eu precisava ir urgente para o hospital, disse que eu estava com hemorragia e me perguntou:

– Qual o seu ginecologista?

Eu respondi com muita dificuldade e Marcel e o médico ligaram para meu ginecologista.

Marcel perguntou ao médico se eu poderia voar 30 minutos até Zürich, pois seria mais rápido chegar a um hospital. O médico disse:

– Agora! Pois ela está medicada, mas logo começarão as dores novamente.

Marcel pegou o avião e voamos até o aeroporto mais próximo, pegou um táxi e me levou direto ao hospital onde o doutor já me esperava. Ao chegar lá o Médico fez exames rapidamente de ultrassonografia e detectou que o mioma tinha causado toda a hemorragia e teria que fazer uma cirurgia o mais rápido possível. O médico conhecia o Jakob e disse ao Marcel que teria que ligar para o Jakob, pois sabia que Jakob não tinha filhos e tinha planos de ter filhos comigo, então teria que avisar que eu teria que tirar o útero.

Marcel ficou nervoso e gritou com ele:

– Ela está correndo rico de vida, como você mesmo disse, não tem que ligar para ninguém, eu me responsabilizo por tudo.

O médico, muito simpático, aceitou e explicou tudo para mim e Marcel sobre os procedimentos da cirurgia que passaria ainda naquela tarde. Marcel aceitou tudo e assinou os papéis. Quando fui para sala de cirurgia, ele sempre sentado ao meu lado, de mãos dadas, me sentia segura por um lado e desesperada por outro, minha cabeça pegava fogo, meu coração disparado só pensando "e se eu morrer nessa cirurgia? Se der algo errado, quem vai cuidar das minhas filhas, uma com 7 anos e outra com 14? Meu sonho era formá-las... tão pequenas... talvez não conseguiria... meu Deus"! Fiquei com ódio, tudo culpa do Jakob que me fez mandá-las para o Brasil, talvez eu morra e elas nem vão saber, e agora, como avisar a elas que faria uma cirurgia dessas, não era uma cirurgia comum, pois o mioma tinha estourado e deu hemorragia interna, se Marcel ligar agora elas ficarão em pânico. Falei com Marcel e decidimos não contar nada a elas.

O médico entra no quarto e fala:

– Chegou a hora, vamos te medicar e em alguns minutos você vai apagar.

Marcel apertou minhas mãos, me beijou no rosto e prometeu:

– Vai dar tudo certo, vou olhar pelas suas filhas que agora também serão minhas filhas, então fica em paz, não pense em nada, prometo cuidar de você e delas.

– Se acontecer algo de errado, promete cuidar delas mesmo? Promete?

– Prometo, mas não vai acontecer nada, logo você vai ficar bem, Deus não vai te levar agora que eu te encontrei.

A enfermeira me medicou e apaguei olhando o rosto apreensivo e preocupado dele.

Acordei no quarto ao ver o sorriso do Marcel que havia dormido ali, fiquei feliz e ele logo falou:

– Viu, meu amor? Acabou, deu tudo certo, a cirurgia foi um sucesso e você logo vai ficar bem, tem que ficar cinco dias no hospital e quarenta dias de repouso em casa, mas eu vou para lá ficar com você, vou pegar férias para cuidar de você.

– E as minhas filhas, já sabem?

– Ainda não, vamos ligar mais tarde para elas, fica tranquila.

– E agora, quarenta dias sem trabalhar, como fazer para mandar dinheiro para as minhas filhas?

– Eu tenho uma reserva e vou te ajudar com tudo, só descanse, vou pegar férias de duas semanas que tenho e vou cuidar de você, você teve um corte grande e doze pontos e precisa de cuidados como uma cesariana, mas agora fica tranquila, em uma hora chega o médico.

O médico chegou para controle e logo depois chegou o Jakob, haviam avisado a ele da cirurgia.

Marcel saiu para telefonar, pois havia recebido uma mensagem de sua irmã e ao voltar ele estava com cara de preocupado aí perguntei:

– Tudo bem?

Marcel:

– Não muito.

– O que houve, amor?

– Acabei de falar com a minha irmã, e minha mãe acabou de falecer.

– Nossa amor, que triste!

Marcel:

– Graças a Deus morreu dormindo e não tinha nada, o coração parou, não sofreu, só dormiu e morreu. Agora você está bem, à tarde eu vou lá para ajudar a organizar tudo e dar força ao meu pai e minha irmã, mas não posso fazer mais nada, ela já se foi, era uma mulher maravilhosa, que você não pôde conhecê-la, vou ficar lá até amanhã e pela manhã volto. Vamos ligar para as suas filhas.

Ligamos e Jéssica e Dida ficaram apavoradas por eu não ter avisado antes. Mas agora já passou e preciso me recuperar.

Jéssica:

– Mãe! Quem vai cuidar de você aí? Tia Talia está na Áustria.

– O Marcel está cuidando de mim e logo vai ao Brasil para conhecer vocês.

Jéssica:

– Mas cadê o Jakob?

– Te explico tudo quando for aí filha, tenho que desligar agora, ainda estou fraca, não posso falar muito, mas mamãe ama vocês, cuida da sua irmã, está bem? Fica com Deus.

No dia seguinte Marcel chegou bem cedo, muito abatido com a morte da sua mãe, mas tentava sorrir para eu não ficar preocupada, mesmo com muitas dores tentei apoiá-lo nesse momento difícil, mas sabia que não estava sendo fácil para ele, sua vida estava bem confusa, minha cirurgia, a morte da mãe, ele teve uma semana de um verdadeiro terror, mas em nenhum momento ele reclamou de nada.

Passaram-se seis dias e o enterro aconteceu, normal na Europa esperar um tempo para o enterro.

Primeiro encontro de Marcel com Geovana e Jéssica

Voltei para casa em Dübendorf e Marcel foi comigo para não ficar sozinha, afinal minhas filhas e Dida ainda estavam no Brasil. Ao chegar em casa meu coração disparou, o que seria agora? Em vez de estarmos em lua de mel e fazer um sexo normal, Marcel tinha que todos os dias fazer meu curativo como um enfermeiro. Comecei a pensar que talvez me acharia muito complicada e iria embora, qual o homem que acabara de conhecer uma mulher e já tem responsabilidades em pagar as contas, pois ela não pode trabalhar e ainda ser enfermeiro dela? Mas Marcel fazia meus curativos todos os dias sem reclamar e percebia que ele fazia com muito carinho e prazer.

Nesse momento percebi o seu grande amor por mim, como muitas falavam que ele só queria sexo e se aproveitar, pois ainda estava casado e me mostrava exatamente o contrário, foram mais de três meses sem sexo e a cada dia nos amávamos mais, neste período ele trabalhava três a quatro dias de voos para outros países e depois ficava dois a três dias comigo em casa. Um belo dia ele falou:

– Amor, tenho que ir até minha casa em Bern buscar algumas roupas, ok?

Fiquei triste, pois não gostava quando ele ia para Bern, lá morava sua ex-esposa e mesmo sabendo de tudo eu não gostava, ele percebeu que eu fiquei triste e disse:

– Se quiser eu pego tudo e venho morar aqui com você.

Eu sorri e disse:

– Pode vir!

Eu sabia que aquele apartamento era muito simples e Marcel sempre morou bem, em uma boa casa e boa localização e jamais viria morar em um apartamento simples como o meu. Nesse mesmo dia fiquei em casa o dia todo pensando o que fazer; já que estava melhor, então tinha que começar a trabalhar, não queria explorar Marcel que já fazia dois meses que ele pagava tudo para mim.

Às 18:30 vi o carro de Marcel parar no meu estacionamento, olhei pela janela e vi que o carro estava cheio e pensei "o que seria aquilo?" Ele entrou sorrindo e disse:

– Agora não pode mais voltar atrás, você falou que eu poderia vir, então trouxe quase tudo, só preciso depois ir buscar os meus pertences de escritório e algumas coisas que gosto muito, já conversei com minha ex-mulher e vamos nos divorciar.

Assustada, levantei e disse:

– Você é louco?

– Não! Estou muito feliz. Você falou para eu vir morar aqui, agora estou aqui só para você e não vou embora nunca mais, não vou te deixar só.

Sorri feliz, abracei e beijei-o loucamente, meu coração disparou, ele não estava brincando, ele sabia o que queria, morou vinte anos na mesma casa e um dia resolveu ir embora sem se importar com o simples apartamento que eu vivia.

Já havia passado um mês que tudo aconteceu e ele achou melhor visitar as minhas filhas, comprou o bilhete para mim e fui para São Paulo.

Geovana ficou muito feliz com a notícia de voltar para a Suíça, mas Jéssica estava bem na escola e não queria voltar. Jéssica nunca gostou muito de morar na Suíça embora tenha vivido no país quase sete anos. Então depois de muito conversarmos resolvemos que Jéssica ficaria estudando e Geovana, como só tinha sete anos voltaria comigo para a Suíça. Jéssica, já mocinha, se achava adulta e decidiu ficar. Marcel ficou feliz com a notícia e registrou a Geovana na empresa que trabalhava, aí poderíamos sempre viajar com preços bem baratos.

Voltei para a Suíça para preparar os papéis de Geovana para vir morar na Suíça novamente e preparar meus documentos de divórcio com meu ex-marido suíço; procuramos um advogado para ver o meu divórcio e Marcel um outro para fazer o divórcio dele.

Marcel resolveu que deveríamos buscar um apartamento maior em Kloten por ser mais perto do aeroporto. E acabamos achando um apartamento muito lindo, com espaço para esperar a chegada da Geovana. Já estava de volta à vida normal, muito trabalho com cabelos, Chilbi, mas sempre que Marcel tinha voos para lugares interessantes ele pedia para não marcar trabalho e me levava junto com ele, eu estava amando as viagens. Um dia ele chegou em casa feliz, que tinha um voo e queria que eu fosse junto, dessa vez o voo era para o Brasil e poderíamos buscar Geovana. Fiquei feliz, pois poderíamos visitar a nossa família e apresentar meu pai e irmãos.

Jéssica não aceitava Marcel, sentei-me com ela e perguntei o porquê, ela falou que gostava do Jakob e que ele era mais legal. Expliquei tudo para ela o que havia se passado comigo e Jakob e a importância do Marcel em minha vida. E ela, depois de muita explicação, resolveu tentar aceitar Marcel, mas sempre com cautela, e fazia questão de falar do Jakob quando nós falávamos ao telefone, e fez todos os dias para chatear o Marcel que não dava importância. Ao chegar ao Brasil Geovana já gostou do Marcel de imediato e não parava de falar com ele, Jéssica não queria muito papo, pude ver na cara dela que não gostou dele, mas não falou nada e sempre que ele tentava se aproximar, ela se afastava. Minhas irmãs e meus irmãos gostaram muito do Marcel e fizemos uma festa de boas-vindas para ele, meu pai também o achou bem comunicativo, e os dias com a família foram maravilhosos.

O tempo estava passando muito rápido, a chegada da Geovana na Suíça, os preparativos para o aniversário de quinze anos da Jéssica no Brasil, os papéis de divórcio finalmente chegaram; primeiro os do Marcel e dois meses depois os meus. Geovana se enturmou com amigos da escola e estava indo tudo muito bem. Fui conhecer o pai do Marcel, que me recebeu com muito amor e carinho e pude perceber que aquele sim me queria como membro de sua família, sua irmã e sobrinhos me receberam muito bem também. A preocupação de Marcel era a Jéssica que ficou no Brasil estudando e como eram férias, eu e Geovana fomos para lá ficar com ela e organizar sua festa de quinze anos. Já tinha dois anos programando essa festa, mas com tudo que aconteceu não pude pagar e faltava ainda 60% do valor a pagar, já que era uma festa para trezentas pessoas.

O Marcel se propôs a pagar e fui feliz organizar tudo, pois faltavam oito meses e tinha muitas coisas para resolver, como vestidos, comidas, bebidas, decoração, etc.

A tristeza da família

Ao chegar ao Brasil com Geovana recebi a notícia da minha sobrinha que não estava bem e resolvi ficar um pouco mais com minha irmã. A Geovana ficou muito triste, pois gostava muito dela, mas já estava há um tempo no hospital e os médicos não estavam muito otimistas, minha irmã sofria muito ao ver a filha naquele estado. Eu fiquei com ela no hospital e meu coração doía demais em vê-las assim, a tristeza da família era muito grande, nos apegamos a Deus com todas as forças, mas infelizmente um dia ao dormir lá com minha irmã senti a presença muito forte da minha mãe no canto do quarto do hospital, como se ela estivesse nos preparando para a partida dela, e logo depois desse sentimento ela veio a falecer.

Minha irmã se desesperou e eu também, sabia que não a veria mais, eu tentava acalmar minha irmã e meu cunhado que acabara de chegar, mas a dor era demais para nossos corações. Meu Deus, como poderia levar nossa menina tão jovem, por que, meu Deus?

Já tinha se passado um mês do enterro da minha sobrinha, minha irmã sempre à base de medicamentos e eu tentava ajudar, mas ela não tinha vontade nem força para nada, o que ela não sabia era que vinha mais dor. Naquela tarde fui encontrar com ela para ver se estava melhor e ao chegar lá resolvi levá-la para sair um pouco, quando o telefone tocou e era do hospital, ela tinha que ir urgente para lá, pois o seu marido havia sido baleado. Ela quase desmaiou. Eu a acalmei e fomos para o hospital. Ao chegarmos lá ele ainda estava lúcido e conversando, perguntamos o que houve, no entanto ele não quis dizer, apenas a abraçou e também ao seu filho e disse:

– Tudo vai ficar bem.

O médico chamou e disse que infelizmente a bala se alojou no cérebro e ele poderia ficar paraplégico ou morrer. E ele dizia:

– Eu prefiro morrer, não quero ficar em cima de uma cama.

Ele ficou em pânico e minha irmã só chorava e perguntava a Deus por que tudo isso estava acontecendo com ela. O que ela havia feito na outra vida para passar por tanta dor, como cuidar do filho agora sem forças para viver?

E pela manhã ele veio a falecer, a tristeza da minha irmã e sobrinho era muita, em tão pouco tempo perder duas pessoas amadas. Voltei para a Suíça muito abalada com tudo e ao mesmo tempo muito preocupada com minha irmã, que estava desesperada e seria capaz de fazer uma loucura. Precisava tentar ajudá-la, mas como?

Morte do marido da Rebeca

Rebeca chegou ao salão às 10:00h da manhã. Sempre com um sorriso no rosto, como se não tivesse nenhum problema, Rebeca dirigia sempre três horas ou mais da Áustria até a Suíça para fazer seus cabelos a cada três meses; ela não fazia seus cabelos com outras pessoas, apenas comigo. Era uma mulher loira, alta e muito bonita, mas com cabelos muito danificados por uso de produtos para descoloração. Terminei seu cabelo e ela, feliz, pagou e foi embora, estava com pressa de voltar para casa, pois os dois filhos haviam ficado com a vizinha e seu marido andava um pouco depressivo e ela não queria deixar as crianças com ele.

No dia seguinte estava no salão preparando uma peruca e o telefone tocou, ao atender ouvi gritos do outro lado e reconheci a voz, era a Rebeca, desesperada, era quase impossível entender o que ela falava, tentei acalmá-la, mas ela só gritava:

– Eva minha amiga, ele está morto! Ele fez o que prometia fazer todos os dias quando estava chateado ou depressivo.

– Rebeca, calma, quem está morto? Não estou entendendo nada!

Rebeca:

– Ontem ao chegar em casa preparei o jantar como sempre para Mark e as crianças, ele chegou do trabalho estressado e triste como sempre, mas não quis conversar, eu insisti, mas ele não quis desabafar, a mesa estava posta, mas ele não quis comer e foi direto para o quarto, só deu um beijo em mim e nas crianças e se trancou no quarto como sempre fazia. Jantei com as crianças e depois fui para o quarto conversar com ele e tentar novamente ajudar, mas ele foi logo falando que não tinha nada para me falar, que estava cansado e para eu deixá-lo em paz. Saí do quarto muito triste e pensativa; o que estava acontecendo com ele? Ele não me falava nada, me propus a acompanhá-lo no psiquiatra e ele não aceitava. Vinte minutos se passaram e ele me deu um beijo, beijou as crianças e saiu, não falou nada comigo, parecia que eu era culpada pelos seus problemas. Passaram-se duas horas e ele não voltava para casa, liguei no celular e percebi que tocou no escritório e ele não havia levado, fui até o escritório e vi que ele saiu sem dinheiro, sem celular e sem documentos, só não estava ali a chave do carro e achei estranho. Meu coração apertou e comecei a ficar preocupada, não consegui dormir, rolava de um lado para outro na cama e já era de madrugada quando ouvi um barulho horrível de freios de trem, que passava próximo ao nosso apartamento. Nessa hora eu pulei da cama e fui até a janela, mas o silêncio da noite e nada ouvi, apenas o barulho da ambulância. Fui ficando apavorada, não podia fazer nada, ainda era pouco tempo para eu ligar para a polícia, eles iam dizer que o fato do meu marido não voltar cedo não era motivo de ligar para a polícia, então me deitei novamente e lembrei-me das ameaças suicidas que ele sempre fazia em conversas com seu psiquiatra. Neste momento foi tocada a campainha do apartamento e corri para abrir pensando que ele estivesse sem a chave também, mas ao abrir a porta vi que eram dois policiais. Comecei a gritar, perguntar o que aconteceu com meu marido... eles me acalmaram e disseram que eu teria que acompanhá-los e que meu marido teve um acidente. Perguntei como ele estava e o policial me disse que ele estava morto, e que eu teria que ser forte e acompanhá-los.

E chorando minha amiga Rebeca continuava falar ao telefone:

– O que eu fiz de errado? Sempre fui uma mulher tão dedicada com ele e nossos filhos, por que ele fez isso, por que nos deixou?

Tentei consolá-la e fiquei de ir ao enterro que seria em uma semana, nessas horas difíceis não tem palavras para confortar, é apenas pedir forças a Deus e que conforte a família.

No enterro a cena era horrível, os dois filhos em cima do caixão chorando, o mais velho dizendo que iria encontrá-lo e que não queria mais viver, eu chorei de ver aquele menino tão jovem falando que queria morrer para encontrar o pai.

E naquele momento pensei que às vezes não acreditamos que a depressão é uma doença tão grave e ignoramos o pedido de socorro de pessoas que amamos. E quando acordamos pode ser tarde demais.

Meu casamento

Ao voltar para casa Marcel se propôs a montar o meu salão novamente, mas agora no prédio onde eu morava. Viajamos para a Índia, compramos bastante cabelos e móveis para o novo espaço, ficou lindo e ele preparou tudo com muito carinho e disse:

– Agora você pode trabalhar e cuidar da Geovana ao mesmo tempo sem sair de casa, e quando tiver Chilbi organizamos uma moça para cuidar dela, mas não precisa todos os dias.

Achei ótima ideia e comecei a ligar para clientes e organizar para trabalhar no novo espaço, feliz com tudo dando certo e Geovana sempre feliz com Marcel e com os passeios, sempre que podia ajudava-a na lição de casa, inclusive em matemática. Era verão e resolvemos trazer Kelvin para teste de futebol na Suíça, principalmente por ele estar muito triste com tudo que passaram; a perda da irmã e pai. Ele veio e às vezes ia comigo para as Chilbi quando eu trabalhava. Ele gostava, mas ao mesmo tempo preocupado com a mãe que não estava bem no Brasil. Um dia Marcel chegou e eu chorava de preocupação, havia falado com minha irmã e estava muito mal, e Marcel disse:

– Vamos comprar uma passagem para ela vir nos visitar, já que o Kelvin está aqui ela vem também.

Achei a ideia ótima. Liguei para ela que se assustou com a novidade, mas resolveu aceitar, mesmo com medo de voar e de passar mal, já que estava sempre à base de medicamentos todos os dias.

Tirou o passaporte e veio. Ao chegar tudo era novo e ela procurava não pensar na perda da filha, mas às vezes a encontrava chorando muito e procurava consolá-la, não era fácil, mas todos os dias levava ela e Kelvin para trabalhar ou passear ou treino de futebol e tudo foi se acalmando.

O tempo passava rapidamente e os preparativos do meu casamento começaram, já tínhamos a data e faríamos uma festa para setenta pessoas, minha irmã e meu sobrinho por parte do Marcel seriam os padrinhos, eu estava nervosa e ansiosa e a minha irmã me ajudando com tudo e aí esquecia por algum momento a sua dor.

Marcel, feliz da vida com o casamento e preparativos. Fomos entregar os convites e ver vestidos, comidas, maquiador, cabeleireiro e tudo preparado para o grande dia. Cada dia sentia que amava mais ainda aquele homem e que ele me amava; nós éramos muito iguais em muitas coisas e sabíamos respeitar o espaço um do outro. Ao finalizar o divórcio com separação de bens, Marcel resolveu comprar uma casa de presente para mim e minhas filhas no Brasil porque ele não queria a Jéssica morando fora do condomínio pela segurança dela, e ele mesmo falou que ela poderia procurar uma casa que ela gostasse no condomínio próximo a Granja Viana, área nobre de Cotia, com casas muito lindas, sempre foi o meu sonho, mas infelizmente tinha três casas próximas, porém não em condomínio.

Jéssica se propôs a procurar uma linda casa, de preferência com piscina, e faltavam apenas dois meses para me casar. Fomos ao Brasil assinar os documentos da casa que Jéssica escolheu com muito carinho. Ao chegar a casa fiquei apaixonada, ainda tinha duas para olhar, mas sabia que seria aquela. Era uma casa bem grande, com dois andares, uma piscina enorme, jardim lindo com dependência de empregados, sala de estar, jantar e jogos. Assinamos os papéis da casa e Jéssica se propôs a fazer a mudança com Toninha que foi a babá dela quando nasceu, pois Dida já havia voltado para Bahia. Marcel decidiu ir comigo para o Brasil e depois que comprássemos a nova casa passaríamos uma das casas que já tinha para o pai das meninas que, afinal, quando nos separamos já tínhamos uma dessas casas, pensei... Verdade! Já recebi tanto presente de Deus, por que não? Ele tem direito da metade, melhor passar tudo; Jéssica confirmou e ficou muito feliz pelo pai dela, ela estava muito feliz com a nova casa e começou a perceber que o Marcel só queria o bem dela e da Geovana.

Voltamos para a Suíça e chegou o grande dia. Eu nem acreditava que iria me casar com meu amor, acordei muito feliz com a chegada do dia mais esperado da minha vida. Estava tudo pronto, meu vestido de noiva era simples, mas de muito bom gosto. O Marcel estava ainda mais lindo e elegante do que nunca. O carro antigo 1959 Mercedes já estava pronto e o Jakob se propôs a nos levar, o salão de festa pronto com uma decoração lindíssima e de muito bom gosto, Bárbara preparou o bufê com muito carinho, a recepção, o jantar, as bebidas, e tudo mais.

Eu estava muito nervosa, parecia meu primeiro casamento, na hora certa o carro chegou e ao chegar ao cartório os convidados e padrinhos já estavam lá, era a hora. E eu disse sim ao meu amor e juras um ao outro aos olhos de Deus até que a morte nos separe, e assim foi. A minha irmã estava linda e sorridente, fazia muito tempo que não a via sorrindo. A cerimônia foi linda, fizemos as fotos na Igreja e na neve, estava nevando, mas com um dia de sol, foi tudo perfeito e agora passaria a me chamar Frau Spiess.

Fiquei tão emocionada que até chorei, saímos da Igreja e fomos direto para o salão para a recepção, o jantar e a festa.

Chegando lá os convidados já nos esperavam felizes. Eu não conseguia me conter, Marcel ria feito criança, nos beijamos como dois adolescentes e a cada dois minutos fazíamos promessas de amor, um verdadeiro casamento dos sonhos. O jantar foi servido com todo rigor e por toda noite jantamos, dançamos e curtimos cada momento da festa como se nunca fosse acabar, os cumprimentos dos convidados e os presentes tudo perfeito, agradeci muito a Deus.

As fantasias da Vanessa

Estava muito feliz com meu casamento, Geovana perto de mim, minhas clientes vindo ao meu novo espaço, pequeno, mas muito aconchegante, a única coisa que me faltava era a presença da Jéssica, mas nós falávamos todos os dias e sabia que ela estava bem e feliz com sua nova casa e os preparativos para a sua festa de quinze anos, tinha muito trabalho. A Vanessa que já era minha cliente antiga me ligou e perguntou se eu poderia atendê-la na sua casa, ou seja, no seu local de trabalho. Eu aceitei, pois ela já havia ligado umas duas vezes e eu não tinha tempo devido a organização da mudança, viagens e preparativos para o casamento, mas agora tudo havia passado e queria trabalhar.

Eu cheguei em seu quarto de trabalho e fiquei chocada com a decoração, tinha muitas coisas engraçadas como; algemas, máscaras, perucas, chicotes, saltos muito finos, espadas, muitas roupas eróticas e muitos aparelhos eróticos, como pênis de borracha e bonecas, fiquei olhando tudo aquilo e ela disse:

– Não se assuste, são meus instrumentos de trabalho, tenho clientes especiais, você nem imagina.

E me contou algumas histórias, começamos a colocação dos cabelos e ela disse:

– Quero que fique maravilhoso, é um presente que recebi de um cliente que gosta sempre de fantasias horripilantes.

Eu ri e perguntei:

– O que, por exemplo?

– Eu tenho até vergonha de contar, mas é ele que gosta, eu apenas faço seus desejos, ele paga 5000Fr pelo trabalho, eu tenho uns três assim, são os que mais rendem, mas é difícil lidar com isso, quando eles vêm eu não marco outros clientes, pois tenho que me preparar psicologicamente para fazer os seus desejos. Muitos querem ser pisoteados com salto fino até sangrar, querem ser espancados, outros querem que eu bata na cara deles na hora do sexo ou que eu faça xixi na boca deles e muito mais, às vezes pedem até mais que isso, eu tenho nojo deles, mas eu me propus a trabalhar com isso, então tenho que fazer tudo. Daqui a pouco vai chegar um que vai me trazer o dinheiro para pagar os cabelos, esse é o pior, que às vezes eu passo as minhas fezes em todo o seu corpo e até na boca.

Eu falei:

– Meu Deus, e você faz isso?

E ela disse:

– Por 10 mil francos eu faço, mas tenho que tomar remédios o dia todo para conseguir, hoje à noite ele vem, então pedi para me trazer dinheiro mais cedo, que precisava, e ele, sem reclamar, está vindo trazer.

Eu pude observar Vanessa sempre parando para ir ao banheiro, como se estivesse com diarreia, eu ficava esperando e ao mesmo tempo imaginando o que se passava ali naquele quarto. Nesse momento tocaram a campainha, Vanessa abriu a porta do banheiro e me pediu para que eu fosse ao andar de baixo do prédio e abrisse para seu cliente que iria trazer o dinheiro. Peguei a chave e desci para abrir a porta da entrada. A entrada do prédio era toda de vidro e ao descer as escadas rapidamente para abrir vi aquele homem muito bem vestido, com um blazer preto, camisa branca e cabeça baixa. Coloquei a chave na fechadura e nesse momento o homem levantou o rosto e me olhou, eu tomei um susto, ele tinha olhos vermelhos de fogo e me encarou com muito ódio, eu tirei a chave imediatamente e não abri a porta, subi a escada correndo, desesperada, ao chegar ao apartamento eu tremia muito e Vanessa perguntou:

– O que foi Eva? Cadê o homem?

Eu expliquei tudo, ela riu e disse:

– Ele não morde ninguém, é apenas um comedor de merda.

E pegando a chave da minha mão, desceu e abriu a porta, aquele homem subiu e eu me encostei no canto do quarto, eu não o encarei, pois estava trêmula e não entendia o porquê, eu olhava rapidamente e percebia que ele me olhava com uma raiva enorme, como se pudesse me mataria, ele não falou muita coisa, apenas entregou o pacote de dinheiro e dez minutos depois saiu. Quando ele saiu conversei com Vanessa e expliquei que tinha algo de estranho naquele homem, eu sempre fui muito sensível e quando encontrava alguém que me dava aquele calafrio já tinha medo. Vanessa me contou tudo sobre os desejos horrorosos daquele homem, mas disse que já era seu cliente antigo e nunca havia lhe feito mal algum, ela que às vezes dava muitos tapas e o pisoteava com saltos, mas sempre o algemava primeiro e ele tinha muito prazer, chegando até ao orgasmo. Terminei seus cabelos às 19:00h, já estava escuro, estava sem carro nesse dia e então ao andar pelas ruas naquele dia chuvoso eu tinha a impressão de estar sendo seguida por aquele horrível homem de olhos de fogo.

Passei por um jardim e vi aquele homem atrás das plantas, eu comecei a ter paranoias, síndrome de perseguição, me sentei em um banco em uma parada de ônibus e olhando para o outdoor do outro lado da rua via o homem na placa de propaganda. Cheguei em casa, estava sozinha, Geovana tinha passeio de acampamento na escola e Marcel estava viajando. Ao entrar tranquei a porta rapidamente, estava com muito medo, não parava de pensar naquele homem e muito menos na Vanessa que tinha que se submeter a tudo aquilo para ganhar dinheiro.

Passaram duas semanas e o telefone tocou, era a Vanessa, e ao atender vi que ela estava chorando e perguntei:

– O que foi menina, que aconteceu?

Vanessa me contou que aquele dia o seu cliente voltou às 22:00h e ela o atendeu como sempre, mas ele queria coisas mais pesadas e ela não conseguiu realizar, então ele foi ficando furioso, a agrediu e tentou enforcá-la, ela lutou desesperadamente para tirá-lo de cima dela, mas não conseguia, ele a jogou no chão e tentando a estrangular ela começou a chutar a porta com os pés, se debatendo até que alguém gritou "abra agora, vou chamar a polícia!"

Vanessa:

– Naquele momento ele me soltou, abriu a porta, empurrou um senhor que estava ali e saiu correndo escada abaixo, o senhor me socorreu e me levou ao hospital. Agora estou melhor, mas não vou voltar mais para aquele lugar, tenho medo desse maluco voltar, vou trocar meu telefone e passo para você, só liguei para te pedir desculpa aquele dia, você disse que viu coisa ruim nele e eu não acreditei em você, precisei quase perder a vida para entender que ele era um doente, um psicopata endemoninhado.

O casamento da Tucha

Minha irmã estava um pouco melhor, não tomava mais medicamentos e eu fiquei feliz por ela ter vindo e estar bem melhor aqui na Suíça, Marcel tentava sempre agradar e fazer coisas e brincadeiras para ela ficar feliz. Um dia estávamos em casa e recebemos um convite dos sobrinhos do Marcel e seu pai para um jantar em sua casa; o convite era para mim, Marcel e Geovana, o problema era que minha irmã estava em casa e é normal na Suíça você não poder levar uma pessoa a mais sem avisar, mas meu marido já era meio brasileiro e se propôs a levar minha irmã sem avisar.

Ao chegar à cidade resolvi parar e comprar uma orquídea para levar de presente ao pai dos meus sobrinhos, fui até a floricultura comprar uma orquídea branca que significa paz e sorte, desci do carro e fui a uma floricultura, vi que o pai dos meus sobrinhos abraçava a Tucha, minha irmã, como se já a conhecesse. Fiquei sem entender nada, os suíços nunca abraçam e dão beijo no rosto de mulher que não conhecem; me aproximei, espantada, e pensei "de onde ela o conhecia?" De repente ele me olha e diz:

– Meu Deus! Pensei que você era a Eva, me desculpe!

Minha irmã só entendia poucas palavras e não entendeu nada do que estava acontecendo até Marcel explicar que havia confundido a Tucha comigo. Minha irmã riu muito e disse:

– Não é a primeira vez, já tive problemas na Bahia.

Ele ficou sem graça, mas gostou de conhecê-la, e o Marcel aproveitou a confusão e disse:

– Trouxe minha cunhada sem avisar, pois, ela está de férias em nossa casa, é algum problema para vocês?

E ele respondeu:

– Claro que não.

Mano era solteiro e vivia numa casa grande, sozinho com seu filho Luc. O jantar aquela noite foi muito prazeroso e divertido e o Mano sempre muito atencioso com minha irmã. Percebi que ela conseguia sorrir mesmo sem entender tudo, ela estava muito feliz com a atenção dele para ela, naquela noite conversou muito com ela e eu e Marcel tentávamos ajudar quando ela não entendia tudo. No fim da noite todos foram embora e só ficamos nós cinco, eu, Marcel, Geovana, Tucha e Mano, ele explicou a alegria da noite agradável e queria nos encontrar novamente, percebemos que Mano se interessou pela minha irmã e ela por ele, os dois de estatura média faziam um par perfeito.

De repente Marcel falou que ela iria embora em um mês já para não ter problemas. Mano logo ficou triste e perguntou:

– Por quê? Não gostou da Suíça?

Tucha:

– Sim, mas infelizmente...

Marcel informou que ela era turista e não poderia ficar mais que três meses. Mano logo perguntou:

– Mas você gosta da Suíça?

Tucha:

– Gostei muito daqui, o Brasil me traz muitas recordações ruins, não gostaria mais de voltar para o Brasil... talvez de férias, mas morar não.

Mano:

– Então não vai, fica aqui, a minha casa é grande e posso organizar um quarto para você.

Tucha pediu para Marcel traduzir e riu feliz, dizendo:

– Não é tão fácil assim.

Fomos embora e Tucha não falava outra coisa a não ser Mano.

– Nossa, como ele é educado, como cozinhou bem, você viu como ele me olhava?

Primeira vez que vi minha irmã feliz depois de tudo que aconteceu com a filha. Vimos que ela tinha achado uma luz no fim do túnel de tristeza que levava em seu coração. Propomo-nos a fazer o possível para que essa luz continuasse acesa no coração dela, talvez pudesse ser feliz novamente e recuperar sua vontade de viver.

Naquela semana ele ligou e marcamos de nos encontrar, os encontros se tornavam cada vez mais repetitivos e a cada dia os dois mais envolvidos.

Mano queria muito que ela ficasse na Suíça, em sua casa, que com ela tinha mais vida. Tucha voltou a sorrir e Mano parecia dez anos mais jovem com o novo relacionamento com minha irmã jovem e feliz, e em pouco tempo preparou os papéis e se casaram.

No dia do casamento, eu como madrinha, pude ver que seus olhos brilhavam de felicidades. Eu e Marcel não nos contínhamos de felicidades pelos dois, além disso, ela ficaria perto de mim aqui na Suíça. Ajoelhei-me e agradeci a Deus pela vida e pelo amor dos dois ali, pois depois de tudo que ela passou merecia ser feliz novamente.

Nova loja em Kloten

Meu comércio na Suíça estava cada dia maior e às vezes o salão lotava e o espaço era pequeno demais, então Marcel pediu que eu fizesse um caixa-reserva de dinheiro para aumentar o meu espaço do salão, eu achei uma ótima ideia e com poucos meses já tínhamos o dinheiro para aumentar o Eva`s Hair. Começamos a procurar um espaço adequado e que pudesse pagar, meu amigo e ex Harry viu um espaço e nos telefonou avisando que era muito bom e seria ótimo irmos ver, fomos e Marcel adorou o espaço e resolvemos ficar.

O espaço era amplo e muito bonito, precisava fazer reformas, mas a localização era muito boa, a apenas quatro minutos do aeroporto internacional de Zürich e em frente à estação de trem em Kloten, um ponto melhor não poderia encontrar, perfeita localização. Organizamos tudo com carinho; reformamos, mobiliamos com móveis de segunda mão e depois fomos para a Índia e o Brasil comprar cabelos, perucas e materiais que precisava para começar o novo espaço.

Enfim, tudo pronto com espaço reservado para clientes oncológicos, Marcel é especialista e perfeccionista, a loja elegante com peças requintadas e lustres de muito bom gosto.

O grande dia chegou, eu estava feliz da vida, não acreditava, agora sim eu tinha um salão perfeito, e a cada minuto agradecia a Deus em pensamentos por tanta conquista. A inauguração foi um sucesso, convidei 100 pessoas, mas foram mais de 170, o *apero* foi muito bem feita pela empresa contratada da Bárbara Party, todo o dia os convidados passaram a cumprimentar pelo espaço e fazer brindes, ou comprar, ou apenas olhar as novidades. Alguns clientes aproveitaram para fazer compras de cabelos e perucas. Marcel, muito feliz, dizia a todos:

– Ela conquistou tudo isso, ela merece!

Minha loja ficou super conhecida na Suíça por vender cabelos, perucas e alongamentos de cabelos, e aos poucos tive que contratar mais pessoas para trabalhar, os brasileiros e latinos adoravam meu trabalho e sabiam que eu amava o que fazia e além do dinheiro, o prazer de fazer o que eu gostava. Nossa loja em Kloten foi só crescendo e tive que fazer várias viagens para comprar produtos, o carinho das clientes que tinha conquistado todos esses anos agora era para mim um orgulho, um espaço bonito e sofisticado para receber minhas clientes com todo conforto que mereciam. Cada dia eu ganhava melhor e aos poucos tive que parar de fazer Chilbi, passei a me dedicar só aos cabelos e ao meu espaço em Kloten. Comecei a oferecer cursos para pessoas aprenderem a fazer extensões, e me especializei em trabalhos com pessoas com câncer, alopecia, que haviam perdido o cabelo e a necessidade da peruca aumentava a autoestima... e eu poderia indicar a melhor peruca para elas e o melhor método de usar. Fui cada vez mais me especializando no assunto, viajei por vários países para aprender mais sobre cabelos e perucas, próteses capilares femininas e masculinas, extensões, eu amava tanto o que fazia que até mesmo nas férias achava cursos sobre meu trabalho pelos países que passava.

Meu marido não reclamava, procurava em outros países novas técnicas e novidades na área de cabelos, perucas e extensões e produtos.

Gabriela e a dor do câncer

Gabriela chegou à loja sem marcar horário, estava muito nervosa e sua irmã Gleide a acalmava; acomodei-as no sofá de espera e servi água. Gabriela tinha cabelos castanho-claros, cacheados e muito longos, ela começou a contar que fazia dois meses que descobrira um câncer raro e em uma semana começariam as sessões de quimioterapia e sabia que seus cabelos iam cair todos, ela havia lido sobre os processos que fazíamos na loja; cortamos os cabelos da paciente antes de começar a quimioterapia e usamos o próprio cabelo para fazer a peruca, com esse processo a paciente tem o sentimento de carregar sempre os seus cabelos e as fazem se sentir melhor.

Gabriela me explicou que queria fazer, mas voltaria em três dias, pois primeiro iria conversar com seu médico. Sua irmã Gleide se propôs a cortar um pouco do cabelo dela e para completar e fazer a peruca da Gabriela. Passaram-se cinco dias e Gabriela não apareceu. No sexto dia ela me ligou e chorava muito dizendo que o médico teria a enganado dizendo que com um processo novo usando uma touca de gesso nos cabelos dela não iriam cair, mas logo no primeiro dia de quimioterapia os cabelos já começaram a cair, e veio imediatamente cortar, pois não queria perder todo o cabelo.

Ao chegar com um lenço eu convidei-a a se sentar e a acalmei dando-lhe um chá, tirei o lenço e vi que estava cheio de cabelos. Comecei a tentar amarrar os cabelos para não perder os fios e não embaraçar, mas estava quase impossível, pois ao segurar os cabelos para amarrar eles saíam em minhas mãos. Gabriela, desesperada com a cena, chorava e eu comecei a chorar também, era uma cena horrível, eu podia sentir a dor de Gabriela não só pelos cabelos, mas também pela doença, pois é um tratamento que machuca muito as pessoas. Atendemos muitas clientes com câncer, alopecia e outros problemas, mas sempre sofremos juntos com a dor de cada um.

Depois de duas semanas Gabriela voltou e sua peruca estava pronta, juntamos os cabelos que conseguimos aproveitar do dela, um pouco do da Gleide sua irmã e mais um pouco bem parecido que recebemos do Brasil.

Ao provar a peruca ela olhou-se no espelho, satisfeita e me abraçou dizendo:

– Eva, ficou igual ao meu, só um pouco mais curto, nunca pensei que ficaria tão perfeito.

Naquele dia percebi que não somos nada, mas quando podemos ajudar para diminuir o sofrimento de alguém, já nos faz muito bem.

O abraço carinhoso de Gabriela me fez entender a verdadeira importância do nosso trabalho com clientes que estão passando pelo processo de quimioterapia.

A prima

Anastácia marcou para fazer os cabelos em meu salão em Zürich, uma amiga brasileira havia passado meu endereço. Eu comecei a fazer os cabelos da Anastácia e de repente ela recebeu uma ligação de um homem que falava alemão muito mal, às vezes uma palavra ou outra em português. Ela pediu desculpas e foi para fora do salão, e lá ficou mais de trinta minutos no telefone. Quando voltou estava muito nervosa e me disse em alemão que os homens brasileiros são muito difíceis. Eu ofereci água e ela começou a contar tudo sem parar, ela falava português muito bem, mas falava com seu marido em alemão para ele aprender, e começou a contar:

– Eu vivi na Suíça até 21 anos, depois fomos morar no Brasil, Rio Grande do Sul, dos 21 aos 28 anos. Nossa família tem uma empresa lá, mas em um acidente perdi o meu pai, e resolvi junto com minha mãe, que é brasileira do Sul. Eu consegui convencê-la a voltar comigo para a Suíça, eu tinha um namorado brasileiro no Sul que sonhava vir morar na Suíça e quando meu pai morreu ele logo disse que se eu viesse para a Suíça ele também viria. Casamos dentro de três meses e viemos para a nossa casa em Lucerna, que meu pai herdou dos meus avós ao chegar aqui. Armando, meu marido, não arrumava trabalho pelo idioma, mas eu consegui imediatamente na empresa dos meus tios por parte de pai e ganhava bem. Ainda tínhamos um bom dinheiro do meu pai, pois a empresa dele tinha um sócio no Brasil, mas meu marido não fazia nada, só gastar o meu dinheiro e passear de bicicleta por toda a Suíça enquanto eu trabalhava. A minha mãe começou a reclamar, pois nestes dois anos aqui nunca trabalhou, mas adora roupas e tênis bons, viagens, ir para os bares com os amigos... eu o amava, mas estava ficando muito difícil, às vezes ele chegava em casa com cheiro de bebidas, com perfumes diferentes... como eu estou sempre trabalhando ele fala que procura, mas dorme até o meio-dia todos os dias.

Eu ouvi atentamente tudo que ela contou, depois ela pagou o cabelo e foi embora.

Passou-se um ano e a Anastácia ligou marcando hora para fazer os cabelos, mas desta vez estava com uma voz trêmula e chegou chorando, vi que ela estava muito abatida e logo perguntei:

– O que houve, Anastácia? Está magra, abatida, está com problemas?

E ela começou a contar:

– Meu marido, Eva... trouxe uma prima para nossa casa para estudar alemão por três meses, ele disse que era uma prima que morava em São Paulo que eu não conhecia, ela era sempre muito educada comigo, mas minha mãe dizia que tinha algo de errado, pois todas as vezes que a menina ia à escola Armando também saía dizendo ir procurar emprego. Eu sempre achei que minha mãe implicava com ele, mas uma semana atrás estava com dor de cabeça e resolvi ir para casa fazer um jantar para meu marido e sua prima, já que minha mãe tinha viajado com uma amiga para Paris. Ao chegar em casa ouvi um barulho de chuveiro, entrei devagar para fazer surpresa para ele e a cena horrível não sai da minha cabeça, ele na nossa banheira, no meu quarto, com a prima tomando champanhe... Eva, eu perdi o controle, bati nela e acertei a cabeça dele com uma pedra de mármore que segurava a porta, a menina gritou que nunca quis fazer isso na minha casa e ele sempre quis e disse que não era prima dele e que estão juntos havia quatro anos e nunca morou em São Paulo; me pediu perdão, pois me achava uma pessoa boa e que ele não prestava e que já traía ela comigo e agora estava me traindo com ela. Eu comecei a gritar para eles saírem da minha casa, botei os dois para fora. Amanhã vou para Paris encontrar minha mãe e contar tudo e quando voltar vou fazer o divórcio, pois se ele pensa que vai ficar aqui com meu papel suíço ele está enganado, ele não tem direito a nada, graças a Deus nos casamos com separação de bens.

Eu fiquei chocada com tudo que a Anastácia tinha me contado e tentei confortá-la dizendo:

– Você é uma loira linda com dinheiro, ele não é nada, logo você achará um bom marido!

Ela sorriu e disse:

– Obrigada Eva! E desculpe pelo desabafo, mas não tenho ninguém para falar sobre isso.

– Não se preocupe, estou acostumada, todas as clientes fazem isso.

Vida de casados

Depois do casamento e da inauguração da nova loja, as mudanças começaram.

A partir desse dia minha vida mudou completamente, Marcel organizava toda a minha vida na Suíça, como crescimento da minha empresa, meus documentos para receber meu passaporte suíço, sempre trabalhando muito, mas também sempre viajando pelo mundo, tanto eu quanto Geovana. Jéssica sempre vinha nos visitar ou nós íamos sempre visitá-la. Liguei para Zilia para contar toda novidade sobre a casa e o casamento e ela disse que era apenas o começo, ainda viriam muitas graças para mim e minha família.

Minha irmã ia sempre me fazer companhia na loja, pois lá era uma terapia para ela esquecer as dores da perda e tentar achar um pouco de alegria em viver para cuidar do filho de apenas 16 anos. Seu marido sempre apoiava em tudo e aos poucos ela se tornou uma mulher mais alegre.

Como a Zilia havia visto nas cartas, viajar para outros países se tornou para mim uma coisa normal já que meu marido voava a trabalho por todas as partes do mundo e eu podia ir junto. Viajei para a África, um lugar lindo, com uma beleza especial que não se vê em outra parte do mundo; numa região conhecida como região dos vinhos, a atração da cidade de Cape Town é a Table Mountain uma montanha que fica atrás da cidade, que dependendo de onde você anda é perigosa, mas para quem gosta de comer uma boa carne e beber um bom vinho Cape Town é o lugar certo. Fui também para a Índia, é um país muito interessante, com muitos opostos, riquezas, mas também muita pobreza, lugares luxuosos e lugares muito sujos, muitas favelas e muitos palácios. Os templos são maravilhosos, verdadeiros sonhos. Nas grandes cidades como Mumbai e New Delhi as ruas são sempre cheias e o trânsito é horrível, os carros, caminhões, charretes, bicicletas, motos, burros com carga, pedestres, tudo ao mesmo tempo e são cinco centímetros de espaço de um carro para o outro, mas o que mais me interessou foi a cultura dos Hindus que deixam seus cabelos crescerem para doar para o templo como purificação.

Fomos para Hong Kong, uma cidade que vive 24 horas por dia com muitas luzes acesas, rios e bares fantásticos com noites agitadas, bares noturnos, prédios gigantes com 120 andares e 480 metros de altura com restaurantes no topo para ver a maravilhosa vista da cidade e rios. O que mais gostei de lá foi a passagem da Ilha de Hong Kong para o lado do continente com ferry boat. Na América do Norte eu amei Nova York, embora seja uma grande cidade, com prédios enormes, é uma cidade com muito barulho dia e noite e funciona 24 horas, nunca para, porém é muito bonita e como turista você pode ficar dez semanas e nunca vai parar de ver coisas novas como:

Times Square, Tube metro, Wall Street, Brooklyn Bridge, Central Park, vale muito a pena ir visitar...

Eu estava amando viajar, fomos para a Tailândia, essa foi minha paixão, o povo muito hospitaleiro, comida maravilhosa, com praias como Hua Hin, muitas belezas naturais e noites movimentadas, a Ilha de Ko Samet é um verdadeiro paraíso tropical sem muitos agitos, é ótima para quem quer relaxar, Bangkok é uma grande metrópole com prédios altíssimos e modernos, dias e noites a cidade não para, tem passeios para o Rio Chao Phraya, os restaurantes e bares que funcionam quase todas as noites com feiras gigantes e shopping centers por toda a cidade com as famosas massagens tailandesas e os inesquecíveis e interessantes passeios com Tuk-Tuk. Depois fomos para a Itália, onde tive o prazer de conhecer várias cidades, mas a mais maravilhosa foi Veneza e sem dúvidas eu nunca vou esquecer, com canais por toda a cidade onde podemos passear nas gondolas, que é um tipo de canoa. A cidade tem uma arquitetura antiga com vários séculos e uma das maiores atrações é a Basílica de San Marco; e não esquecendo a maravilhosa culinária italiana.

Seguimos para a Grécia, Atenas. A arquitetura de acrópole me deixou fascinada e também a maravilhosa Ilhas de Mykonos com praias limpas e as casas são todas brancas, os bares também funcionam toda a noite, é um lugar perfeito para quem adora badalação noturna. Depois conheci a Alemanha, várias cidades maravilhosas, mas gostei muito de Munique, é uma cidade encantadora, com ruas belíssimas e arquitetura antiga, conhecida como a cidade da BMW e também da famosa Oktoberfest.

Fomos para a Áustria, o país das montanhas, vales perfeitos para quem gosta de esquiar e fazer caminhadas.

Continuamos nossas viagens, conheci a cidade dos sonhos dos brasileiros, Paris. Lá encontramos os mais importantes museus do mundo, como o Louvre, Museu de Orsay, Rodin, Picasso, etc. As arquiteturas com mais de 700 anos como Notre Dame, Opera de Paris e mais de 1000 prédios antigos, também fomos a Torre Eiffel, o símbolo de Paris. As estações de trem são antigas e funcionam normalmente, Paris também é conhecida como a Cidade do Amor.

Depois fomos a Portugal, esse país é minha paixão não só pelo idioma, mas pela beleza e cultura do país com arquitetura antiga e belezas naturais, com praias lindas. Fui várias vezes a Lisboa e Porto e cada vez me encantava mais com essas cidades maravilhosas, conheci também Madrid, Barcelona, Ilha de Deus na França, e um lindo e pequeno país europeu, Liechtenstein, com população de apenas 38 mil habitantes, com uma linda arquitetura; é um país principado, eu amei passar as férias neste lugar, minha vida estava dividida agora entre viagens, trabalho e família.

Marcel estava muito feliz com sua vida de casado e sua nova família, então quando ele tinha livre sempre me ajudava na loja, principalmente na parte da administração que aqui na Suíça é muito trabalhoso, mas o que ele mais gostava era viajar comigo para fazer compras de cabelos e produtos por vários países, me ajudar nos cursos para melhorar a qualidade da minha empresa, viajamos juntos por várias vezes para Itacaré e Marcel adora a cidade, o povo de lá é muito hospitaleiro e em uma dessas viagens conhecemos Lili, que nos ofereceu uma casa que ficava ao lado da nossa no Porto de Trás, também em frente ao maravilhoso manguezal. Eu adorei e resolvemos fechar negócio.

Voltei para a Suíça feliz com mais um imóvel comprado, minha vida estava cada dia mais organizada, mas dessa vez também feliz com meu novo marido e não apenas financeiramente. Jéssica estava fazendo faculdade de Direito em São Paulo, então ao completar dezoito anos resolvemos comprar um carro novo de presente para ela, porque ela merecia, estava muito bem na faculdade e precisava de um bom carro já que tinha que atravessar a cidade toda com muito trânsito. Jéssica ficou muito feliz com o presente e cada dia Marcel cativava mais mostrando o quanto se preocupava com ela e com a Geovana, aos poucos percebia que Jéssica e Geovana começaram a admirar muito Marcel e perceber o verdadeiro carinho dele por elas.

Minha vida com Marcel não faltava nada, ele pensava em tudo para que eu não precisasse me preocupar com nada, fiquei maravilhada quando ele chegou e disse:

– Amor, nós temos esse apartamento aqui em Kloten, mas não gosto muito de apartamento na cidade, e logo quero parar de trabalhar, então decidi comprar um apartamento em Spiez, em frente ao lago, o que você acha? Sei que você ama praia, então vai poder ver o lago o tempo todo e não vai ter saudades de Itacaré, eu amo montanhas e vou vê-las todos os dias, o apartamento é um terraço e marquei para ver amanhã.

No dia seguinte fomos até o apartamento e ao chegar fiquei encantada com a maravilhosa vista em frente ao lago de Thun e vista para as montanhas Eiger, Mönch, Jungfrau, não podia achar uma vista mais perfeita... e olhando aquela vista decidimos comprar aquele apartamento. Marcel ficou maravilhado, pois agora ele estava perto de Interlaken e poderia jogar golfe onde sempre frequentou há mais de 25 anos.

A carta da Geovana

Jéssica estava feliz com sua faculdade de Direito, ela gostou muito da nova casa no condomínio em São Paulo e os novos amigos, seu namorado ficava muito com ela em casa e isso a alegrava bastante e sentia menos a minha falta e da Geovana. Jéssica ia muito bem na Universidade e tinha que dirigir muitas horas no trânsito de São Paulo, mas se acostumou bem, estava tudo maravilhoso, quase perfeito, Geovana muito bem na escola na Suíça e era o último ano do ensino fundamental.

Ao chegar o fim do ano Geovana chegou em casa, estranha, e disse:

– Mãe, tenho novidade!

– O que filha? Fala...

– Vou deixar uma carta para você ler depois.

Geovana saiu para encontrar os amigos já que eram os últimos dias de escola, eu entrei no quarto e tinha uma carta escrita *"Carta para mamãe"*. Eu estava sozinha em casa, Marcel estava trabalhando e voou para o Japão. Abri a carta e estava escrito...

"Mãe, sei que vai ficar triste comigo, mas preciso te pedir uma coisa que é muito importante para mim, terminei o ginásio aqui na Suíça e foi maravilhoso estar com você e o Marcel, aprendi muito com vocês, mas agora gostaria de ir morar no Brasil com minha irmã e fazer faculdade lá, eu amo muito vocês mas sinto muita saudade da minha irmã, nestes últimos cinco anos nos vimos apenas três vezes no ano e eu amo tanto a minha irmã que dói muito meu coração em ficar longe dela, por favor mãe, não me tira essa vontade de viver com ela, quando eu penso em minha irmã, eu choro a noite toda, eu sei que você ainda não pode voltar porque faltam quatro anos para o Marcel se aposentar, mas sei que você pode nos visitar a cada dois meses, é muito barato para o Marcel, e a Jéssica não pode vir sempre porque faz faculdade, eu te prometo ser sempre essa menina estudiosa e não mudar

meu caráter e não esquecer tudo de bom que aprendi aqui na Suíça, por favor mamãe, me entenda.

Te amo muito!"

Ao terminar de ler chorei a noite toda sozinha no meu quarto. Vi quando ela chegou, saí do quarto e fui até o quarto dela, dei-lhe um beijo e disse:

– Filha, te entendo, mas não sei se vou aguentar mais isso na minha vida.

– Mãe, te amo muito, você é a melhor mãe do mundo, vou te ligar sempre e vou continuar sempre assim, te prometo, logo vou fazer quinze anos, já sou adulta, vou cuidar da Jéssica e ela de mim.

– Ok meu amor, vou deixar você ir, não posso ser egoísta e tirar isso de você.

Em dois meses eu preparei tudo e Geovana voltou para o Brasil e Jéssica começou a preparar sua festa de 15 anos. Jéssica cuidava de Geovana como se fosse sua filha; mesmo muito jovem e com diferença de seis anos, ela era madura e focada, Geovana feliz da vida com a irmã e o pai e familiares que sempre iam visitá-las, ela voltou e entrou na mesma escola, que a recebeu com muito carinho. Para Geovana nos primeiros dias foi muito difícil pelo idioma, não escrevia bem o português, mas a escola era particular e tinha também especialidades em alemão e ela aos poucos não tinha mais dificuldades. Geovana era muito inteligente e esforçada, aprendeu muito com o Marcel e aos poucos se tornou uma excelente aluna no colégio e todos os professores, diretores e coordenadores a admiravam.

Eu sempre que podia ia visitá-las e aos poucos me acostumei com a ideia de não estar todos os dias com elas, mas tentar trabalhar para dar o melhor para elas em estudos e qualidade de vida, mesmo meu coração partido de saudade eu me lembrei da Isabel, uma senhora de 78 anos que conheci um dia, e ela sempre dizia: "O que você prefere, estar longe delas e elas terem comida, boa escola, e um bom plano de saúde? Ou prefere estar perto delas todos os dias e não poder oferecer nada a elas? A minha filha é amiga do seu ex-marido, o Eddy, e te criticou muito quando você foi embora e deixou as meninas um tempo com Eddy, mas eu sempre te admirei pela coragem e quando você voltou para pegar novamente ela voltou a te criticar dizendo que você era louca, que agora iria levar as meninas para longe do pai e ele ficaria aí sofrendo e dizia que ela jamais sairia de perto das filhas, preferia morar na rua, embaixo da ponte, mas com os filhos. Quando sua filha Jéssica voltou e se encontrou com minha neta em uma festa com o pai dela, eu e minha filha também estávamos na festa e ao encontrarmos com Jéssica tão educada, linda e simpática minha filha logo perguntou se ela tinha voltado para o Brasil, lembro-me que Jéssica respondeu que sim e a Geovana também estava morando aqui e estudando, e minha filha perguntou se você tinha voltado também, e a Jéssica respondeu que não, que você continuava na Suíça. Quando sua filha saiu de perto da minha neta ela falou que queria ter uma mãe como a da Jéssica, mora na Suíça, é bonita, fala alemão e tem loja em outro país, e ainda tem uma mansão aqui em São Paulo e na Bahia, e ela é linda, eu a conheço da internet, ela é chique... Quando minha neta se afastou de mim, minha filha começou a chorar e se entristeceu, porque ficou sempre ao lado delas e minha filha se arrependeu de ter criticado a sua decisão, pois depois de tantos anos a sua filha fala que queria teria ter uma mãe como você". E com essa lembrança eu entendi o que a senhora dona Isabel quis dizer.

Às vezes nossos filhos são imaturos demais e não percebem que de forma diferente toda mãe quer fazer o melhor para seus filhos, mesmo às vezes quando dá errado, a intenção no momento era a melhor. Ficar por perto sempre pode ser melhor, mas correr atrás e ficar distante para dar o melhor também pode ser, ninguém sabe qual a melhor forma de criar e educar os filhos, só Deus.

A confissão

Depois de três anos do meu casamento com Marcel, Jakob conheceu uma moça da África e depois de dois anos juntos eles se casaram e tiveram dois filhos. Nossos encontros com a família do Jakob continuaram sem nenhum problema, sua esposa muito atenciosa e educada sempre nos encontrava com sorriso no rosto, eu percebia nos encontros que Jakob havia mudado com o final do nosso relacionamento e agora tinha até se casado e tinha dois filhos.

Os anos se passaram e um dia Jakob nos telefonou e disse que precisava conversar comigo e com Marcel. Marcel logo estranhou, mas pensou se tratar de problemas familiares já que estava casado e tinha dois filhos. Jakob chegou às 18:30h, estava de bicicleta, havia vindo de Zürich para Kloten, chegou muito suado e perguntou se poderia tomar um banho antes do jantar, e eu entreguei a toalha dizendo:

– Claro, pode sim!

Percebi que Jakob estava nervoso e suava muito, mas não fiz nenhum comentário. Quando ele saiu do banheiro eu e Marcel já o esperávamos à mesa com uma taça de vinho, e começamos a conversar prazerosamente. Jakob contou da sua vida com sua esposa e as crianças e Marcel comentou sobre os novos projetos. A noite passou muito rápido e eu observando o Jakob, percebia que estava inquieto e bebia mais que o de costume. Naquele momento olhei e me levantei para servir mais vinho e falei:

– Jakob, você falou ao telefone que tinha algo para conversar conosco, o que gostaria de falar, você está com algum problema?

Jakob ficou branco e perguntou:

– Pode me servir mais uma taça de vinho?

Eu conhecia o Jakob e percebi que era algo sério que ele queria falar, servi mais vinho e ficamos em silêncio e então ele começou a falar:

– Eva, demorei muito para ter coragem de falar com você, mas agora vou falar. Quando estava com você, você sempre ficava triste quando conversávamos sobre casamento, você sempre dizia que eu não gostava de você, que eu não tinha coragem de assumir você e suas filhas, então vou te contar... Quando nos organizamos em ir para o Brasil com suas filhas e nos casar, eu fui comunicar ao meu pai que iria embora com você e me casaria, mas ao falar com meu pai sobre nosso casamento ele me ameaçou, disse que se eu me casasse com uma mulher que já foi casada na igreja ele me deserdava e tiraria tudo que seria meu por direito, pois para minha família é muito importante que eu case na igreja, somos muito católicos, então esse foi o verdadeiro motivo de eu não ter me casado com você, pois você já foi casada na igreja com o seu primeiro marido.

Marcel o interrompeu e perguntou:

– Não estou entendendo.

– Eu também não!

E Jakob continuou:

– Eu troquei você, o grande amor da minha vida, pelo dinheiro que tenho hoje.

Marcel se levantou dizendo:

– Que bom que você ficou com o dinheiro, e eu fiquei com ela que é o meu amor agora.

Jakob sorriu sem graça, aliviado pelo desabafo. Eu olhei nos olhos do Jakob e pensei dentro de mim, que homem é esse? Que fala que trocou o amor pelo dinheiro, esse não é o homem que eu conheci e que amei, que admirei, que me orgulhava pelo caráter. Virou mais uma taça de vinho e não disse mais nada. Já estava muito tarde, Jakob havia bebido muito e perguntou se poderia dormir aqui em casa, Marcel respondeu que sim e lhe preparou o quarto de hóspedes para ele.

Naquela noite eu não consegui dormir, virei de um lado para o outro da cama e meu peito parecia que ia explodir, era um sentimento de frustração, de ter sido usada, e me perguntava até onde a religião pode influenciar e alienar as pessoas a ponto de trocar sua felicidade por dinheiro? Meu peito doía muito, parecia que tinha levado uma facada e a dor foi aumentando, eu vi que Marcel dormia tranquilamente, eu tentava não me movimentar muito para não acordá-lo, mas de repente não podia mais e comecei a entrar em prantos, a chorar sem parar, Marcel acordou com meus gritos de choro e tentou me acalmar, eu soluçava e com uma enorme confusão na cabeça, não sabia mais se o que ouvi foi sonho ou realidade, e perguntei ao Marcel:

– É verdade?

Ele me beijou dizendo:

– Sim amor, ele falou que trocou você pelo dinheiro dele, você não sonhou, é real.

Tive vontade de ir até o quarto ao lado e o colocar para fora, mas Marcel me acalmou dizendo:

– Depois você fala com ele, hoje já bebemos muito e ele também.

Com muito esforço ele me acalmou e eu consegui dormir.

Pela manhã ouvi quando Jakob tomou café na cozinha com Marcel, mas fiquei no quarto, não estava preparada para olhar nos olhos dele e sabia que aquele não era o dia ideal.

Quando Jakob saiu e Marcel também, me vi só ali naquele apartamento e comecei a pensar, por que ele fez isso comigo? Por que me fez sofrer tanto naquele tempo que estávamos juntos, sempre pensei que ele não gostava o suficiente de mim ou porque era homossexual ou tinha outra mulher ou porque queria ser padre, foram noites de angústias e de várias perguntas sem respostas, e agora depois de tantos anos vem até minha casa para derramar essa história horrorosa e acabar com a minha tranquilidade, eu sempre o respeitei e achava o homem mais sensato do mundo, o defensor dos fracos e oprimidos, onde está esse homem que eu conheci? Agora deixou cair as máscaras e mostrar sua verdadeira face, logo agora que não me lembrava mais dos sofrimentos e angústias e dos horríveis pesadelos que me acompanharam nos seis anos que vivemos juntos .

A partir daquela noite tive todas as noites de pesadelos, sempre que eu me lembrava das palavras do Jakob chorava e ficava depressiva. E a situação foi se agravando a cada dia mais, eu me sentia um lixo e nada me fazia tirar isso da cabeça, Marcel percebeu que já se passara três meses e eu não melhorava, às vezes não queria ir trabalhar e só queria ficar quietinha no meu quarto, no escuro e não ver ninguém. Marcel resolveu me levar ao psicólogo.

Dra. Marcelli me ajudou muito e me fez entender que aquela situação não era motivo para ficar tão depressiva e também me fez entender que o que doía não era ser trocada pelo dinheiro e sim pela pessoa que sempre admirei e descobri que não existe mais. A partir daquele dia decidi ligar para Jakob e voltar a nossa amizade normalmente.

Eu entendi com o meu acompanhamento psicólogo, que às vezes o dinheiro é muito importante para algumas pessoas, mas que nunca irá trazer a verdadeira felicidade. Temos que entender que as pessoas que escolhem o dinheiro também se sacrificam de alguma forma.

Vícios da Rose

Uma garota entrou no trem de Bern para Zürich e ao sentar-se ao meu lado percebi pelo cheiro do álcool que estava embriagada. Percebi também que era latina pelos traços de índia que tinha, cabelos pretos azulados e com restos de maquiagens nos olhos. Eu mexia no meu celular, como estava de frente podia observar que estava muito inquieta e mexia o tempo todo nos cabelos. O trem parou em Olten e o rapaz entrou para fazer o controle dos bilhetes do trem. Entreguei o meu bilhete e ele perguntou à moça com cabelos pretos na minha frente pelo bilhete, ela começou a procurar na bolsa e não achava o bilhete. Percebi que não falava alemão e perguntei:

– Você fala português?

E ela feliz disse:

– Sim! Acho que perdi minha carteira no bar que eu estava...

– Você não tem dinheiro?

E ela respondeu:

– Não acho...

E virando a bolsa vi que ela tinha perdido ou não tinha dinheiro algum, o rapaz perguntou se eu a conhecia, eu disse que não e aí ele falou:

– Se você não tem dinheiro nem documentos vou ter que chamar a polícia para você.

Eu traduzi para a moça que se chamava Rose, ela ficou em pânico e me perguntou:

– Pode pagar para mim, por favor? Eu te devolvo, só preciso ligar para uma pessoa e não tenho crédito no telefone, mas me deixa ligar com o seu, eu posso resolver, você pode me ajudar, por favor, sou brasileira e não estou mentindo, acho que realmente perdi a minha carteira.

Retirei o dinheiro da carteira e paguei para a moça. Teve uma multa por não ter o bilhete e paguei 60Fr, não sabia por que estava acreditando naquela pessoa, mas, enfim, paguei, ela me agradeceu e ficou de ligar para um amigo para devolver o dinheiro que paguei. Quando o controle do bilhete saiu, ela me agradeceu novamente e pediu para fazer uma ligação com o meu telefone para pedir o dinheiro para me devolver. Emprestei o telefone e fiquei escutando o que ela falava *"Miguel aqui é Rose, por favor, não desligue preciso da sua ajuda novamente ..."*

E explicando tudo o que houve, marcou de encontrar com esse Miguel em Zürich, desligou o telefone e disse:

– Ele vai me emprestar o dinheiro, como faço para te pagar?

Passei meu cartão com meu endereço da loja de Kloten. Ao descermos em Zürich ela me deu seu telefone que não acreditava em ser realmente certo, mas tinha o nome desse Miguel registrado, se despediu, agradeceu novamente e disse que eu a ajudei muito. Ao chegar à minha loja fiquei pensando em como eu fui idiota, paguei 60Fr para uma estranha com cara de drogada e achava mesmo que ela ia aparecer para me pagar, fui muito idiota, sabia que jamais receberia esse dinheiro. Havia passado dois dias e meu telefone tocou, era uma mulher e perguntou:

– Quero falar com a Sra. Eva!

Eu respondi:

– Sou Eu!

– Oi Eva, aqui é a Rose, você me ajudou no trem pagando meu bilhete, lembra?

– Oi Rose, lembro sim.

– Posso passar aí hoje para te pagar?

– Claro Rose, meu endereço tem no cartão que te dei.

Desliguei o telefone pensando; meu Deus, duvidei da idoneidade da moça e agora ela me liga, que vergonha. Naquele momento pedi perdão a Deus.

Rose chegou no fim de tarde, eu estava com minha última cliente e pedi a ela para esperar, queria conversar com aquela moça e pedir perdão por ter pensado mal dela, Rose disse que não estava com pressa, que eu poderia ficar tranquila que ela esperaria. Minha cliente saiu, e me sentei ao lado de Rose e falei:

– Nossa! Que prazer em te ver! Rose, fiquei pensando em você esses dias, é bom saber que você está melhor agora, parecia muito abatida no trem quando a encontrei.

Rose:

– Vim trazer o seu dinheiro, pois não conseguia dormir sabendo que uma estranha me ajudou a sair daquele inferno que estava.

– Como assim Rose?

– Vim para a Suíça com um rapaz que conheci em Salvador em um bar de contato para vender drogas e se prostituir. Nosso público maior sempre foram os gringos, surfistas, jovens... nesse bar conheci o Júnior, um surfista muito bonito, bom de cama, com muito dinheiro, charmoso. Eu fiquei louca por ele e em dois meses eu já morava com ele em sua cobertura em Salvador. Ele me deu um carro e tudo ia muito bem, eu sempre usei drogas e ele também gostava, então estava tudo perfeito, Júnior era suíço, a mãe dele brasileira e o pai suíço que moravam em Ibiza, aposentados e com muito dinheiro, viviam como reis. Júnior não trabalhava, só surfava, fazia esportes e curtia a noite com todo vigor, ele era um verdadeiro playboy, me levou para visitar seus avós na Suíça, seus pais em Ibiza e fomos para Dubai, Canadá, Tailândia... em seis meses só viajava, eu estava amando tudo, mas Júnior cada vez mais usava drogas e percebi que estava indo para coisas cada vez mais fortes. Eu gostava muito de maconha, às vezes um bom pó, mas conseguia me controlar, às vezes ficava dias sem nada, mas Júnior precisava sempre e cada vez mais. Um dia fomos para Disco em Geneva e ele usou mais do que o normal e começou a ficar agressivo comigo. Fui para casa e no dia seguinte resolvi conversar com ele. Ele não gostou e disse que não precisava de uma mãe. Comecei a pensar em arrumar um trabalho mesmo não tendo documento na Europa, um amigo dele que vendia drogas sabia que eu entendia do assunto e ao conversarmos me perguntou se eu aceitava fazer algo, poderia trabalhar "no negro" dois dias da semana no seu bar. Eu aceitei imediatamente, não queria ficar só viajando com o Júnior, queria ter um pouco de dinheiro do meu trabalho, mesmo sendo pouco. O Júnior ouviu tudo e foi logo dizendo: "O que te dou não é suficiente?"

Eu tentei explicar que queria mais para me sentir útil, mas ele não gostou. Naquela noite ele bebeu muito no bar, usou drogas e me ofereceu dizendo que podia usar, pois o meu dinheiro não daria nem para comprar um drink e que o dele ele gastava com o que ele queria e com coisas de primeira. Eu usei um pouco, mas já estava além do normal e o chamei para ir para casa, foi quando ele estourou e me agrediu na frente dos amigos, já estava muito agitado e eu fui sozinha para casa. A partir daquele momento percebi que ele estava viciado e já estava afetando o nosso relacionamento e mesmo ele não querendo eu ia dois dias para o bar, toda vez que chegava tinha que beber e usar drogas com ele para acalmá-lo. Passou um tempo e em uma visita a seus pais na casa dele na Suíça, sua mãe achou drogas no quarto dele e resolveu conversar com ele e comigo, perguntou se ele usava aquelas porcarias, e ele disse que sim, mas de vez em quando apenas para distrair. Sua mãe ficou muito brava, ela não aceitava e pôs a culpa em mim. Eu tentei me explicar, mas Júnior não me defendeu. No dia seguinte, antes dela ir embora, pediu ao Júnior para se afastar de mim. Ele disse que não, que ela não tinha o direito de se meter na nossa vida. Sua mãe se levantou da mesa do café e juntamente com seu pai, disse que a partir daquele dia ele teria que trabalhar se quisesse usar aquelas porcarias, pois o dinheiro deles ele não veria mais e que ele poderia ficar comigo até morrer de usar drogas. Ela me chamou de vagabunda e no final disse adeus!

E eu ouvindo a Rose atentamente, ela continuava a falar:

– A partir daquele dia seus pais cancelaram a conta dele e bloquearam todos os seus cartões de crédito, Júnior tentou contato mas nada de resposta, a reserva que ele tinha em poucos dias se acabou, aí ele começou a vender moto, os carros, barcos, tudo que estava em seu nome para custear seus vícios, eu continuei trabalhando para ajudar nas contas, mas estava difícil, cada dia mais ele se afundava nas drogas e eu procurava não usar para ter menos gastos, mas às vezes ele ia no bar e usava no meu nome e quando eu ia receber já não tinha quase nada, só faltava um carro que se vendesse ficaria a pé, a sua Ferrari, então colocou a cobertura da Bahia à venda e vendeu para um amigo que fornecia cocaína, que aproveitou a oportunidade de pagar a metade e comprou. Com esse dinheiro conseguiu ficar uns meses, mas depois se afundou definitivamente nas drogas, eu também voltei a usar mais pelos problemas e quase não ia trabalhar mais. Um dia estava muito louca, liguei para a mãe dele e contei que ele tinha vendido tudo para usar drogas e que ele precisava da ajuda dela, e ela desligou o telefone em minha cara. No dia seguinte estava no bar com ele e seus pais entraram, retiraram ele à força e se aproximaram de mim, dizendo com muito ódio que eu tinha acabado com a vida do filho deles e que eu ia pagar muito caro, disseram que os donos do bar eram amigos dele de infância e iam pedir para que me colocassem na rua. Prometeram queimar as minhas coisas que estivessem na casa do Júnior e como sabiam que eu estava ilegal, iriam me denunciar e eu iria me arrepender de ter me metido com o filho deles. O Júnior estava muito louco e só ria, saí correndo para o vestuário do bar e minha bolsa estava jogada no chão, peguei a bolsa e saí correndo sem destino, já estava há nove meses ilegal e eu sabia que a mãe dele era vingativa, e ao tirar todo o dinheiro do filho sabia que com certeza ela chamaria a polícia para mim. Saí de lá sem destino, entrei em um bar e me sentei, tinha alguns trocados que recebi de caixinha no bar, pedi um drink e fiquei ali pensando o que eu iria fazer e se ela tivesse chamado a polícia mesmo, e sentada naquele bar, sem saber o que fazer, um homem se aproximou e perguntou se estava tudo bem. Eu, a princípio, não respondi, mas precisava achar um lugar para dormir, estava com medo e não conhecia ninguém. Conversei com esse senhor que se propôs a me ajudar, me convidou para dormir em seu apartamento e eu aceitei, senti que ele queria fazer sexo comigo, mas já fiz muita prostituição, ele seria só mais um e eu não tinha escolha. Ao chegar ao apartamento ele já foi tirando a minha roupa e eu senti nojo daquele velho asqueroso, mas tive que aceitar, e a partir daquele dia ele me dava dinheiro e tinha que fazer sexo com ele, que sempre dizia que não queria que eu o amasse, que apenas me pagava e eu fazia o que ele queria e para isso eu poderia morar, comer, dormir e ter dinheiro para sobreviver, aí eu comecei a usar novamente para suportar essa vida, queria descobrir se a polícia estava me procurando e se Júnior estava em alguma clínica de recuperação, pois eu gostava dele, mas sabia que tinha que ficar longe para não ter mais problemas na Suíça, queria juntar um dinheiro para ir para outro país, Espanha, ou Portugal. O tempo passou e eu já estava há um ano ilegal no país, mas não juntava nada, tudo que o Petter me dava gastava com cocaína e maconha. Um dia ao buscar drogas encontrei um amigo do Júnior e ele me contou que ficou em uma clínica, mas já estava no bar usando drogas, até mais fortes que antes. Aí eu resolvi marcar para encontrá-lo no bar, queria saber onde e como estava vivendo agora, não aguentava mais fazer sexo com aquele velho nojento. Cheguei ao bar e logo vi que ele estava doidão como sempre. Ao me ver, me convidou para usar e beber com ele. Mesmo muito louco, vi que ficou feliz por me ver, e a partir daquele dia voltei à casa de Petter para buscar meus pertences e fui morar de novo com o Júnior. Como eu não trabalhava mais, então ficávamos o tempo todo juntos, Júnior me contou que fazia três meses que sua avó faleceu e recebeu um bom dinheiro de herança e um terreno nas montanhas, então tinha dinheiro e não precisava dos seus pais para sustentá-lo ele não falou quanto havia recebido, mas percebi que foi uma boa bolada. Voltamos a viajar, comprar roupas caras, joias, carros e sempre se juntava com amigos para usar drogas e festas morando em um apartamento menor, mas muito bonito. Júnior continuou fazendo o que gostava; festa, ostentação e drogas, mas um dia depois de usarmos drogas a noite toda recebemos visitas de dois policiais. Às 02:00h da manhã tocaram a campainha e queriam falar com o Júnior, tinha vários amigos lá e eu me escondi por estar ilegal. Ele, ao receber os policiais, podia ouvir o vizinho reclamando de barulho e Júnior falou que era apenas um aniversário, nada demais. Os policiais deixaram os papéis e disseram que se voltasse a acontecer poderia ter vários problemas. Os policiais foram embora e eu fiquei em pânico, tinha sempre muita droga em casa e se tivessem encontrado, todos iriam presos, principalmente eu que estava ilegal no país. Júnior ficou com medo, mas continuou fazendo as mesmas coisas de sempre, festas, drogas, mas como sempre gastou muito e começaram a chegar cobranças SPC.

Eu percebi que o dinheiro estava acabando novamente, cocaína era muito caro e ele usava muito e os amigos se aproveitavam. Depois que o dinheiro acabou eu e Júnior começamos a vender também para termos dinheiro, Júnior ficou agressivo e já começou a usar coisas de segunda qualidade e eu também, pois não tinha mais dinheiro para nada, resolvi ligar para Petter para dormir com ele e consegui um dinheiro, mas mesmo assim estava difícil. Júnior chegou em casa e eu não estava, quando cheguei em casa tinha um pouco de dinheiro e ele me acusou de estar vendendo por fora e eu tive que convencê-lo que não, e contei que estava saindo com um senhor apenas por dinheiro, e ele veio para cima de mim e me bateu com tanta agressividade que fiquei duas semanas sem sair na rua, depois pediu desculpa e disse que ficou com ciúmes. Mas quando melhorei, ele me disse que tinha amigos que também queriam transar comigo e pagariam bem, daria para comprar muito material; eu aceitei, pois não tinha mais dinheiro nenhum. Os amigos vieram e gostaram da festa íntima e trouxeram mais amigos, Júnior arrumou mais uma menina latina para trabalhar junto comigo e todos os finais de semana o grupo de três rapazes e Júnior fazia festa íntima e drogas, ele não tinha mais respeito nenhum por mim e começou a fazer sexo com a outra menina também, eu recebia pouco dinheiro e ele gastava a maior parte com drogas para uso, eu estava cansada daquele trabalho, os rapazes eram sempre muito agressivos por estarem sob o efeito das drogas, a outra jovem transava mais por trabalho e não usava nada, só bebia. Foi passando o tempo e minha vida se tornou uma puta de luxo para jovens ricos que trabalhavam a semana inteira e final de semana se encontravam na casa do Júnior para festas. Fui reclamar com Júnior que queria parar e que estava cada dia mais dependente dessas porcarias e queria ir embora. Ele novamente me agrediu e disse que se eu saísse ele mesmo chamava a polícia. Comecei a preparar a fuga, mas fugir de lá e ir para onde? O que fazer? Ligar para o Petter de novo que também só queria sexo? Não conseguia mais fazer aquele trabalho, estava sempre triste e os amigos dele reclamaram que eu estava chata e eles queriam festa, mulheres novas e alegres. Júnior organizou mais meninas para trabalhar e para ele era normal transar com outras meninas porque eu também transava com clientes. Comecei cada dia mais ter nojo dele, tinha que beber ou me drogar para aguentar essa vida. Pela manhã pedi a Deus para me ajudar a me livrar daquelas drogas, era uma sexta-feira e marcaram uma comemoração de um amigo com muitas meninas e drogas, Júnior adorava festa porque o aniversariante tinha encomendado muita droga e muito álcool e ele usava e bebia sem pagar nada, eram 4:00h da manhã e muitos ainda estavam lá bebendo e usando com as meninas e tinham bebido muito, mas estavam conscientes. De repente tocaram a campainha do apartamento e Júnior, bêbado, logo disse que se fosse o vizinho ele ia mandá-lo à merda, eu entrei para o quarto rapidamente quando ouvi *"polícia, abram a porta"*. Comecei a tremer, tinha muita droga no apartamento, principalmente nos banheiros, as meninas todas bêbadas dormindo no sofá e nos quartos, eu entrei correndo no quarto e peguei a minha bolsa e com a roupa que estava saí pela porta do fundo da cozinha que dava acesso ao jardim, me escondi atrás dos contêineres de lixo que ficavam na calçada, fiquei sentada lá por volta de 40 minutos, foi quando vi Júnior e mais dois amigos saírem algemados. As meninas não sei o que aconteceu porque quando a polícia saiu eu andei desesperada e sem destino, estava há muito tempo ilegal e Júnior falou que se eu saísse ele mesmo chamaria a polícia. Fiquei pensando que com certeza ele contaria que eu estava lá e estava ilegal. Precisava fugir dali e procurar um lugar seguro, com certeza a polícia iria voltar ao apartamento. Desesperada, peguei o primeiro ônibus que vi, era muito cedo, mas tinha que sair dali. Desci na estação de Bern e nem pensei em comprar bilhetes, eu estava anestesiada, como se estivesse fora de mim, e quando me sentei pude observar que você era brasileira e resolvi me aproximar, me sentar, senti uma certa segurança em ficar perto de você. Quando entrou o controle me desesperei, todo o meu dinheiro tinha ficado com Júnior, ele controlava tudo, com medo de que eu fosse embora, mas o que não havia percebido é que ele também havia pego meus documentos e escondido... e quando te vi e pedi ajuda para pagar meu bilhete era por medo da polícia, pois além de ilegal não tinha documentos e nem dinheiro, mas Deus colocou você no meu caminho, por isso estou aqui hoje te pagando e agradecendo.

– Nossa Rose, e agora, o que vai fazer?

– Liguei novamente para o Petter e contei tudo, ele me levou à polícia e disse que eu vim visitá-lo e fui roubada em um disco, e com esse papel vou até o consulado brasileiro e faria outro passaporte sem carimbo para poder voltar para o Brasil sem problemas, ele vai comprar meu bilhete de volta para o Brasil e vai me dar um pouco de dinheiro para eu voltar para casa. A Suíça é um país maravilhoso Eva, mas para pessoas que tem equilíbrio e não se envolvem com drogas, eu sou muito desequilibrada e mesmo querendo sair sempre encontro pessoas que me chamam para usar, no meu país eu consigo me cuidar melhor, vou fazer uma desintoxicação para sair dessa dependência, eu tenho apoio da minha família e lá ficará mais simples, será melhor para eu me recuperar, mas saiba que me ajudou a tomar essa decisão, eu te agradeço.

Rose voltou ao Brasil e se internou numa clínica de recuperação, hoje Rose mora em São Paulo, casou-se e tem dois filhos. Nem sempre a Suíça é um lugar bom para você.

Aniversário de quinze anos da Geovana

Geovana voltou para o Brasil e logo começou os estudos no colégio Mário Schenberg, colégio particular em Cotia, São Paulo. Geovana teve muitas dificuldades com o português já que estudou muitos anos na Suíça, então muitas vezes era chamada de gringa na escola. Geovana ficava muito brava com o apelido que colocaram nela. Passaram alguns meses e Geovana já estava bem integrada na escola, tinha boas notas e muitos amigos.

Um dia estava na Suíça e recebi uma ligação da secretária da escola, que me informou que Geovana tinha tomado dois dias de suspensão por rasgar a camiseta de outro aluno que a havia chamado de gringa, e eu teria que pagar uma nova camiseta de uniforme ao aluno. Liguei para Geovana que me explicou o que houve e Jéssica tomou frente da situação e tirou o telefone celular da Geovana por dez dias como castigo. A partir daquele dia ninguém mais a chamou de gringa. Ela estava feliz com os amigos da escola e com boas notas, mas sua maior alegria era ter por perto a sua irmã, não se largavam por nada e faziam tudo juntas, Jéssica a levava de carro para o shopping, academia, dança, cinema, viagens, como uma verdadeira mãe... e eu acompanhando tudo pelas redes sociais, vinha visitá-la a cada dois meses.

Jéssica começou a organizar o aniversário de 15 anos da Geovana e com muito carinho pensou em tudo, convites, espaço, decoração, convidados, vestidos, comidas e bebidas. Eu fui para ajudar, mas já estava praticamente tudo pronto. E o grande dia chegou, minha filha Geovana fez 15 anos vestida como uma princesa, ela estava linda como nos contos de fadas, a festa foi para mais de 150 convidados, todos da família e amigos, Eddy e Marcel felizes da vida, dividiam a alegria da festa de 15 anos da filha com dança de valsa com pai e amigos. No final encostei-me ao canto e chorei de alegria por ver minhas filhas moças e felizes.

Ao voltar para a Suíça trouxe Jéssica e Geovana para fazer férias e para conhecer o apartamento em Spiez, viajamos para o Europa Park na Alemanha e fizemos vários passeios de barcos e aviões com Marcel, foram dias perfeitos. Marcel adorou os dias de férias na Suíça com Jéssica e Geovana e quando elas foram embora ele me chamou para conversar dizendo:

– Amor, as meninas adoram a Suíça embora gostem de morar no Brasil. Eu tive uma ideia, eu preciso organizar minha aposentadoria, então pensei por que não investir o dinheiro que temos em apartamentos aqui na Suíça como rendimento, então quando estivermos velhos Jéssica e Geovana podem herdar já que eu não tenho filhos.

Eu ficava impressionada como o Marcel pensava em tudo para nosso conforto e em poucos meses achamos o prédio e investimos o dinheiro, ao subir as escadas para assinar o contrato eu me lembrei da Zilia, que ela tinha me dito sobre o prédio que compraria na Suíça. A vida continuava, eu sempre viajava com Marcel. Agora que Geovana estava morando no Brasil com Jéssica eu podia viajar sem me preocupar, pois sabia que estava bem com a irmã e com a Tonica que cuidava de tudo na casa.

A irmã

Estava no salão, tinha muito trabalho, quando ligou meu irmão Eloy dizendo:

– Irmã, preciso falar com você urgente!

Eu parei tudo para escutar o que meu irmão queria, me sentei ao balcão da loja e perguntei:

– Fala irmão, o que houve?

Eloy:

– Uma moça me adicionou no Facebook e pediu para que eu entrasse em contato urgente, e eu curioso liguei imediatamente para ela, e atendeu uma mulher dizendo que era minha irmã, eu perguntei para ela como conseguiu o meu contato e ela me informou que foram meses de investigação até chegar ao meu contato, então peguei o contato dela e falei que você era minha irmã e ia ligar para ela.

– Dei uma gargalhada e disse:

– Eloy, qual novidade de mais um irmão? Todo ano meu pai aparece com mais um novo irmão, então por que esse choque com a notícia?

– Aí que está a diferença, a mulher me informara que tem provas que é filha da mãe e não do pai.

Neste momento eu parei, chocada e disse:

– Como? Mas isso é impossível! Passa para mim o telefone da mulher.

Peguei o telefone da mulher e liguei imediatamente, queria saber que história era essa. Ao atender senti que conhecia aquela voz, era como a voz de uma tia minha, Noemia, irmã da minha mãe, uma voz rouca e harmoniosa. Eu perguntei:

– Alô? Quem está falando?

– Sou Rosângela!

Eu respondi:

– Sou Eva, a irmã do Eloy.

E ela logo respondeu:

– Então ele tem mais uma irmã?

Eu dei risada:

– Mais uma não, se você é mesmo nossa irmã você tem mais nove irmãos.

Rosângela responde assustada:

– Você está de brincadeira? Nove irmãos, eu estava procurando um irmão e achei nove.

– Sim somos nove, mas me responda uma coisa, como pode afirmar ser nossa irmã? Que provas você tem que minha mãe é sua mãe?

Nesse momento Rosângela respirou fundo e começou a narrar:

– Eu sou filha única de pais adotivos, eu sabia que era adotada, pois meus pais eram branco e negra, mas meus pais nunca falavam sobre o assunto em casa, eu sempre tinha muito problema na escola quando eles iam à reunião da escola, meus amigos riam e diziam que eu era filha da empregada. Eu sempre tentava entender, mas foi muito difícil na adolescência, foi quando meu pai morreu que eu revirando os papéis encontrei um papel da saída da maternidade com o nome Caetana Almeida dos Santos, e no papel tinha a minha data de nascimento. Então chamei minha mãe adotiva e perguntei o que significava aquilo, e minha mãe não teve outra saída a não ser contar toda a verdade. Eu amava meus pais adotivos, eles sempre me deram todo amor do mundo e nunca me deixaram faltar nada, mas a partir daquele dia comecei a pensar na hipótese de procurar a minha mãe biológica. Foram dias de procura sem sucesso, só tinha aquele papel da maternidade e algumas informações que minha mãe adotiva havia me passado e nada mais. Com a busca sem sucesso resolvi pedir ajuda para um grande amigo da polícia, que se dispôs a me ajudar sem cobrar nada, ele era investigador e começou nos horários livres que tinha a procurar minha mãe biológica. Os meses se passaram e nada, eu já estava perdendo as esperanças quando meu amigo me ligou e disse que tinha duas coisas para me falar, uma notícia boa e uma ruim e qual eu queria saber primeiro. A primeira notícia é que ele tinha achado minha mãe, mas ela não vive mais, pois faleceu havia oito anos e aquilo me entristeceu muito, mas a notícia boa é que eu teria um irmão que ele achou nos arquivos do hospital, que ela teve o filho e também o endereço onde ela morava. Fomos imediatamente ao local e lá recebemos a notícia que realmente ela tinha um filho com o nome Eloy, mas não morava mais em São Paulo, mas a vizinha me passou o contato dele do Facebook, então imediatamente mandei mensagem e ele me retornou no mesmo dia. Fiquei radiante em saber que tenho um irmão e poderia o encontrar.

– Sim, mas você tem certeza de que esse papel da maternidade é mesmo da minha mãe? Porque existem milhares de pessoas com o mesmo nome.

Rosângela:

– Eu não tenho dúvidas, mas se você quiser podemos fazer um DNA para ter certeza, eu tenho uma foto da mãe biológica que minha mãe adotiva me deu e vou te mandar umas minhas também.

Eu fiquei aguardando as fotos que chegaram ao meu whatsapp e quando chegou uma foto linda da mãe, fiquei logo com ciúmes e liguei novamente dizendo:

– Onde você conseguiu essa foto da mãe tão linda que nem nós temos?

Rosângela deu uma gargalhada e disse:

– Essa não é a sua mãe, essa sou eu.

– O quê? Essa é você? Impossível, você é igualzinha a mãe na sua idade, nunca imaginaria que essa foto não fosse a mãe.

Nesse momento não tive mais dúvidas, Rosângela só podia ser filha ou irmã da mãe; como poderia ser tão idêntica? Éramos nove filhos e a única que parecia com a mãe um pouco era a Cássia. Eu, Tucha, Neta tínhamos tudo da família do meu pai e não parecíamos em nada com minha mãe, agora Rosângela tinha cabelos, pele, corpo, olhos, tudo igual a mãe. Pedi a Rosângela para me dar mais informações, tinha muito interesse em entender o que aconteceu, por que Rosângela era filha da mãe e não estava conosco. Ela foi me explicando tudo que sabia sobre a infância e ao falar onde morava eu me lembrei do dia em que eu e minha mãe moramos naquela cidade por um tempo, pois minha mãe tinha brigado com meu pai e viajou para lá para se esconder do meu pai, ficamos naquela cidade por um bom tempo, foi aí que me lembrei que minha mãe aparentava muito doente, como se estivesse grávida, e quando perguntava minhas tias falavam que não era assunto para criança. Eu só tinha nove anos, obedecia e ficava quieta, também me lembrei vagamente do dia que ela voltou do hospital carregada pelas minhas tias e vi que seus olhos estavam vermelhos de tanto chorar, eu perguntei novamente o que houve, por que ficou três dias no hospital e mais uma vez minha tia me mandou para o quarto. A partir daquele dia minha mãe se tornou mais triste do que antes e sempre estava nos cantos chorando, e muitas vezes se entregava ao álcool para se sentir melhor, e agora conversando com Rosângela consegui entender bem claro que aquele dia mamãe estava grávida sim, mas não voltou para casa com seu bebê, e com certeza foi obrigada a dar a criança no hospital para não ter problemas com meu pai.

Pude entender tudo, porque logo depois que tudo aconteceu voltamos para Osasco e minha mãe voltou a morar com meu pai, e era sempre com muitas brigas, agora podia entender o sofrimento diário da minha mãe e as noites de choros e também o alcoolismo que se tornou o seu modo de viver para suportar a dor de dar um filho. Rosângela marcou o DNA, ela queria ter certeza e o DNA deu 99,9% positivo, filha de Caetana, mas o DNA foi feito também com o pai que tinha certeza por algum motivo que ela não era sua filha e realmente deu negativo. Rosângela era sim filha de Caetana, mas o pai não era Pedro. Assim que saiu o resultado vim para São Paulo e fiz uma grande festa para toda a família para conhecer Rosângela e seus filhos, quando ela chegou a emoção foi muito grande, não apenas para mim, mas para toda a família que ali estava para recebê-la, sua mãe adotiva foi nos conhecer também e foi um dia maravilhoso com toda família, parecia que mamãe tinha voltado para nós, não fisicamente, mas nas emoções de toda a família.

Epílogo

Hoje finalizo meu livro e sentada, olhando para o mar com sua beleza infinita, percebo que na vida tudo tem um propósito e que Deus escreve certo por linhas tortas, cada lágrima que derramamos tem um porquê e quando perdemos algo com certeza Deus já preparou algo melhor para nós, ninguém é fraco quando se tem a fortaleza de Deus.

Neste momento vejo minhas lágrimas escorreram sobre minha face e me pergunto por que estou chorando; choro de felicidades com minhas filhas e meu marido, hoje não sou rica, mas tenho tudo o que preciso para mim e para minhas filhas, tenho um marido que me ama e faz tudo para me ver feliz e percebo que tudo o que construí passo a passo com muitas lutas e sacrifícios valeu a pena, hoje choro de alegrias por lembrar de tantas dificuldades, dores, sofrimentos, decepções e perdas e saber que sobrevivi a tudo e venci.

Não venci apenas por mim, venci por dois seres que nunca vão entender o quanto que eu as amo e que faria tudo novamente se fosse preciso; e Graças a Deus hoje a Jéssica é advogada, com seu escritório em Lisboa e a Geovana cursando Comunicação na Universidade de Lisboa. Agora ao finalizar a minha história, olhando esse lindo céu azul aqui em Hua Hin na Tailândia, lembro-me de quando cheguei à Suíça e agradeço a esse país por tantas coisas maravilhosas que recebi e aprendi, escrevo sobre as brasileiras e estrangeiras que conheci e percebo que muitas que chegaram aqui na mesma época que eu, nem todas tiveram a mesma sorte, algumas se casaram e tornaram-se mulheres da alta sociedade, outras estudaram e se formaram em Medicina, Direito, jornalismo, artistas plásticas, mas muitas se envolveram com drogas e alcoolismo e acabaram presas ou até mortas, algumas em casas psiquiátricas ou casas de repouso, outras tornaram-se religiosas para tentar achar a paz e recomeçar, e algumas vivem de vidas de mentiras, fingindo riquezas em redes sociais, mas na realidade não passam de mulheres frustradas que tentam fingir ser feliz, e por isso olho para o céu azul agora e agradeço a Deus por ser quem eu sou, me considero uma mulher realizada com o sucesso das minhas filhas e da minha empresa, agora estou terminando a minha biografia, contando a minha trajetória de lutas e vitórias.

Contatos:

E-mail : Eva.spiess.flp@bluewin.ch
Instagram : evashairoficial
Facebook : Eva's Hair
TikTok: evashairoficial
YouTube : Eva's Hair Evashair
www.evashair.ch
Tel: 0041 79 536 66 70

Espero com este livro poder levar minha história de vida para muitas pessoas e inspirá-las a ser quem elas quiserem ser, ajudando a ter sua auto-estima de volta através da beleza.